Jeremias Gotthelf

Hanns Peter Holl

Jeremias Gotthelf

Leben · Werk · Zeit

Artemis

Quellenvermerke bei Gotthelf-Zitaten (z. B. 16:25 oder XI:96) beziehen sich auf die *Werke, Schriften und Briefe*, hg. von R. Hunziker, H. Blösch, K. Guggisberg, W. und B. Juker, Erlenbach–Zürich 1911–1977.
Die Verweise bestehen jeweils aus Bandnummer und Seitenzahl. Mit römischen Ziffern sind die XXIV Bände der *Werke*, mit arabischen die 18 Bände der *Schriften und Briefe* bezeichnet.

Frontispiz: Jeremias Gotthelf. Stich nach einer Zeichnung von Albert Anker (1831–1910). Entstanden gegen Ende des 19. Jahrhunderts.

Gestaltung: Tatiana Wagenbach-Stephan
Druck: Buchdruckerei Stäfa
Printed in Switzerland
ISBN 3 7608 0991 X

Inhalt

«Geist unserer Zeit» (1831) von David Hess (1770–1843) verdeutlicht den konservativen Standpunkt: liberale Ideen werden als Propagandalügen des Satans hingestellt. Unparteiisch beurteilt, zeigt das Blatt die Spaltung der Weltanschauung in eine altväterisch-religiöse und eine modern-liberale Richtung.

Hintergrund mit Leitmotiven

Zeitgeist und Berner Geist – Gotthelf oder Bitzius – Napoleon – Paris und Lützelflüh – London und Lützelflüh – Amerika und Rußland – Lützelflüh – Schweiz – Emmental

Der zweitletzte von Gotthelfs insgesamt dreizehn Romanen trägt den Titel «Zeitgeist und Berner Geist». Er erschien 1852, und obwohl er nur auf zwei großen Berner Bauernhöfen spielt, enthält er eine Generalabrechnung des Dichters mit den Tendenzen der eigenen Zeit, eine Summe seines gesamten Schaffens. Der Autor hielt dieses Buch für sein bestes Werk, für den Verleger wurde es jedoch ein Mißerfolg, weil die Leser den aggressiven Ton nicht ertrugen und sich von da an von Gotthelf abwandten. «O! dieser ‹Zeitgeist und Bernergeist›», so schrieb Gotthelfs Berliner Verleger Julius Springer, «was habe ich über dieses Buch nicht alles von den Buchhändlern hören, in den Journalen lesen müssen! – ich möchte weinen darüber... Nein, geehrter Herr, Ihr ‹Zeitgeist u. BGst.› mag in Ihren Augen eines Ihrer besten Bücher sein, ich selbst erkenne am besten das viele Schöne in ihm – aber der Absatz des Buches ist *sehr, sehr* hinter meinen Erwartungen zurückgeblieben, und ich kann nicht anders als den Grund davon in dem Buche selbst sehen!» (8:288,302).

Das Buch wirft Fragen auf und verteidigt Positionen, an denen sich seit jeher und bis auf den heutigen Tag die Meinungen scheiden: dem fortschrittlichen, modernen «Zeitgeist» oder «Geist der Zeit» steht der eher konservative «Berner Geist» oder «Anti-Zeitgeist» gegenüber; neue und alte Zeit, säkulare und altväterische Lebensformen, liberale und strenge Weltanschauungen erheben sich feindselig gegeneinander, treten einander unversöhnlich als Feinde gegenüber.

ZEITGEIST und BERNER GEIST

Im Jahre 1831, als es noch keinen Dichter Jeremias Gotthelf gab, sondern nur erst den dreiunddreißigjährigen Vikar Albert Bitzius, der gerade in die Gemeinde Lützelflüh versetzt worden war; als die Berner ihre aristokratische Regierung zum Rücktritt zwangen und sich eine liberale Verfassung gaben, gut zwanzig Jahre also vor der großen Abrechnung in «Zeitgeist und Berner Geist» – da schuf der Satiriker und Karikaturist David Hess (1770–1843) ein Aquarell (zugleich als Radierung) mit dem Titel «Geist der Zeit». Das Blatt wird dominiert von einer Teufelsgestalt mit Hörnern, Tierfratze, Flügeln (gefallener Engel!), Drachenschwanz und Bocksfüßen. Dieses Ungetüm, der

«Zeitgeist» also in Hess' Auffassung, übt deutlich zwei Tätigkeiten aus. Einmal wirft und tritt es religiöse Gegenstände unter seine Füße: links den Weihwasserkessel und den dazugehörigen Wedel, ein Kreuz, einen Rosenkranz, das Evangelium, und im Vordergrund Stundenglas und Hippe, die Zeichen des Knochenmannes, des Todes und der Vergänglichkeit alles Lebens. Ferner tritt es die «römisch-katholische Kirche» und alte Rechtsverträge, die «Urbarien», unter seine Füße. Die Hände des Untiers aber sind damit beschäftigt, Plakate an eine Wand zu kleben, die, wenn man sie genau liest, durchweg zweideutig sind. Die Überschriften – meist unterstrichen – nennen fortschrittliche, liberale, republikanische Ideale und Forderungen der Zeit, während die folgenden Worte oder Sätze diese Überschriften als verlogene Schlagworte, als Volksbetrug entlarven sollen. Zwischen den Hörnern des Monstrums wird ein «Verfassungsrath» gefordert – ein solcher tagte damals in Bern, die neue Verfassung wurde am 31. Juli 1831 vom Volk mit eindrücklicher Mehrheit angenommen. Unter dem Kleisterpinsel geht es um «Souverainitaet des Volkes» – das soll aber nichts anderes sein als «Tyrannie einiger weniger Demagogen». Das große Plakat hinter dem rechten Flügel ist ein «Aufruf zur Freyheit», rechts wird «Press-Freyheit» gefordert. Das eine soll nur «Rebellion, Anarchie, Zügellosigkeit, Schlechtigkeit, Meuterey usw.» bringen, das andere soll «Publikation alles Unrathes durch den Druck» bedeuten. «Toleranz», «Philanthropie» und «Glück des Volkes», diese hohen Ideale der Aufklärung, werden durchschaut als Deckmäntel für «Gleichgültigkeit, Unglaube, Schwachheit», für «die Kunst, für sich selbst zu sorgen und zwar auf Kosten seines Nächsten», für «Kummer und Sorgen für jedermann insbesondere Jammer und Elend für alle».

Hess wollte die neue Zeit verteufeln. Das Gute tritt der Satan unter seine Füße, die verheißungsvollen Plakate sind das Böse. Der heutige Betrachter kann dieses Entweder-Oder zwar als Kampfpositionen des 19. Jahrhunderts erkennen, aber er wird sich kaum ganz einer solchen Parteinahme anschließen. Er wird also den Verlust der Religion bedauern, aber er wird keineswegs der «Freyheit», der «Philanthropie» oder der «Souverainitaet des Volkes» die Schuld an ihrem Verblassen zuschreiben. Er wird die «Press-Freyheit» als verfassungsmäßiges Recht verteidigen, ohne deshalb das «Evangelium» unter die Füße des Teufels zu werfen. Der heutige Betrachter wird es sich schwerer machen, Altes und Neues, Gutes und Böses vorsichtiger verteilen, sich nicht von der Teufelsfigur ins Bockshorn jagen lassen. Aber er wird trotzdem die Risse und Brüche, die sich im 19. Jahrhundert zwischen einer altväterisch-religiösen und einer modern-liberalen Lebensform auftaten und bis heute nicht überwunden sind, ins Auge fassen.

Aus dem Jahre 1819 stammt die farbige Karikatur «Der Anti-Zeitgeist» von Johann Michael Voltz (1784–1858). Die alte Zeit, das Ancien Régime, erscheint hier als Esel, gekleidet nach der Mode des Adels vor der Revolution, auf dem Steckenpferd des Stammbaums reitend, sich auf «uralte Rechte» stützend und die Jakobinermützen der Revolutionäre sowie das Kerzenlicht der Aufklärung unter seine Füße tretend. Die Gestalt wird umflattert und umkrochen von Eulen, Fledermäusen und Kröten, Tieren der Nacht. Der Fortschritt kündigt sich aber bereits an: links geht nicht nur die Sonne auf, es endigt sich zugleich eine Sonnenfinsternis.

Auf einem Martin Disteli (1802–1844) zugeschriebenen Blatt erscheint das liberale Prinzip geradezu als Lichtgestalt und Freiheitsengel, auf dessen Schild das Pauluswort «Der Tag bricht an, hinweg mit den Werken der Finsternis» als Devise steht. Die Gegner dieses strahlenden «Zeitgeists» sind Dunkelmänner, Pfaffen und Aristokraten.

Auch Gotthelfs Werk ist von derartigen Rissen und Brüchen durchzogen. Gerade der Roman «Zeitgeist und Berner Geist» spiegelt diese Gegensätze einer ganzen Epoche wider, er zeigt aber auch, wieviel Verständnis Gotthelf für die Gegenseite hatte – ganz im Gegensatz zu Hess, Voltz und Disteli. Gotthelf steht, bei aller Entschiedenheit, *über* den Parteien. Das Vorwort zu «Zeitgeist und Berner Geist» läßt sich wie ein Kommentar

Der «Anti-Zeitgeist» (1819) von Johann Michael Voltz (1784–1858) zeigt den liberalen Standpunkt: das Ancien Régime als ein adliger Esel, der sich an «Uralte Rechte» und seinen Stammbaum klammert, von Nachtgetier umschwirrt und umkrochen. Links endet eine Sonnenfinsternis.

zu Hess' «Geist unserer Zeit» lesen: «Der Verfasser ist ein geborner, kein gemachter Republikaner ... er liebt daher die Freiheit nicht bloß, sondern sie ist ihm eine Notdurft. Aber er will eine christliche Freiheit, eine Freiheit nicht bloß zum Anlaß dem Fleische, sondern zum Wandel im Geiste ... Die Liebe zu dieser christlichen Freiheit für alle drängte den Verfasser, Schriftsteller zu werden, und zwar als er bald vierzig Jahre alt war. Was er wollte, wußte er. Er trat in die Schranken für Gott und das Vaterland, für das christliche Haus und die Zukunft der Unmündigen ... Wer mit Liebe am Volke hängt, klar in dessen Leben sieht, der muß überall mit der radikalen Politik feindlich zusammentreffen ... Ihre Parole ist Vorwärts, Fortschritt, ihr Feldgeschrei Freiheit. Wo war je bei einer Sekte Freiheit? Ist das Leugnen einer höhern Welt, das Wandeln im Fleische, das Beißen und Fressen untereinander Fortschritt, Vorwärts? ... Gegen diese alles

Volksglück zerstörende Sekte hat der Verfasser sein Buch geschrieben, seine Berechtigung dazu lag in der christlichen Liebe und der republikanischen Freiheit, seine Verpflichtung dazu im eigenen Gewissen» (XIII:7 ff).

Ganz rechts auf David Hess' «Geist unserer Zeit» ist ein kleiner Teufel zu sehen, der einen Haufen Kot auf Papier fallen läßt. Auf dem untersten Blatt kann man «Volksfreund» lesen. Eine liberale Zeitung mit dem Namen «Berner Volksfreund» wurde im Februar 1831 von den Gotthelf nahestehenden Brüdern Schnell in Burgdorf gegründet. Das Blatt erschien wegen der bernischen Zensur zuerst in Solothurn. Gotthelfs erster Artikel im «Berner Volksfreund» wurde am 19. Juni 1831 abgedruckt. Damals tagte der bernische Verfassungsrat. Ein Pfarrkollege Gotthelfs hatte der neuen Staatsform vorgeworfen, sie gründe sich «auf Meineid und Verbrechen». Der Vikar Bitzius wies diese Anschuldigung zurück: «...denn die neue Staatsform gründet sich ja auf Dekrete der alten Regierung und nicht auf Meineid und Verbrechen» (13:26,28).

Zehn Jahre später, am 5. Oktober 1841, schrieb Gotthelf an seinen Basler Freund, den Theologen und Kirchenhistoriker Karl Rudolf Hagenbach: (ich hatte) «mich von Anfang entschieden unter die freisinnige Fahne gestellt und stehe noch darunter. Das gibt mir nicht nur das Recht, sondern macht es mir auch entschieden zur Pflicht, gegen alle Mißbräuche der Freiheit, gegen alle, die von der Freiheit schmarotzen wollen, unumwunden derb und hart zu reden» (5:159). Dieser Standpunkt und diese Tonlage haben aber nun mit Verherrlichung oder Verteufelung einer Partei überhaupt nichts zu tun. Gotthelf wurde schon als Vikar «den Aristokraten und Radikalen zum Ärger» (4:180). Beiden!

GOTTHELF oder BITZIUS?

Der Name Bitzius ist wahrscheinlich eine Kurzform von Sulpicius und hat seinen Ursprung im Dorf St. Sulpice am Genfersee, von wo die Vorfahren des Dichters im 16. Jahrhundert in Bern eingewandert sein sollen. Gotthelf hieß mit seinem bürgerlichen Namen Albert Bitzius.

Der so gewichtig und altväterisch klingende Name Jeremias Gotthelf dagegen stammt vom Helden des ersten Romans des Dichters, dem Bauernknecht Jeremias Gotthelf, kurz: Mias oder Miasli, der im Alter von etwa vierzig Jahren seine Autobiographie schreibt und ihr den Titel gibt «Der Bauernspiegel oder Lebensgeschichte des Jeremias Gotthelf. Von ihm selbst beschrieben» (1837). Obwohl der Pfarrer Bitzius von Lützelflüh und der erfundene Knecht Jeremias Gotthelf, der eine – natürlich fiktive – Lebensbeschreibung vorlegt, kaum verwechselt werden können, bringen bis auf den heutigen Tag viele Leser beide durcheinander. Bei aller äußeren Verschiedenheit beider ist es nämlich merkwürdig, daß beide beim Erscheinen des Buches, ihres Buches, vierzig Jahre alt sind. Und obwohl der Knecht Mias ein härteres Lebensschicksal hinter sich hat als der Pfarrer Bitzius: wenn sie die Feder zum Schreiben ergreifen, wenn sie mit ihrer Zeit und ihrem Land ins Gericht gehen, werden sie identisch. Wenn es im Vorwort heißt: «Grüß Gott, liebe Leute, und zürnet nüt! ... Mein Spiegel zeigt euch die Schatt- und nicht die Sonnseite eures Lebens, zeigt also, was man gewöhnlich nicht sieht, nicht sehen will. Er zeigt euch dieses nicht zum Spott, sondern zur Weisheit» – dann sprechen beide, Mias und Bitzius, mit einer einzigen Stimme. Sogar dort, wo der Knecht erklärt, er sei «eben nur der ehrliche Jeremias Gotthelf, dem Gott geholfen, und der in wahren christlichen Treuen auch andern helfen möchte» (I: 378 f), ist es eine Maske, hinter der sich auch der Pfarrer Bitzius verbirgt.

Der Taufname Jeremias, der im Vorwort nicht erklärt wird, deutet auf den Propheten Jeremia im Alten Testament, den Bußprediger, politischen Mahner und Warner, der über das Unglück seines Volkes klagte, als es nach der Eroberung Jerusalems in die Babylonische Gefangenschaft ziehen mußte.

Mias als Knabe. Illustration zum «Bauernspiegel» von Walter Vigier (1851–1910) in der 9bändigen «Prachtausgabe» (1894/95).

Der

Bauern-Spiegel

oder

Lebensgeschichte

des

Jeremias Gotthelf.

Von ihm selbst beschrieben.

Burgdorf, 1837.

Druck und Verlag von C. Langlois.

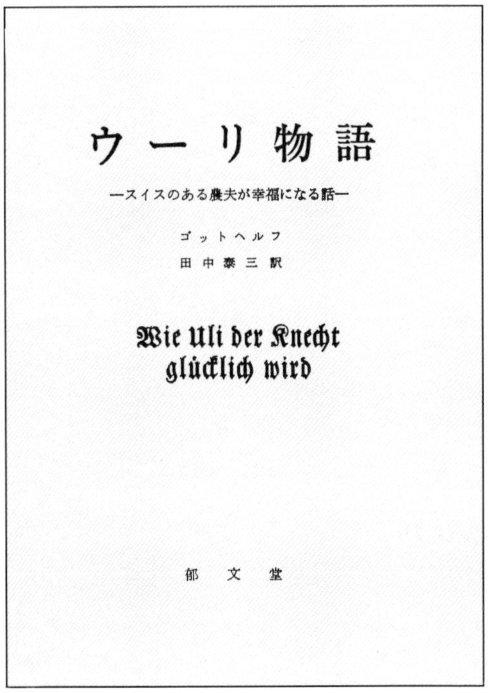
ウーリ物語

—スイスのある農夫が幸福になる話—

ゴットヘルフ

田中泰三訳

Wie Uli der Knecht glücklich wird

郁文堂

Links: Die Hauptfigur von Bitzius' erstem Roman, einer fingierten Autobiographie, heißt Jeremias Gotthelf. Von ihr hat der Dichter seinen Namen. Titelblatt der ersten Ausgabe von 1837.
Rechts: Gotthelf ist nicht einfach ein Bauern- oder Heimatdichter. Er schrieb weder nur für Bauern, noch allein für Berner und Schweizer. Einige seiner Werke wurden in mehrere Sprachen übersetzt, darunter ins Ungarische, Finnische, Litauische und Hebräische. Titelblatt des japanischen «Uli», übersetzt von Taizo Tanaka, Tokyo 1970.

Identität oder Nicht-Identität? Von wem spricht man eigentlich, wenn man von diesem Dichter spricht, von Bitzius oder von Gotthelf?

Seit der Schaffenszeit Gotthelfs (1836–1854) haben zwei entgegengesetzte Einschätzungen seines Werks existiert, die sich schroff voneinander abhoben, aber auch miteinander vermischten. Die eine Sicht geht vom Dorfpfarrer Bitzius aus, der als «Volksschriftsteller» – so nannte er sich auch selber – das Volk (also weniger die Gebildeten) mit moralischen Geschichten erbaute, der deshalb die Sprache des Volkes, den Dialekt, einsetzte («Dialektdichter», «Heimatdichter») und seine Stoffe aus der Beobachtung seiner näheren Heimat gewann («Berner Dichter», «Emmentaler Dichter»). Für die zweite Sicht ist alles Lokale und Enge an Gotthelfs Werk uninteressant; ihre Vertreter zählen Gotthelf nicht zur «Emmentaler Literatur», sondern zur Weltliteratur, und sind überzeugt, daß er den Vergleich mit Homer, Balzac, Tolstoi ohne weiteres aushalte. Ein Zeitgenosse Gotthelfs, der Soziologe, Volkskundler und Schriftsteller Wilhelm Heinrich Riehl (1823–1897), hat diese beiden Seiten des Dichters in einem einzigen Satz auszusprechen versucht. In seiner «Naturgeschichte des Volkes» sagt er ganz lapidar: «Shakespeare als Dorfpfarrer im Kanton Bern».

Dieses berühmte und rühmende Wort des Zeitgenossen Riehl drückt aber nun eine doppelte Verlegenheit aus. Den Vergleich Gotthelfs mit Shakespeare – oder Homer, Balzac, Tolstoi – machen die Gebildeten unter seinen Lesern, weil sie mit seiner Liebe zum Volk, seinem Verständnis für den Plebejer und Proletarier, für den Gescheiterten und Außenseiter nichts anfangen können. Im Werk des Dorfpfarrers und Volksschriftstellers dagegen glaubt gerade dieses Volk sich wiederzuerkennen und nimmt dabei weder Gotthelfs dichterische Größe noch seine aristokratischen Ansprüche und das «Altadeliche» seiner Figuren wahr. Während die einen das Künstlertum im romantischen Sinne an ihm vermissen und sich mit dem «Originalgenie» oder der «Kraftnatur» trösten, sind die anderen froh darüber, daß er wenig Bildung, Wissen, Gelehrsamkeit und musisch-ästhetische Übung vorauszusetzen scheint.

Aber ist Gotthelf nicht ein Dichter nach ganz eigenem Maß und Zuschnitt?

Es gehört nämlich auch mit zu seiner Größe, daß er über diesen Streit erhaben ist. Sein viel weiterer Horizont tritt schon im «Bauernspiegel» deutlich hervor. «Es gibt verschiedene Kleider in der Welt, seidene und zwilchene, aber nur ein Menschenherz, in des Bettlers und in des Königs Brust ist es für Freuden und Leiden empfänglich... aber im Seidenkleide weiß man schön darüber zu reden, läßt Tränen funkeln, Seufzer knallen, Schwüre rollen; im Zwilchkleide bleibt man stumm und streicht still und wild durchs Feld. Aber das ist eben das Unglück, daß man allen denen, die unter einem sind, keine Gefühle zutraut, also auch keine Gefühle berücksichtigt, sondern auf ihnen herumtrampelt wie eine Herde Elefanten auf einem Reisfelde, daß man glaubt, der Knecht sei eben Knecht, die Magd nichts als Magd, der Bauer bloß Bauer, der Bürger Bürger, daß man nicht aus jeglichem Kleide den Menschen herauszuwickeln versteht und nach der Liebe Gesetz ihn betrachtet, behandelt...» (I:177 f).

Mit Sicherheit hält sich kein heutiger Leser für ein so beschränktes Bauernweib wie Anne Bäbi Jowäger. Der heutige Leser wird sich mit all seiner Urbanität, seinen technischen Lebenshilfen, seiner psychologischen Bildung einer solchen Frau überlegen fühlen. Gerade diese Überlegenheit zieht Gotthelf in Zweifel: «So sind die Anne Bäbe: was sie gut dünkt, soll andere auch gut dünken, und was sie meinen, das gut sei, soll jeder für sein Glück halten» (V:223). Diese Haltung des Gutmeinens und Gutdünkens ist weit verbreitet, bedroht nicht nur im Hause Jowäger und im Dorf Gutmütigen das friedliche Zusammenleben: «Nein, von solchen Anne Bäbi wimmelt die Welt. Es ist kein Dörflein so klein, es hat wenigstens ein solches Anne Bäbi, das die Seinigen auf seine Weise glücklich machen will und sie schinden und braten würde, wenn es damit sie in ihr Glück einsalzen oder vielmehr das Glück ihnen aufsalzen könnte. In den Städten sieht fast zu jedem Fenster eins heraus, und an den Höfen soll man in Verlegenheit sein, jemand zu finden, der nicht eins ist. Nach oben nimmt also die Zahl der Anne Bäbi zu...» (225).

Gottfried Keller (1819–1890) im Alter von 35 Jahren. Pastellzeichnung von Ludmilla Assing.

Zu den gescheitesten Äußerungen über Gotthelf, von seinen Zeitgenossen angefangen bis auf den heutigen Tag, gehören die Gotthelf-Kritiken des jungen Gottfried Keller. Sie werden gerne von Lesern zitiert, die sich darüber freuen, daß es hier einmal einer gewagt hat, Gotthelf herunterzumachen. Keller, der damals in Berlin lebte und an der ersten Fassung seines «Grünen Heinrich» arbeitete, muß davon irritiert gewesen sein, daß sein Berner Landsmann ausgerechnet von einem radikalen (d. h. politisch linken) Berliner Verleger in Preußen, in Norddeutschland verbreitet wurde, am preußischen Hof bekannt war und einer der höchstbezahlten deutschsprachigen Autoren der Zeit war. Keller rezensierte 1849 die beiden «Uli»-Romane, 1851 die «Käserei in der Vehfreude» und «Erzählungen und Bilder aus dem Volksleben der Schweiz», 1852 «Zeitgeist und Berner Geist» und 1855 die «Erlebnisse eines Schuldenbauers». Die letzte Besprechung wurde zusammen mit einem Nachruf auf den 1854 verstorbenen Dichter veröffentlicht, in dem Keller seinen «Gesamteindruck» zu formulieren versuchte. Dort steht nicht nur der berühmte und oft zitierte Satz, daß Gotthelf «ohne alle Ausnahme das größte epische Talent war, welches seit langer Zeit und vielleicht für lange Zeit lebte». Keller weist auch auf die eigenartige und einmalige Verbindung von lokaler Enge und weltliterarischer Größe in Gotthelfs Werk hin. Einmal, so Keller, werden Gotthelfs Werke «für ihr ganzes *Dialektgebiet* eine reiche Quelle immer neuen Vergnügens bleiben». Dazu komme aber ein zweites: «... durch zweckmäßige *Anwendung* und *Übertragung*, welche die Zeit früher oder später erlauben wird», kann Gotthelfs Werk auch «für die weitesten Grenzen» gültig und verbindlich werden. Das ist die globale Bedeutung dieses Dichters.

Wenn nicht alles täuscht, so war sich Gotthelf über diese Dinge einigermaßen im klaren. Zwar denkt, fühlt und leidet er von seinem Kanton Bern, von der Schweiz her; aber er legt auch selber bereits eine «zweckmäßige Anwendung und Übertragung» nahe. Am 15. Januar 1853 schrieb er dem deutschen Schriftsteller und Literarhistoriker Heinrich Pröhle: «Ich rede nicht vom großen Weltkampfe, sondern vom Kampf um mein liebes Vaterland, das ich mir nicht durch landlose Schlingel will verhunzen lassen. Freilich ist dasselbe auch ein Stück Welt, und die Erscheinungen in demselben sind nicht aparte, sondern gehören mit zum Ganzen und finden sich überall» (18:67).

NAPOLEON

Kindheit und Jugend des Dichters waren von den Napoleonischen Kriegen überschattet, die die Schweiz keineswegs nur am Rande betrafen. 1798 wurde das alte Bern von Napoleon zerschlagen, der Staatsschatz abtransportiert, und es begann eine fünfzigjährige Staatskrise. Außer in den zwei kurzen Erzählungen «Ein Bild aus dem Übergang 1798» und «Eine alte Geschichte zu neuer Erbauung» hat Gotthelf das für Bern so katastrophale Jahr 1798 in der Novelle «Elsi die seltsame Magd» behandelt, die zu seinen Meisterwerken gezählt wird. Das Mißlingen der Liebe zwischen Elsi und Christen, ihr trauriges Ende im Gefecht bei Fraubrunnen und die Unfähigkeit der Berner, sich zu einigen, das Mißtrauen des Volkes gegen die Regierung, beides also: privates und politisches Unheil, entspringt derselben Wurzel: «Damals waren die Berner nicht witzig», heißt es im «Bild aus dem Übergang 1798», und noch deutlicher in «Elsi»: «Es waren in jenen Tagen die Berner mit heilloser Blindheit geschlagen» (XXII:33;XVII:222). Blindheit, Nichtwissen, Nichtsehen, Unverstand, Dummheit verhindern die Liebe und zerrütten die alte Heldenkraft der Berner. «Auf die wunderlichste Weise stand man da vereinzelt, schlug sich vereinzelt mit dem Feind oder wartete geduldig, bis es ihm gefiel anzugreifen. Keiner unterstützte den andern, höchstens, wenn ein Bataillon vernichtet war, gab ein anderes zu verstehen, es sei auch noch da und harre des gleichen Schicksals» (223).

Von Anne Bäbi Jowäger heißt es einmal, sie fahre im Hause herum «wie Kaiser Napoleon zu seiner Zeit in Deutschland» (V:146). Uli dem Pächter werden einmal «Napoleons Kriegsgrundsätze» empfohlen, «mit welchen er die halbe Welt bezwang, dann der halben Welt standhielt, bis die Übermacht ihn ohnmächtig machte». Es wird aber auch davor gewarnt, daß «menschliche Berechnung und die kaltblütigste Besonnenheit ihre Schranken haben, und daß nicht ein Mensch es ist, sondern ein ganz anderer, der sagt ‹Bis hieher und nicht weiter!›, das hat niemand wiederum besser erfahren als eben der Napoleon» (XI:346 f). Dieses Doppelbödige, Janusköpfige und Widersprüchliche, das berechnende Hineinfahren in die Welt, zuerst siegen und dann stürzen, muß Gotthelf am Schicksal des französischen Kaisers besonders fasziniert haben.

Zwei markante Figuren in seinen Romanen haben als Soldaten unter Napoleon gekämpft, den Rußlandfeldzug von 1812 mitgemacht, waren in Moskau dabei und haben

Napoleons (1769–1821) Aufstieg und Sturz zeigen, daß «menschliche Berechnung und die kaltblütigste Besonnenheit ihre Schranken haben, und daß nicht ein Mensch es ist, sondern ein ganz anderer, der sagt: Bis hieher und nicht weiter!» (XI:346). Die Radierung «Traum Napoleons» stammt von einem unbekannten französischen Künstler.

Die Porte St-Denis in Paris. Zeitgenössische Ansicht.

den Untergang der Großen Armee an der Beresina überlebt. Einmal der Handwerksmeister in Meiringen/Haslital, bei dem Jakob in «Jakobs Wanderungen» im Winter 1844/45 arbeitet und seine sozialistischen Ideen endgültig aufgibt. Wie fragwürdig Napoleon in den Erinnerungen seines ehemaligen Soldaten weiterlebt, zeigt folgendes Gespräch:

«MEISTER: ‹Napoleon glaubte an Gott, wußte, was der Glaube zu bedeuten hat, da waren wenige, welche nichts glaubten, das machte eben, daß man sich nicht fürchtete, zum Tode wie zum Tanze ging, man wußte, nach dem Tode gabs noch was Besseres als Kommisbrot und Schnaps.›

JAKOB: ‹Ja, das hat man euch Soldaten weisgemacht, man hat mit der Gottesfurcht die Todesfurcht ausgetrieben, damit ihr desto williger Futter für das Pulver würdet. Die Höhern und Obern wußten es besser und lachten euer.›

MEISTER: ‹Dummes Zeug! warum gingen sie dann voran in den Tod? Napoleon selbst glaubte mehr als andere, vielleicht mehr als gut war, denn kein Soldat in der Armee ließ sich wahrsagen und glaubte, was ihm gesagt wurde, wie er›» (IX:351 f).

Man weiß, daß Napoleon Wahrsagerinnen und Kartenschlägerinnen beschäftigt hat – eine eigentümliche Religion, wohl kaum Gotthelfs eigene Ansicht! Und kann man dann noch «zum Tode wie zum Tanze» gehen?

Jakob verliebt sich in Eiseli, die jüngste Tochter des Meisters, und versucht sich ihr zunächst mit «freier Liebe», von der er gehört oder gelesen hat, zu nähern. Da er abgewiesen wird, wie zu erwarten war, setzt er auf einen ernsthaften Heiratsantrag, kann sich aber nicht dazu aufraffen. Der Meister rät ihm: «... da ists immer am besten, wie Napoleon es machte, rasch mitten drauf, nicht stillgestanden, nicht zurückgesehen, sei man lebendig oder tot...» (415). Als Jakob dann den Heiratsantrag macht und erwartungsgemäß einen zweiten Korb bekommt, tröstet ihn der Meister: «Hört, es tut mir leid, daß es so ist, Ihr könnt es mir glauben, aber ändern kann ich es nicht; und was man nicht ändern kann, muß man annehmen und denken: ‹Und jetzt, was machen?› Hätte Napoleon, als Moskau brannte, gleich gedacht: ‹Und jetzt, was machen?›, wir wären an der Beresina nicht so in Eis und Pech gekommen» (420).

Napoleon macht es immer so: «rasch mitten drauf», aber ausgerechnet vor Moskau, wo es nötig gewesen wäre, denkt er nicht einmal «Und jetzt, was machen?»

Noch verwickelter, aber auch interessanter, ist es im «Bauernspiegel», der den Leser an der Julirevolution von 1830 in Paris, einem Ereignis von europäischer Bedeutung, teilnehmen läßt. Die Hauptfigur des Romans – der Knecht Jeremias Gotthelf – ist aus der Schweiz geflohen und dient als Soldat in der französischen Armee. Dort lernt er den älteren Hauptmann Bonjour kennen, der mit Napoleon in Rußland war und der sein Mentor wird. Bonjour macht aus Jeremias einen tüchtigen Soldaten, er wird «ein ganz anderer Mensch» (I:244), er lernt schreiben und wird schließlich zum Christen.

In einer bedeutenden Sache ist Bonjour aber in einem Irrtum befangen. Er hegt nämlich eine widersinnige Hoffnung auf Napoleons Rückkehr: «In unerschütterlichem Glauben warteten wir Jahr um Jahr, wie die Juden auf den Messias, auf den großen Toten von St. Helena» (247). Bonjours Worte erinnern an die Sage von Barbarossas Wiederkehr aus dem Kyffhäuser: «Ich weiß, daß der Kleine wiederkommt; er ist zweimal gekommen, das drittemal darf er nicht fehlen. Er ist nicht tot, er hat sich nur verborgen... aber er wird kommen, wenn die rechte Stunde schlägt. Und wenn er wiederkommt, muß ich auch da sein; da wird er zu mir sagen: ‹Bonjour, Kapitän Bonjour!›» (243). Der pseudoreligiöse Zug dieser Napoleonverehrung wird von Gotthelf klar ausgesprochen: «Aber am merkwürdigsten war, wie er seinen irdischen Gott und seinen himmlischen, den Allvater und den großen Kaiser, in Verbindung brachte, beide Hand in Hand schaffen ließ, von dem einen sein irdisch, von dem andern sein ewig Heil erwartete» (246 f).

Eugène Delacroix (1798–1863): «Der 28. Juli oder Die Freiheit führt das Volk». «Freiheit» und «Volk» sind zwei Leitgedanken des Liberalen und des Volksschriftstellers Bitzius. Der Held seines ersten Romans, Jeremias Gotthelf, kämpft als Schweizer Soldat für Karl X. von Frankreich. «Ein gewisser Instinkt, daß wir nicht für die rechte Sache stritten, lähmte uns mehr und mehr» (I:250).

Als die Julirevolution ausbricht, das Volk sich erhebt – ohne Generale und Kaiser –, glaubt Bonjour, Napoleon sei wiedergekommen. Seine Napoleonschwärmerei läßt ihn die Volkserhebung mit der Rückkehr des Kaisers verwechseln. Napoleon war ja schon 1821 auf St. Helena gestorben. Bonjour und Mias kämpfen für König Karl X. Was bei diesem Kampf geschieht, lassen wir Mias selber berichten:
«Den 27. Juli 1830, mittags, rückten wir aus... Unsere Offiziere waren noch ganz guten Mutes, sie sahen nur eine Volkshetze in der Geschichte, und munter ließen sie uns die Menge mit dem Kolben aus dem Palais royal jagen. Den Kolben wurden zuerst Steine und Stöcke entgegengesetzt, es gab Leichtverwundete. Dies reizte die Menge. Studenten, Bürger erschienen bewaffnet in der Masse. Diese brach ein bei Waffenschmieden, und wo sie Waffen zu finden hoffte, ihr Widerstand wurde kräftiger, zur Schutzwehr rissen sie das Pflaster auf, machten aus demselben und allem, was ihnen in die Hände fiel, quer über die Straßen eine Art von Schanzen, Barrikaden genannt... [am nächsten Morgen] Die Straßen waren verrammelt, die Häuser besetzt, Steine und Kugeln regneten von ihnen in die Straßen herab... Aber es wurde ein immer furchtbareres, ein immer endloseres Fechten; wir erstürmten Barrikaden um Barrikaden, aber immer neue stunden vor uns; wir drangen von Straße zu Straße, aber in jeder neuen fanden wir größern,

Nach seiner Rückkehr aus französischen Diensten betrachtet Jeremias Gotthelf die Schweiz mit kritischen Augen. «Der französische Grenadier erzählt seinen Landsleuten im Berner Oberland die Begebenheiten in Paris 1830». Lithographie nach einem Gemälde von J. B. Kirner (1806–1866), 1831.

nachhaltendern Widerstand ... Es war ein traurig Fechten gegen Knaben und Mädchen, schmählich für den alten Soldaten, wenn seine Kugel, die einem wütenden Volksführer galt, in die Brust eines Weibes schlug. Ein gewisser Instinkt, daß wir nicht für die rechte Sache stritten, sondern um eines Eides willen, lähmte uns mehr und mehr ... Auf der andern Seite sah man keine Generale, kein besterntes Oberhaupt; Knaben, unbärtige Jugend, warfen sich an die Spitze der einzelnen Volkssäulen vor, und doch schien alles von *einem* Geiste geleitet zu sein, *ein* Geist die wilde Masse zu vereinigen, zu beleben, zu lenken ... Wir kannten den Volksgeist nicht, der in gewissen Stunden über Millionen kommen kann, darum erkannten wir hier sein Walten nicht» (248 ff).

Bonjours Hoffnungen erfüllen sich nicht: «Von Napoleon kein Wort» (251) heißt es, und später: «Von Napoleon nirgends die Rede» (252). In der Hoffnung auf Napoleon drückt sich die Sehnsucht nach alten, feudalen Zuständen aus. Bonjour steht mit dem Rücken zur Zukunft. Die Zukunft nämlich gehörte nicht den Fürsten, sondern dem Volk. Bonjour stirbt nicht, wie er hofft, an der Spitze eines Napoleonischen Regiments, sondern zuhause in der Schweiz; Mias wird Lehrer des Volkes in einem Wirtshaus.

PARIS und LÜTZELFLÜH

Für den Dorfpfarrer von Lützelflüh, der nur wenige Brocken Französisch konnte – vom Englischen oder Italienischen ganz zu schweigen –, bedeutet die Hauptstadt Frankreichs zweierlei: Großstadt und Stadt der Revolutionen. In der Erzählung «Dursli der Branntweinsäufer» berichtet er, daß «wie zwei verirrte unbekannte Vögel die Worte Freiheit und Gleichheit über den Leberberg von Frankreich her ins Land geflogen kamen» (XVI:92). Freiheit und Gleichheit, Liberté und Egalité – das dritte Ideal der Französischen Revolution von 1789, die Brüderlichkeit oder Fraternité, ist nicht dabei! Die Freiheit hatte ja ursprünglich zu tun mit der Selbstbestimmung des einzelnen mündigen Menschen und der Völker insgesamt, mit Demokratie und Unabhängigkeit von Monarchen. Gleichheit bedeutete gleiche Glücksmöglichkeiten für alle, gerechte Verteilung des Besitzes. Die fehlende Brüderlichkeit bedeutete Mitleid, uneigennütziges Wohlwollen, Nächstenliebe, Absehen von Egoismus und Selbstsucht. Dieses dritte Ideal, das Gotthelf «echt christliche Bruderpflicht» (127) nennt, erscheint ihm nicht im geringsten verwirklicht. Ohne Fraternité taugen aber auch Liberté und Egalité nicht viel. Gotthelf sieht zu viele «Unmündige und Schwache im Lande», die mit «Freiheit und Gleichheit» allein gar nichts anfangen können. Ohne die «echt christliche Bruderpflicht» entarten diese Ideale, «als ob die Freiheit das Recht wäre zu tun nach Lust und Belieben, und die Gleichheit das Recht, zu nehmen nach Lust und Belieben» (92). «O du Lehre von der persönlichen Freiheit», ruft er aus, «wie ähnlich siehst du dem Grundsatz, daß der Stärkere Meister sei!» (127).

In den Kalendergeschichten witzelt er: «Nämlich in der Stadt Paris gingen nämlich Sündeneier aus, von denen aber wohlweislich nirgends die Rede war, daß der Zeitgeist das Huhn gewesen, welches sie gelegt» (XXIV:42). In seiner sozialkritischen Schrift «Die Armennot» nennt er Paris die «große Kloake Frankreichs, wohin der Unrat des Landes abfließt» (XV:87). Mit dem gewagten Vergleich «Kloake» und «Unrat» meint er nichts anderes als die Abwanderung verarmter Landbewohner in die Stadt, ihre Verelendung; Karl Marx sprach von «Lumpenproletariat». Man muß sich dabei auch im klaren sein, daß Gotthelf noch nicht die Stadt der großen Boulevards gemeint haben kann, das Paris Napoleons III., Baudelaires, Jacques Offenbachs, Zolas, die Stadt der Weltausstellungen und des Eiffelturms, die erst unter Baron Haussmann von 1853 bis 1870 Gestalt annahm, der Eiffelturm erst 1885 bis 1889. Gotthelfs Paris ist das Paris von Balzac (1799–1850) und Eugène Sue (1804–1857). Sues Roman «Les mystères de Paris», ein skandalumwitterter Bestseller, entstand zur selben Zeit wie die «Schwarze Spinne» und «Anne Bäbi Jowäger».

LONDON und LÜTZELFLÜH

Im 19. Jahrhundert waren die Weltausstellungen – «Industrieausstellungen aller Völker», wie sie damals hießen – internationale Demonstrationen von naturwissenschaftlichem und technischem Fortschritt, der, wie man glaubte, die ganze Welt in ein Paradies verwandeln könnte, wenn man nur wollte. Die erste Weltausstellung 1851 in London war mit über sechs Millionen Besuchern und 17 000 Ausstellern ein großer Erfolg und galt als Beginn eines neuen Abschnitts der Menschheitsgeschichte. Aber die folgenden Veranstaltungen wuchsen ins Gigantische und überforderten das Aufnahme- und Wahrnehmungsvermögen. Die Besucherzahl in Paris 1867 stieg auf elf Millionen, 1889 waren es über 60 000 Aussteller und dreiunddreißig Millionen Besucher. Ein Briefpartner Gotthelfs, der Elsässer Pfarrer Jean Georg Michel, hatte im Herbst 1851 die erste Weltausstellung in London besucht und dort natürlich

Dover um 1845. Zeitgenössische Ansicht.

auch den berühmten Glaspalast gesehen. Da der Bericht, den er im Januar 1852 nach Lützelflüh schickte, so gut wie alle Elemente der Modernität enthält, rücken wir ihn vollständig ein:

«Von meinem Vorhaben, London und seinen Kristall-Palast zu besuchen hätte ich mich beinahe abwendig machen lassen durch die anhaltende schlimme Witterung. Es ging schon gegen Ende September; anders wohin zu gehen, war zu spät. Trotz aller Warnungen in London nur Nebel und Verdruß zu finden, nahm ich meinen Paß und zog nach Paris. Samstag nachmittags kam ich dort an und Sonntag morgens um 6 Uhr schon fuhr ich mit einem Train de plaisir nach Calais ab; wir machten 12 Stunden Wegs in einer Stunde und nur an wenigen Hauptstationen wurde ein kurzer Halt gemacht. Um Mittag waren wir in Calais, wo man an wohlbesetzter Tafel seine Vorsichtsmaßregeln gegen die Seekrankheit traf. Dann wurde der Dampfer bestiegen, das Meer war ruhig, was im Kanal selten ist, und ein freundlicher Sonnenschein erheiterte unsre Bahn. Bald tauchten Albions weiße Küsten vor unsern Blicken auf. Ein halbes Dutzend Kauffahrtei-Schiffe waren näher oder in der Ferne zu erblicken, die nach dem Markt der Welt zusegelten oder von dorther kamen. Nach anderthalbstündiger Fahrt langten wir in Douvres an, einem netten, reinlichen Städtchen, wo die Douane, diese Landplage der Reisenden, uns über alle Maßen langweilte, so daß wir erst abends die Eisenbahn benützen konnten um vollends nach London zu kommen. In 2 Stunden langten wir daselbst an. Es war Nacht und die Bahn führte uns dreiviertel Stunden weit in die Stadt hinein, über die Häuser und herrlich mit Gaz beleuchteten Straßen hin. Es war ein wunderbarer Anblick. Nun war des Schauens kein Ende bis zum nächsten Sonntag-Morgen, wo man in London zum letztenmal frühstückte und in Paris zu Abend aß.

Die beiden Abende besonders, wo ich von morgens 10 Uhr bis abends halb 6 Uhr in der Universal-Exposition zubrachte, waren die Augen müde. 65 000 Menschen waren zu gleicher Zeit im Kristall-Palast und doch konnte man sich überall frei bewegen. Acht Tage später waren sogar einmal 90 000 Personen zugleich darin. Denkt man sich nun die Räume um alle die Natur- und Kunst-Produkte aufzustellen, und die Hunderte von Maschinen, sowie die vielfältigen und vielgestaltigen Fuhrwerke mit all ihrem Luxus, so wird man einen Begriff bekommen von diesem 1848 Fuß langen kolossalen Treib-

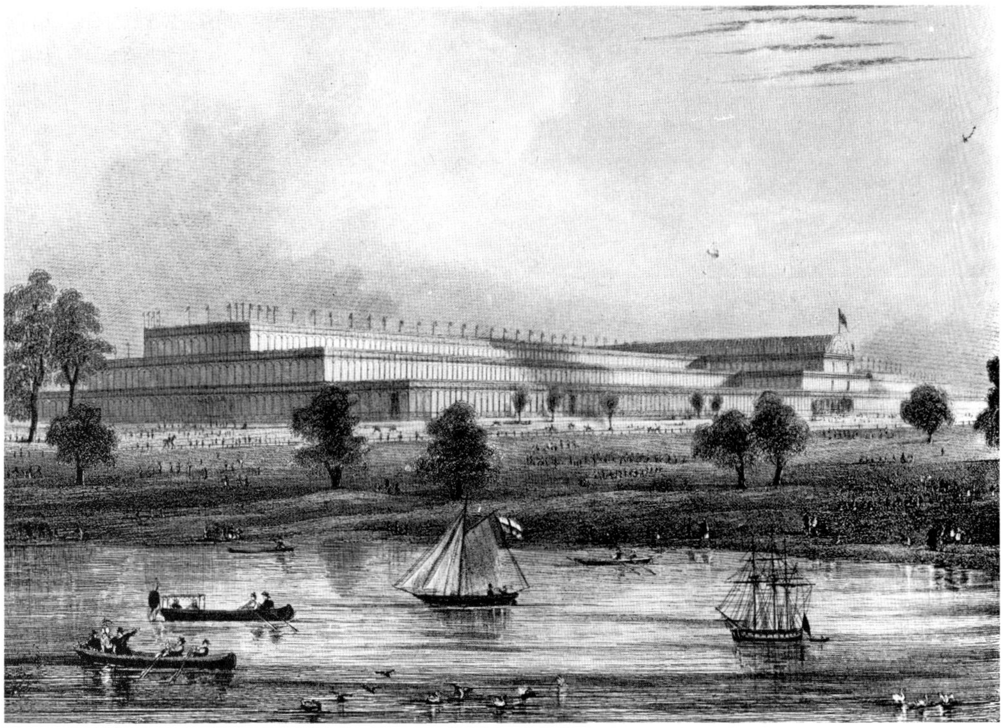

Der Kristall-Palast in London (Lithographie von 1851). Obwohl Gotthelf in einem kleinen Dorf als Pfarrer wirkte und nur wenig reiste, war er über die wichtigen Ereignisse in den europäischen Metropolen gut unterrichtet. Einen Bericht über die erste Weltausstellung 1851 in London bekam er von einem Pfarrkollegen im Elsaß.

hause. Man hätte Wochen haben sollen, um sich darin allein con amore umzusehen. Und so wars auch mit den übrigen Herrlichkeiten der Welt-Stadt! Westminster Abtei, Paulskirche, Britisches Museum, Themse-Tunnel, der Tower, der Zoologische Garten, die Parks, Windsor, Greenwich, die Themse, die Doks, die Stadt ohne Ende selbst, das hätte Monate erfordert, um gesehen und genossen zu werden, und doch mußte dies alles innerhalb 6 kurzen Tagen absolviert sein. Da verdrängte ein Eindruck den andern und erst auf der Rückfahrt nach Douvres kam man wieder zur Besinnung, und der Gedanke lag ganz nahe, wieder einmal dahin zu kommen, um mit Muße zu sehen, was man nur so summarisch überschaut hatte. Höher ging bei der Rückfahrt die See, der Dampfer tanzte auf den Wellen und die Mehrzahl der Passagiere machten grämliche Gesichter und waren eine Beute der Seekrankheit. Erwünscht war für diese die Küste Frankreichs, wo zum Glück keine Douane uns langweilte. Die Effekten wurden erst in Paris visitiert, aber ohne Strenge. Zwei Tage ruhte ich bei einer lieben Schwester in Paris aus und dann segelte ich auf der halb vollendeten Eisenbahn wieder meinen Penaten zu, wo des Fragens und Erzählens kein Ende war» (8:249 ff).

Stellt man den 65 000 bzw. 90 000 Besuchern des Glaspalastes die Einwohnerzahlen der Orte gegenüber, wo Gotthelf als Vikar und Pfarrer gewirkt hat – Utzenstorf mit 1800 Einwohnern, Herzogenbuchsee mit 5000 Einwohnern und Lützelflüh mit 3600 Einwohnern –, so ist der Vergleich instruktiv genug, und der Bruch zwischen Stadt und Land im 19. Jahrhundert bedarf keines weiteren Kommentars. Im Jahre 1850 hatten in der Schweiz nur die Städte Genf, Basel und Bern über 20 000 Einwohner.

AMERIKA, RUSSLAND und LÜTZELFLÜH

Wie für den bedeutenden Politologen Alexis de Tocqueville (1805–1859) stellten auch für Gotthelf die jungen Vereinigten Staaten und das zaristische Rußland zwei extreme politische Möglichkeiten dar: «Rußlands Despotie und Amerikas Freiheit sind zwei Schwestern, Willkür heißt ihre Mutter» (XXIV:133).

Das sind für den Dichter zwei politische Extreme: die jungen Vereinigten Staaten und das Zarenreich. In «Zeitgeist und Berner Geist» nennt er Amerika das «Paradies der Spitzbuben», das «trügerische Amerika» (XIII:346,11).

Im nachgelassenen Romanfragment «Der Herr Esau» stellen sich die Berner Schützen, die im Sommer 1842 zum Eidgenössischen Schützenfest nach Chur fahren, Amerika vor als «es Donners e lustigs Land, dert mach en iedere, was er well, u wenn eine de angere nit aständig syg, su schlay me ne zTod; und wer drümal geltstaget heyg, werd Ratsherr! ... U vergesse müsse me nit, daß Amerika on e Vrfassig heyg, das syg dHauptsach; wo ke Vrfassig syg, da syg nüt, wo aber e Vrfassig syg, da syg alles gwunne ...» (I:231). Amerika als Land der Freiheit, der Selbsthilfe, der Bankrotte, der Verfassung?

Für das Schützenfest in Chur, das die Berner besuchen, hat Gotthelf eine kleine, aber sehr gewichtige Festschrift verfaßt: «Eines Schweizers Wort an den Schweizerischen Schützenverein». Sie wurde während des Festes an die Schützen verteilt. In ihr macht Gotthelf auf die edle Freiheit aufmerksam, die darin liege, daß sich freie Männer mit ihren Waffen versammeln können «ohne Polizei und Staatsgewalt». «Wer in einer Monarchie geboren wurde, dem lag der Gedanke eines Vereines, welcher das ganze Volk umfaßte und bewaffnete, außerhalb seiner Gedankenreihe, er lag ihm im Gebiete des Wahnsinns. In keinem Lande hätte man harmlos den Gedanken aufgefaßt und Wurzel schlagen lassen, das Volk bewaffnet zu versammeln ohne Führer und nur in der Ordnung, welche es sich selbsten gab ... Wie wäre es erst in Amerika gegangen, wo die Repräsentanten des Volks sich wie Buben am Boden wälzen oder wie Spitzbuben aufeinander schießen!» (XV:289 f).

Amerika stellt für Gotthelf das eine politische Extrem dar; die Monarchie, so dürfen wir schließen, das andere. Die Sätze aus der Schützenschrift zeigen den ganzen Horizont, die ganze Spannweite seines politischen Denkens. Die Freiheit Amerikas lehnt er ab, weil sie in Anarchie auszuarten drohe und nur dem Stärkeren Recht verschaffe; die Monarchie erscheint ihm als Despotie. Die Freiheit, die er selber im Sinn hat, liegt dazwischen und hängt von der Würde des einzelnen Menschen ab. «Man sieht, was bei uns (allenthalben, zum Beispiel in Amerika, wäre es nicht so) aus dem Menschen wird, wenn man ihn als ehrenwert ehrt; wie der Niedrigste gehoben wird, wenn man in ihm den Menschen achtet, ihm Kreise öffnet, deren Rechte er nicht hatte, deren Pflichten er daher auch nicht kannte» (XV:292).

Zu Gotthelfs Lebens- und Schaffenszeit waren alle Länder rund um die Schweiz Monarchien. Als die reaktionärste unter ihnen galt das Zarenreich. An versteckter Stelle in den Kalendergeschichten hat der Dichter einmal einen wahrhaft prophetischen Satz geschrieben, der die beiden Extreme auf einen gemeinsamen Ursprung zurückführt: «In Amerika ist Meister, wer wüst tut, und Rußlands Despotie und Amerikas Freiheit sind zwei Schwestern, Willkür heißt ihre Mutter» (XXIV:133). Das erinnert an eine ähnliche Gegenüberstellung von Amerika und Rußland in Alexis de Tocquevilles berühmtem Buch «Über die Demokratie in Amerika», dessen erster Band 1835 erschien. Dort heißt es am Schluß: «Dem einen ist Hauptmittel des Wirkens die Freiheit; dem andern die Knechtschaft. Ihr Ausgangspunkt ist verschieden, ihre Wege sind ungleich; dennoch scheint jedes von ihnen nach einem geheimen Plan der Vorsehung berufen, eines Tages die Geschicke der halben Welt in der Hand zu halten.»

Noch eine Kuriosität sei erwähnt. Gotthelf hatte befürchtet, «Zeitgeist und Berner Geist» könnte von der Berner Regierung verboten werden wegen der heftigen Angriffe auf prominente Schweizer wie Alfred Escher. Das Buch wurde aber, zusammen mit der «Käserei in der Vehfreude» und «Doktor Dorbach der Wühler», im zaristi-

Blick auf Lützelflüh und ins Emmental (1780), Gemälde von Johann Wolfgang Kleemann (1731–1782). Zu Gotthelfs Zeit hatte die Gemeinde 3600 Einwohner. «Nun ist aber meine Gemeinde nach allen Windgegenden zerstreut und stößt an 13 Kirchgemeinden» (4:160).

schen Rußland verboten. Die Gründe dafür lassen sich aus einem Brief Springers erschließen: obwohl beide, die zaristische Zensurbehörde und der Pfarrer von Lützelflüh, die Umtriebe der Radikalen bekämpften, waren diese in den drei Schriften offenbar so gut dargestellt, daß russische Revolutionäre aus ihnen hätten lernen können (9:30,64).

LÜTZELFLÜH

Im August 1853, ein gutes Jahr vor seinem Tod, machte der schwerkranke Gotthelf eine dreiwöchige Kur in dem renommierten Gurnigel-Bad. Es war die längste Abwesenheit von Lützelflüh. Über die Schweizer Landesgrenze war er zum erstenmal 1821/22 als Student in Göttingen hinausgekommen, hatte damals sogar eine Reise durch Norddeutschland gemacht, Hannover, Hamburg, die Insel Rügen und Berlin besucht. 1841 reiste er – auf einer der ersten Eisenbahnen – nach Mülhausen, 1851 nach Straßburg. In der Schweiz hat er Zürich, Chur, Neuenburg, Genf, Basel, Aarau, das Toggenburg und den Seelisberg besucht. Ob er im Sommer 1854 noch eine Kur in Bad Cannstatt gemacht hat, konnte die Forschung nicht eindeutig klären. Das ist schon alles an geographischer Mobilität. Es ist nicht so wenig wie in «Käthi die Großmutter», die ihr Lebtag «nie drei Stunden von der Heimat weggekommen» (X:47), aber es ist vergleichbar. In Großmutter Käthis und in Gotthelfs Weltbild spielt das Reisen, die Kenntnis fremder Länder und

Völker keine Rolle. Trotzdem sind in seinem Werk die große Welt, die Weltgeschichte und die Weltpolitik ständig gegenwärtig.

In der vor Humor überquellenden, vor Lachen strotzenden Erzählung «Michels Brautschau» wird ein Gehöft im Emmental beschrieben, das den sonderbaren Namen «Kuttlebad» trägt und etwa zwischen dem Napf und der Ortschaft Wasen liegt. Der Ursprung des Namens, so Gotthelf, liege im Dunkeln, «ob man anfänglich in Kutteln badete oder das Wasser für schadhafte Kutteln sich besonders heilsam erwies», sei nicht ausgemittelt. Es sei jedenfalls ein reizender Ort, «als ob man noch im Paradies wäre und allein vom Vertrauen auf Gott lebte». Und dann schließt die Beschreibung mit dem vorwurfsvoll-spöttischen Satz: «Humboldt in seinem ‹Kosmos› scheint diese merkwürdige Erdecke ganz übersehen zu haben» (XX:248 f).

SCHWEIZ

Als der Student Bitzius im Herbst 1821 durch die Lüneburger Heide reiste, deren höchste Erhebung der 169 m hohe Wilseder Berg ist, ging ihm die Schönheit dieses flachen Landes nicht auf. «Mein an ganz andere Gegenden gewöhntes Auge konnte diesen Anblick kaum ertragen und fing im eigentlichen Sinn mich zu schmerzen an», berichtet er in der «Reisebeschreibung». Er findet die Gegend «gräßlich», spricht nur von «diesen schauderhaften Wüsteneien» und freut sich, als er mit Reisegefährten aus der Schweiz zusammentrifft, «von unsern lieblichen Tälern und erhabenen Naturwundern sprechen zu können» (12:133,136).

Obwohl die Schweiz heute eine hochentwickelte Industriegesellschaft mit einem der weltweit höchsten Lebensstandards ist, und obwohl sie seit Gotthelfs Zeit immer mehr touristisch erschlossen wurde, ist das Wort von den «lieblichen Tälern und erhabenen Naturwundern» noch nicht ganz zum unwahren Cliché heruntergekommen. Der Topos – oder die kulturphilosophische Utopie – vom frommen, freiheitsliebenden Berg- und Hirtenvolk ist sehr alt. Er wurde von Albrecht von Haller in seinen «Alpen» (1729) gestaltet, von Schiller im «Wilhelm Tell» (1804) wieder aufgenommen und lebt als Vorstellung von der Schweiz und den Schweizern bis auf unsre Tage. Gotthelf liebte sein Land oder «Ländchen», wie er oft sagt, und er war gegenüber touristischen Vorstellungen davon sehr kritisch. So hat er einen außerordentlich kitschigen Bestseller seiner Zeit, die 1816 erschienene «Mimili» von Heinrich Clauren, immer wieder verspottet. Das miserable Buch beginnt mit folgenden vielsagenden Sätzen: «Die sogenannte Hauptstadt der Welt, das lärmende Paris, lag mir im Rücken. Nach Ruhe, nur nach Ruhe sehnte sich mein Gemüt... ich suchte ein Plätzchen, ein stilles, friedliches Plätzchen, um mir nur einmal selber zu gehören. Darum eilte ich über Fontainebleau und Dijon in die Schweiz.» Nicht viel anders redet Richard Wagner, der zwischen 1839 und 1842 in Paris Karriere zu machen versuchte, in der «Mitteilung an meine Freunde» von 1851: «Wie ein schwarzes Bild aus einer längst abgetanen gräßlichen Vergangenheit war nochmals jenes Paris an mir vorübergegangen, dahin ich auf den Rat eines wohlmeinenden Freundes, der hier mehr für mein äußerliches Glück als meine innere Befriedigung besorgt sein konnte, zunächst mich gewandt hatte, und das ich jetzt, beim ersten Wiedererkennen seiner ekelhaften Gestalt, wie ein nächtliches Gespenst von mir wies, indem ich eilend aus ihm fortfloh und nach den frischen Alpenbergen der Schweiz mich wandte, um wenigstens nicht mehr den Pestgeruch des modernen Babel zu atmen.» Das 19. Jahrhundert vergrößert seine Städte und schwärmt vom Landleben!

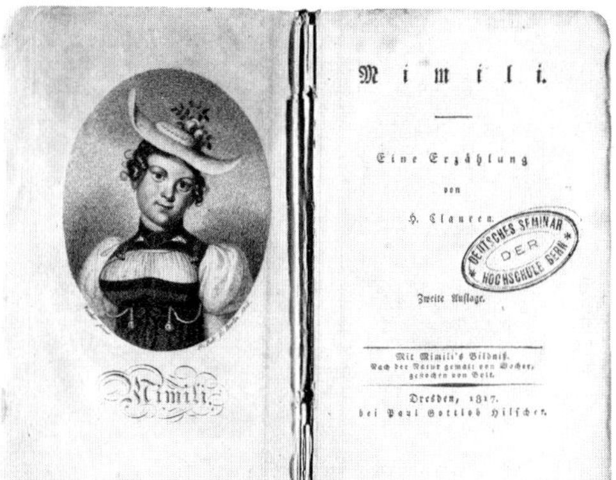
Mimili.

Eine Erzählung

von

H. Clauren.

Zweite Auflage.

Mit Mimili's Bildniß.
Nach der Natur gemalt von Wocher,
gestochen von Veit.

Dresden, 1817.
bei Paul Gottlob Hilscher.

Heinrich Claurens (1771–1854) Erfolgsroman «Mimili» lebt ganz von einem falschen Bild der Schweiz, täuscht jedoch u. a. durch genaue Ortsangaben und Dialekteinsprengsel Authentizität vor. Sogar das Bild Mimilis soll «nach der Natur gemalt» sein. Titelblatt der zweiten Auflage.

Man sollte sich jedenfalls bei der Gotthelf-Lektüre darüber im klaren sein, daß die Schweiz in der Geschichte der Industrialisierung hinter England gleich die zweite Stelle einnahm, auch schon zu Gotthelfs Zeit, und daß man den Bewohnern dieses Lan-

Blick auf Bern mit dem (damals noch unvollendeten) Münsterturm. Ansicht von ca. 1850.

des keinen Gefallen tut, wenn man sie entweder für «Kuhschweizer» oder für «das Volk, das fromm die Herden weidet» hält. Als Gotthelf 1797 geboren wurde, waren etwa 65 % aller Schweizer im Agrarsektor tätig, heute sind es um 5 %. Schon Henriette, die Tochter des Dichters, schrieb in der kurzen Biographie ihres Vaters: «Bitzius starb an der Markscheide dieser neuen Entwicklungsepoche seines Vaterlandes. Mehr denn zwanzig Jahre sind seitdem über diesem Grabe dahingegangen. Unser engeres und weiteres Vaterland hat in dieser Zeit einen gewaltigen Umschwung erfahren, neue Verkehrsmittel bedingten neue Lebensgewohnheiten, neue Anschauungen. Unmerklich, aber unablässig formte das Volksleben sich nach der neuen Zeit, die andere Begriffe, andere Sitten mit sich brachte.»

Alle Romane Gotthelfs und fast alle seine Erzählungen spielen in der Gegenwart, sozusagen kurz bevor sie geschrieben wurden. Ein großer historischer Roman über «Adrian von Bubenberg», einen der Helden bei Murten (1476), war geplant, kam aber nicht zustande. Gotthelf erlebt jedoch seine Gegenwart nicht ohne Vergangenheit. In fast allen Werken trifft der Leser auf Gegensätze wie «früher–heutzutage» oder «ehedem–jetzt» oder «damals–heute». Gerade jene Figuren, die dem «Zeitgeist» verfallen, ignorieren die Geschichte. «Was vielleicht einem Unbeteiligten am meisten aufgefallen wäre», heißt es von den Schützen im «Herr Esau», «möchte das gewesen sein, daß die guten Leute gar nichts interessierte. Sie fuhren an geschichtlichen Orten vorbei, sie sahen sich nicht um; sie fuhren durch ein reiches Land, sie bewunderten kein Kornfeld, keinem Kleeacker schenkten sie einen freundlichen Blick; sie fuhren durch ein schön, herrlich Land, kühne Berge, minnigliche Seen traten vor ihr Auge, schwebten an ihnen vorüber, sie nahmen nicht Notiz davon...» (1:229 f).

Schon während seiner Studentenzeit in Bern hat Gotthelf als Lehrer-Stellvertreter Schüler unterrichtet: «Mit was ich mir die Buben gewann, war das Erzählen, wozu ich Gegenstände aus der alten Geschichte besonders der vaterländischen nahm...» (4:18). Von 1834 bis 1836 wirkte Gotthelf mit an den Fortbildungskursen für Lehrer in Burgdorf, bei denen er – obwohl Pfarrer und um Religionsstunden gebeten – nicht den Religionsunterricht, sondern das Fach Schweizergeschichte übernahm. Johannes von Müllers patriotisches Werk «Geschichten schweizerischer Eidgenossenschaft» hat er sich für seine Geschichtsstunden erarbeitet. Für den Unterricht verlangte er vierzig Exemplare von Heinrich Zschokkes «Schweizergeschichte». Unter Gotthelfs historischen Erzäh-

lungen ragen besonders «Kurt von Koppigen», «Der Druide» und «Der Knabe des Tell» hervor.

EMMENTAL

Würde man um das Städtchen Burgdorf – also weder um die Bundeshauptstadt Bern noch um das Pfarrdorf Lützelflüh – einen Kreis mit einem Radius von 20–25 Kilometern beschreiben, so wären darin alle für Gotthelfs Werk wichtigen Orte eingeschlossen. Man könnte auch die Städte Bern–Langnau–Langenthal–Solothurn–Bern mit einer Linie verbinden und bekäme ebenfalls die Grenzen von Gotthelfs Gebiet. Es versteht sich von selbst, daß der Dichter über diese Grenzen hinauskam, aber in seinen Werken spielen z. B. Biel oder Luzern oder Neuchâtel keine wichtige Rolle, Basel und Zürich

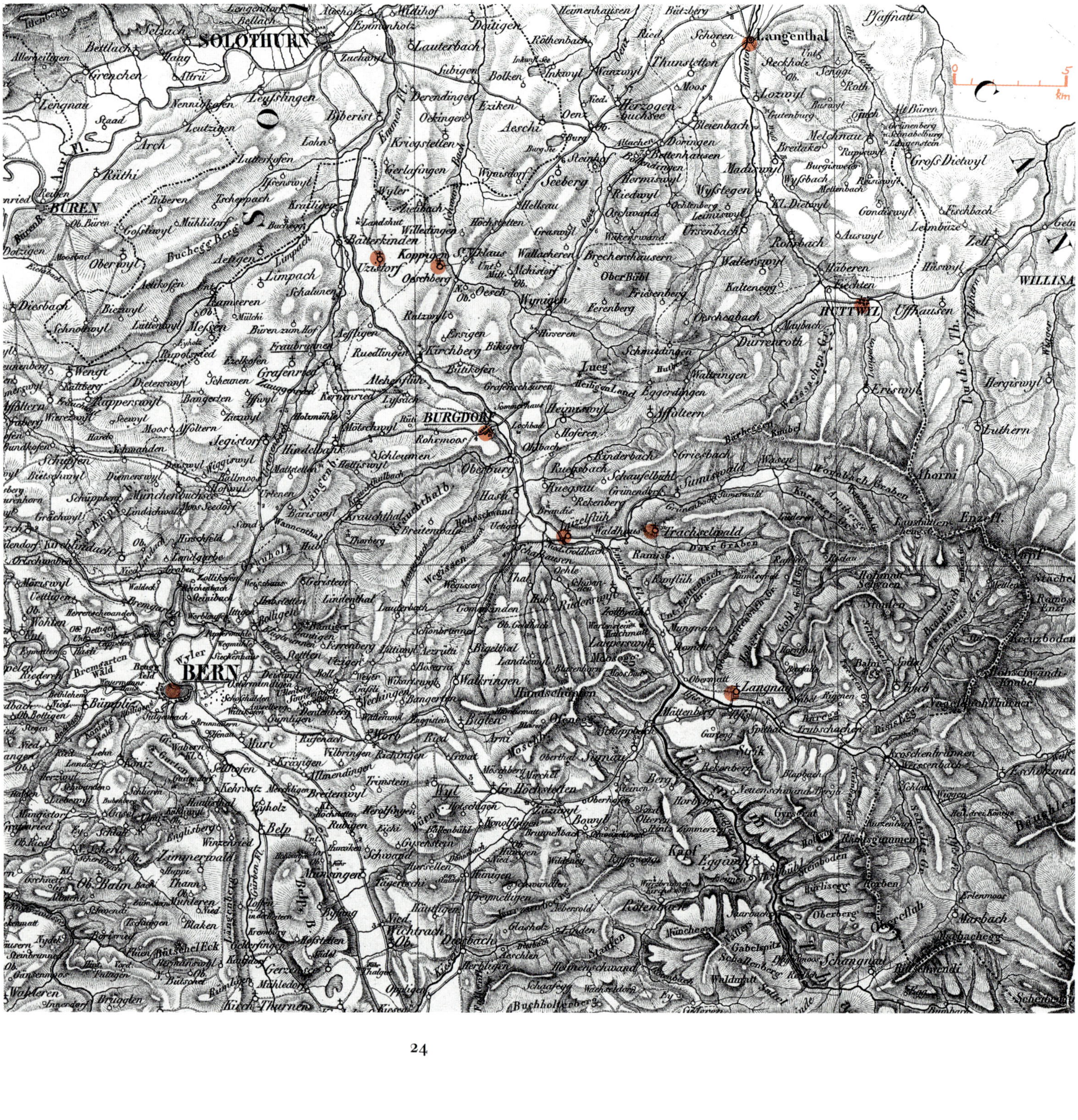

hauptsächlich in «Jakobs Wanderungen». Während Gotthelfs Gebiet überwiegend evangelisch-reformiert ist, sind Luzern und Solothurn katholisch. Das ist aus religiösen wie politischen Gründen bedeutsam. Östlich der Linie Langenthal–Langnau liegt das Dörfchen Luthern, wohin Gotthelf im Sommer 1842 zu Fuß gewandert ist, um die von den Luzernern ins Land gerufenen Jesuiten-Patres persönlich predigen zu hören. Anne Bäbi Jowäger fragt sich einmal, ob sie auf den Markt nach Solothurn ihr Pferd mitnehmen solle. Fast sei es nicht möglich, meint sie: «Aber es hätte gehört, beim ‹Adler› seien die Wirtsleute Berner; es däich fast, sie wollten dort einstellen. Es schüche neue die Kartholische (!), und man wisse nie, was die so mit einem armen Roß anfangen könnten. So ein Mensch könne öppe zu ihm selber luege, aber son es arms Tierli könne es niemand sagen, was man mit ihm angefangen habe. Und doch, es müsse es aufrichtig sagen, es müsse sich allemal zwängen, wenn es etwas Kartholisches (!) essen solle, es duechs, es hätte neue nit e Chust wie angers, sondern ganz e apartigi; nit e räukeligi, nit e brännteligi, nit e gräueligi, aber ganz e kartholischi (!). Es sei doch kurios, daß so nahe beieinander es alles so anders sei, sogar dChust; es muß neue es kurioses Wese sy mit dem Kartholische (!); es chönn si neue nüt druf vrstah» (V:107).

Durch das ganze Gebiet fließt von Südosten nach Nordwesten die Emme, die bei Solothurn in die Aare mündet. Obwohl man nun üblicherweise das ganze Gebiet rechts und links der Emme als Emmental bezeichnen würde, ist es sehr wichtig, daß im Werk Gotthelfs – und heute noch im Kanton Bern – nur der obere Teil, nämlich bis Burgdorf, Emmental genannt wird. Dieses Gebiet ist gekennzeichnet durch steile, aber nicht sehr hohe Hügel, die um den Napf oder die Lüderenalp auch einmal über 1000 Meter ansteigen können; dies sind aber Ausnahmen. Also Hügel, kein Hochgebirge. Der untere Teil des Tales, der sich von Burgdorf bis Solothurn erstreckt, heißt bei Gotthelf – und heute noch – Oberaargau. Es ist für Schweizer Verhältnisse ein eher flaches Gebiet. Die Emmentaler, also die Bewohner des oberen Gebietes, nennen den Oberaargau, also den unteren Teil des Tales, auch «die Dörfer». Sie deuten damit an, daß dort die Siedlungsform des Dorfes vorherrscht, während im Emmental die großen einzeln und oft einsam stehenden Höfe zu finden sind. Den Gegensatz von Emmental und Oberaargau, der sehr alt ist und sich nicht genau klären läßt, hat Gotthelf in der Erzählung «Der Besuch» gestaltet. «Anne Bäbi Jowäger» wird in Utzenstorf, «Die Käserei in der Vehfreude» in Herzogenbuchsee – in beiden Ortschaften war Gotthelf Vikar – angesiedelt, während «Geld und Geist» in Waldhaus bei Lützelflüh sein Vorbild gehabt haben soll. Ankenballe und Hunghafen, die beiden großen Höfe in «Zeitgeist und Berner Geist», sind wohl eher im Emmental zu lokalisieren, den Hof in der «Schwarzen Spinne» muß man sich bei Sumiswald denken. Wie bei Seldwyla und der Geburtsstadt Homers sollen sich mehrere Höfe darum streiten.

Bei gutem Wetter und günstigem Standpunkt ist im Norden und Nordwesten des Gebiets der Höhenzug des Jura sichtbar, der in Gotthelfs Werk wegen seiner dunstigen Farbe auch «der blaue Berg» heißt. Im Süden sieht man das Berner Oberland, vor allem Schreckhorn, Wetterhorn, Finsteraarhorn, Eiger, Mönch, Jungfrau und Blümlisalp leuchten. In «Käthi die Großmutter» heißt es einmal: «Über dem Jura, gegen Norden, lag eine schwarze Wolkenwand; nach Süden, an den Alpen, türmten sich Wolkenmassen, ragten, weißlich gezackt, hoch herauf am Himmel, neue Berge auf den alten Bergen» (X:12). Von seinem Pfarrdorf schreibt Gotthelf einmal: «Mit sonnigen Augen, den Fuß spülend in der Emme Wellen, sieht Lützelflüh hinauf an die mächtigen Berge, woher die Emme kömmt, sieht nieder an den blauen Berg, wohin sie fließt...» (XV:47).

Wer einen Überblick über das Gotthelf-Gebiet gewinnen will, der lese «Die Wassernot im Emmental» und lege bei der Lektüre eine gute Landkarte neben das Buch, auf der er die Hochwasserschäden verfolgen kann. Er wird von Gotthelf selber an die meisten – natürlich nicht alle – Schauplätze seiner Werke geführt. Wir begnügen uns mit einer schönen Stelle über das Emmental und seine Bewohner:

Seite 24:
Das Emmental. Nach der Karte des Kantons Bern von Victor Weiss (1830).

Gotthelf betrachtet seine Welt nicht mit den Augen eines Touristen. Voyeurhaftes Interesse am Sex-Appeal von Landmädchen ist ihm ebenso fremd wie die Vorstellung einer «Unschuld vom Lande» wie hier bei Sigmund Freudenberger: «La Toilette Champêtre» und «La Propreté Villageoise» (um 1781).

«Das Emmental ist ein Hügelland, düster aussehend von weitem, aber lieblich und heimelig in der Nähe; es strotzt nicht in üppiger Fülle der Pflanzenwuchs, aber kräftig sind die Kräuter seiner Hügel, von ihrem Dufte zeugen die schweren Emmentalerkäse in Rußland und Amerika. Eng begrenzt ist der Horizont von waldigen Hügeln, an deren Fuß die unzähligen Täler sich ziehen, von rauschenden Bächen bewässert, die in stillem Murmeln ihr Geschiebe wälzen, bis sie den Schoß der Emme finden, die ebenfalls still und von Unkundigen fast verachtet das Tal niederrieselt. Aber wie still und unscheinbar alle diese Wässerchen scheinen, sie brausen alle auf in unzähmbarer Wut, durchbrechen alle Dämme und lassen zittern und beben die Anwohner. Seinem Lande ähnlich ist der Emmentaler. Weit ist sein Gesichtskreis nicht, aber das Nächste sieht er klug und scharf an; rasch ergreift er das Neue nicht, gleichförmig wie seine Hügel soll auch sein Leben sein; aber, was er einmal ergriffen, das hält er fest

mit wunderbar zäher Kraft. Viel spricht er nicht, Lärm treibt er nicht, Sprünge macht er nicht; aber, wo er einmal Hand anlegt, da läßt er nicht ab, bis alles in der Ordnung ist, und wenn er einmal losbricht, so wahre man seine Glieder! Zudem wohnt ein gar eigener Sinn der Reinlichkeit in ihm, die sich auf Häuser, Geräte, Vieh, Kleider, kurz auf alles erstreckt; selbst die Bettelweiber betteln nur in frisch gewaschenen Hemdern. Es ist dieses ein eigener Zug, der allenthalben auffällt und den Glauben einflößt, daß da, wo noch Sinn für äußere Reinlichkeit sei, um so leichter Begriff und Begierde der innern Reinheit beizubringen sei. – So, wie der Boden langsam, aber kräftig ist und nur nach schwerer Arbeit seine Erzeugnisse liefert, so geht das Gewonnene auch schwer wieder aus der Hand; Verschwendung und Freigebigkeit außer den Schranken angestammter Gewohnheit sind daher hier nicht heimisch bei der Menge» (XV:215 f).

Herkommen, Kindheit, Jugend 1797–1812

Geboren in Murten, aber Burger von Bern – Die Eltern – Der unerschrockene Knabe – Die Helvetik und das Jahr 1798 – Landleben in Utzenstorf – Erste Lektüre – Unterricht beim Vater – Jakob Steiner

Albert Bitzius wurde am 4. Oktober 1797 in Murten geboren. Sein Geburtsort liegt an der deutsch-französischen Sprachgrenze und gehörte damals zugleich zum Kanton Bern und zum Kanton Freiburg. Das Städtchen hat – vor allem durch die vollständig erhaltene Stadtmauer und die engen Sträßchen – bis auf den heutigen Tag ein mittelalterliches Aussehen bewahrt, macht aber keinen so martialischen Eindruck wie etwa das südfranzösische Carcassonne, sondern eher einen lieblichen. Das hängt sicher mit dem schönen Murtensee zusammen, der sich im Westen ausdehnt und an dessen gegenüberliegendem Ufer sich der Mont Vully erhebt. Für die Schweiz ist Murten ein geschichtsträchtiger Ort. Im Sommer 1476 belagerte Karl der Kühne die Stadt, die von 2000 Bernern unter Adrian von Bubenberg verteidigt wurde. Am 22. Juni standen 23 000 Burgunder etwa 25 000 verbündeten Eidgenossen gegenüber und wurden durch einen Sturmangriff der Schweizer, kombiniert mit einem Ausfall Bubenbergs, vernichtend geschlagen. Es sollen 11 000 Burgunder und 410 Schweizer gefallen sein.

Taufkleidchen der Familie Bitzius, in dem nach der Überlieferung auch Jeremias Gotthelf getauft wurde.

Albert Bitzius' «Geburt fiel in einen für die Geschichte Bern's verhängnissvollen Zeitpunkt», so sein erster Biograph Carl Manuel, «denn gerade fünf Monate später zogen die Franzosen unter Schauenburg in seine Vaterstadt ein, welche seit ihrer Gründung, seit sechs Jahrhunderten, den ersten Feind in ihren Mauern sah. In Murten hatten die vorbeimarschirenden feindlichen Schaaren das alte sogenannte Beinhaus zerstört, in welchem zum Andenken an die für die Schweiz glorreiche, für die Stadt Bern rettende Schlacht gegen Carl von Burgund die Gebeine der gebliebenen Burgunder moderten; eine späte Revanche an der sonderbaren charakteristischen Trophäe! Einen classischern Boden giebt es nicht in der Schweiz …»

Alberts Vater Sigmund Friedrich Bitzius (geb. 1757), Burger von Bern, war seit 1786 Pfarrer der reformierten deutschen Gemeinde in Murten und hatte 1796 in dritter Ehe die aus Büren an der Aare stammende Elisabeth Kohler – Gotthelfs Mutter – geheiratet, nachdem der Tod ihm bereits zwei Gattinnen nach kurzer Ehe entrissen hatte. Aus der ersten Ehe mit Maria Magdalena Studer (gest. 1788) stammte Alberts Halbschwester Marie Bitzius (1788–1860). Zwei Jahre nach Albert wurde der Bruder Friedrich Carl (Fritz) geboren, der das Sorgenkind der Familie gewesen zu sein scheint und deshalb lange totgeschwiegen wurde. Marie lebte in der Familie ihres Vaters, später im Pfarrhaus des Halbbruders in Lützelflüh. Fritz kam als Soldat 1836 in Süditalien ums Leben.

Bitzius hat in einem Brief an den Literaturwissenschaftler Ludwig Eckardt über seinen Vater geschrieben, er sei Pfarrer in Murten gewesen, «daneben Bürger von Bern aus regimentsfähiger Familie» (9:137). In einem Dankschreiben an die prominenteste unter seinen Verehrerinnen, Prinzessin Augusta von Preußen, die Frau des späteren Kaisers Wilhelm I., die ihm durch den preußischen Gesandten in der Schweiz ein Schreibzeug hatte überreichen lassen, entschuldigt er seinen kecken Ton damit, daß er ein «regimentsfähiger Berner Burger» (8:49) sei. Zu den Vorfahren väterlicherseits, die bis ins 16. Jahrhundert nachweisbar sind, gehören zehn Pfarrer, zehn Landvögte, fünf Schultheißen, vier Professoren, ein Probst, ein General. Der Dichter stammt also aus dem gehobenen, gebildeten Bürgertum des Stadtstaates Bern – weder von Bauern, noch vom Land. Unter den Vorfahren der Mutter finden sich fünf Pfarrer, vier Ratsherren, drei Stadtschreiber, drei Landvögte, ein Professor.

Aus der allerfrühesten Kindheit von Albert Bitzius ist uns wenig überliefert. Wir sind da auf eine kurze Autobiographie des Dichters von 1848, eigentlich nur deren zweiten Satz, angewiesen; daneben haben wir eine kurze Biographie seiner Tochter Henriette aus dem Jahre 1877. «Als wilder Junge durchlebte ich dort (Murten) die wilde Zeit der Revolution und Helvetik», so beginnt der Satz in der Autobiographie, «besuchte die dortige Stadtschule, wo man mir gewöhnlich das Zeugnis gab, daß man mit dem Kopfe wohl, mit den Beinen aber, welche ich nie stille halten konnte, übel zufrieden sei» (18:13).

Im Jahre 1798 wurde der Bund der Eidgenossen von Napoleon in die sog. Helvetische Republik umgewandelt und mit einer republikanischen Verfassung versehen. Die neue Staatsform von Frankreichs Gnaden war aber nur kurzlebig. Als Napoleon 1802 seine Truppen aus der Schweiz zurückzog, angeblich aus Achtung für ihre Unabhängigkeit, entstanden bürgerkriegsähnliche Zustände zwischen Anhängern und Gegnern der Helvetischen Republik, der sog. Stecklikrieg. Während dieser Wirren drangen am 28. September 1802 – Albert Bitzius war noch nicht ganz fünf Jahre alt – helvetische Truppen in Murten ein. «Lärmend durchzogen sie die Straßen, mißhandelten die Einwohner, erbrachen die Türen, drängten sich in die Häuser, plünderten und erpreßten von den Eigentümern Barschaft und Kostbarkeiten.» So der Chronist.

Aus dieser schrecklichen Nacht nun wird von Gotthelfs Tochter Henriette folgende vielsagende Geschichte überliefert: «Eine besonders zuchtlose Abteilung österreichischer Truppen [es waren nicht österreichische, sondern schweizerische] drang einmal zur Nachtzeit plündernd in die Häuser, auch in das Pfarrhaus, das in einem Winkel der alten Ringmauer steht. Alles wurde durchsucht und selbst das Schlafzimmer der Kinder nicht verschont. Aus dem Schlafe aufgeschreckt, erhoben die armen Kleinen ein lautes Geschrei beim Anblicke der bärtigen Krieger, die sich Kasten und Schränke öffnen ließen, mitnahmen, was ihnen gefiel, und das Übrige auf den Fußboden warfen. – Nur ein Knabe von wenigen Jahren weinte nicht. Hochaufgerichtet, blitzenden Auges stund er in seinem Bettchen, ballte zornig die kleine Faust und antwortete mit Drohungen auf den Hohn der Soldaten, die seiner ohnmächtigen Wut spotteten. Dieser trotzige kleine Held war Albert Bitzius.»

Gotthelf hat später, als die Helvetische Republik oder Helvetik längst verschwunden war, ihre Anhänger als «Helvözler» verspottet. Jeder Schweizer wird in dem Spottwort sogleich die beiden Teile Hel = Helvetik und Fötzel = Lump heraushören, also ist ein Helvözler ein Lumpenrepublikaner oder ein republikanischer Lump. Für Gotthelf war eine importierte, oktroyierte Revolution nicht akzeptabel. Man sollte dabei aber nicht übersehen, daß die Helvetische Republik von 1798 bis 1803 als moderne, säkularisierte, zentralisierte Staatsform dem Ancien Régime einen tödlichen Stoß versetzte und zugleich jene Spaltung in Alt und Neu, Anhänger des Alten und Anhänger des Neuen schuf, die das gesamte Werk des Dichters durchzieht: «ehedem–jetzt», «damals–heutzutage.» Auch Männer wie Pestalozzi und Zschokke gehörten zur Helvetik.

Sigmund Bitzius (1757–1824) und Elisabeth Bitzius-Kohler (1767–1836), die Eltern des Dichters. Miniaturen von unbekannter Hand.

Blick auf Murten. Gemälde von Johann Ludwig Bleuler (1792–1850). Gotthelf verbrachte die ersten acht Lebensjahre in seiner Geburtsstadt.

Wahrscheinlich hat die Zuteilung des Städtchens Murten zum katholischen Kanton Freiburg, die 1803 durch Napoleons Mediationsakte erfolgte, Sigmund Bitzius veranlaßt, sich 1804 um eine Rückkehr in den Kanton Bern zu bemühen. Die katholische Regierung in Freiburg und die protestantische in Bern konnten sich nicht einigen, wer den Pfarrer der protestantischen Gemeinde bezahlen sollte. Bitzius wurde in die Gemeinde Utzenstorf versetzt und zog im Frühjahr 1805 mit seiner Familie dorthin. Um die Auszahlung eines Lohnrückstandes bemühte er sich noch im Jahre 1808. In Bern wies man ihn darauf hin, er habe die reiche und bequeme Pfründe Utzenstorf erhalten. Im Jahre 1839 deutet Gotthelf diese Auseinandersetzung seines Vaters in einem Brief an: «Ich gestehe aufrichtig, ich hasse das Patriziat, das mit Krokodilstränen jetzt die armen Bürger fängt; mein Vater war mir ein traurig Beispiel, wie man ehrliche Bürger beachtete; seine Behandlung, die ihm um Jahre das Leben verkürzte, vergesse ich nie» (5:34).

Abgesehen von Lützelflüh, wo Gotthelf mehr als zwanzig Jahre als Pfarrer wirkte, wurde er von keinem Ort und keiner Gegend so geprägt wie von Utzenstorf. Er verbrachte dort zunächst wichtige Knabenjahre. In seiner Autobiographie berichtet er, sein Vater habe ihn selber unterrichtet, gemeinsam mit dem Bruder Fritz, bis er 1812 das Gymnasium in Bern bezog. «Meine Kenntnisse gingen aber nicht weit über Griechisch und Latein hinaus. Nebenbei las ich Romane, so viel ich zur Hand bringen konnte, trieb starken Schafhandel, lernte jagen, fischen, reiten, übte mich in allen Landarbeiten, einigen weiblichen Handarbeiten und brachte es in mehr als einem ländlichen Spiel zu bedeutender Fertigkeit» (18:13). Die Kirchgemeinde

Prägende Erfahrungen machte der junge Bitzius in Utzenstorf, wo er seine Knabenjahre verlebte und später Vikar seines Vaters wurde. Ansicht von Jakob Samuel Weibel (1771–1846) vom Jahre 1824.

Utzenstorf bestand aus den drei Dörfern Utzenstorf, Zielebach und Wyler. Das Pfarrdorf, so berichtet die Tochter Henriette, «ein großes Bauerndorf mit den damals üblichen tief herabhängenden Strohdächern und dem Storchennest auf dem Giebel, liegt in fruchtbarer, aber durchaus nicht romantischer Gegend. Zu der Pfarre gehörte ein bedeutendes Stück Land, das Pfarrer Bitzius mit Hülfe seiner umsichtigen Gattin selbst bewirtschaftete.» In Utzenstorf liegt das schöne ländliche Schloß Landshut, dessen Park von kunstvoll angelegten klaren Gewässern durchflossen ist; es ist das letzte intakte Wasserschloß im Kanton Bern. Die Gegend ist zwar nicht so flach wie die norddeutsche Tiefebene, aber für Schweizer Verhältnisse ist sie doch sehr eben und scheint einen höheren Himmel zu haben als die Berggebiete.

Bitzius' erster Biograph berichtet, der Knabe habe Romane des Unterhaltungsschriftstellers Lafontaine gelesen. Andere Autorennamen sind erst für die nächsten Jahre

Schloß Landshut bei Utzenstorf, um 1820. Zeichnung von Sigmund Wagner (1759–1835).

bezeugt. Diese Lektüre habe indes dem «kerngesunden Geist» wenig geschadet, sondern schon früh die Phantasie des Knaben angeregt. «Er hatte namentlich viel mit Räubergeschichten zu thun, und wenn sein Vater abwesend war und bei Tage nicht heimkehrte, wollte er ihm Leute mit Laternen entgegenschicken, aus Furcht, er sei in die Hände von Räubern gefallen, ja er stellte sich vor, sein Vater sei selbst Räuberhauptmann und dergleichen.» In einem Brief an Ludwig Eckardt vom Februar 1851 nennt Bitzius seine Lektüre «eine unersättliche Lesesucht, die ganze damalige Romanenwelt wurde mir nach und nach bekannt, doch waren Reisebeschreibungen, Biographien und Geschichte ebenso willkommen» (9:137). In «Uli der Knecht» regen dann nur noch «sentimentale Närrinnen, die sich mit Bücherlesen abgeben» (IV:264) ihre Phantasie mit Lafontaine an. Ebenfalls im «Uli» wird das «Hurnussen» ausführlich beschrieben (50 ff), das Bitzius sehr wahrscheinlich als «ländliches Spiel» betrieb.

«... sentimentale Närrinnen, die sich mit Bücherlesen abgeben» (IV, 264). Die Bücher, über die Gotthelf in seinen Werken spottet, z. B. die Romane von August Lafontaine (1758–1831), hatte er als junger Mann selber verschlungen (Kupferstich von Sebastian Mansfeld).

Da wir aus dieser frühen Zeit nur spärlich Dokumente besitzen, sei noch einmal die Tochter Henriette zitiert. Wenn man davon ausgeht, daß Gotthelf die Utzenstorfer Gegend in der «Wassernot im Emmental», in «Dursli der Branntweinsäufer», im «Sylvestertraum» und im «Kurt von Koppigen» beschrieben hat, daß «Anne Bäbi Jowäger» dort lokalisiert werden kann, ist es wichtig, die frühen Eindrücke und Erfahrungen des späteren Dichters so genau wie möglich zu fassen. «Der lebhafte kleine Albert war da in seinem Element», berichtet die Tochter, «legte überall selbst Hand an und erwarb sich zum Teil schon jetzt jene Kenntnis des Details, die ihm später von so großem Nutzen sein sollte. Es war ihm gestattet, sich eigene Haustiere zu halten, u. a. einmal einen zahmen Storch, die er mit großer Liebe und Treue versorgte. Fröhlich tummelte er sich mit seinem jüngern Bruder Fritz in Wald und Feld und fing Fische und Krebse in den zahlreichen Bächen, deren klares Wasser zwischen weidenbewachsenen Ufern durch fette Äcker und Wiesen der Emme zufließt. Mit innigem Behagen wies Bitzius nach Jahren noch seinen Kindern das Brücklein, unter welchem er stets den besten Fang getan.»

Über den Unterricht beim Vater kann sich Henriette auf eine Erinnerung ihrer Tante Marie berufen: «Der ernste, etwas strenge Vater unterrichtete seine Söhne selbst, besonders wurde das Lateinische mit ihnen eingeübt. Der Unterricht mag nicht immer sehr zusammenhängend gewesen sein, denn Bitzius' ältere Schwester erzählte oft, wie die wilden Buben das Weite gesucht, wenn der Vater auf Augenblicke abgerufen worden sei, und welche Mühe es gekostet, sie wieder aufzufinden und einzufangen.»

Unsere frühesten Dokumente, Manuels Biographie und Henriettes kurzer Lebensabriß, überliefern beide, daß der Knabe Albert schon früh «Oppositionsgeist» und «Rechtsgefühl» gezeigt habe. Sein Vater soll ihm im Falle einer entschiedenen Parteinahme einmal gesagt haben: «Du nimmst für jeden Lump Partei!»

Wie schwierig es ist, unter so wenigen und immer so pietätvoll formulierten Berichten die Wahrheit zu finden, kann die wieder von Manuel und der Tochter überlieferte Geschichte von den versteckten Eiern zeigen, mit deren Vergleich wir die frühe Knabenzeit des Dichters abschließen wollen.

Manuel: «Der junge rührige Albert war übrigens, wie sich denken läßt, ein schlauer Knabe, dem allerlei Schliche zu Sinne stiegen. So verlockte er einmal eine der Hennen, die seiner Mutter gehörten, zu einem geheimen Nest, und als nun Ostern herannahte, fragte er, im Bewußtsein des Besitzes eines den übrigen unbekannten Eierschatzes, mit schalkhafter Miene seine Mutter, wie viele Eier er und seine Geschwister bekommen würden, indem er bedeutsam und geheimnisvoll hinzusetzte, er könne dann auch einen mäßigen Beitrag dazu liefern.»

Henriette: «Trotz seiner offenen, derben Natur, waren ihm auch kleine Ränke und Schliche nicht fremd. So verlockte er einmal eine der Hennen, die seine Mutter hielt, zu einem geheimen Nest, sammelte sorgfältig die Eier und trat zur Osterzeit nicht eher mit seinem Schatz hervor, bis ihm und seinem Bruder die gewünschte Zahl von Eiern zugesichert wurde.»

Es ist deutlich: die beiden Geschichten sind voneinander abhängig. Hat Henriette sie 1877 in Manuels Biographie von 1861 gelesen? Gehen beide auf eine Familientradition zurück? Wenn ja, wer hat sie dann tradiert? Gotthelf selber, der sie erlebt hat? Oder seine Mutter, die 1836 starb, als Henriette gerade zwei Jahre alt war? Oder wurde die Geschichte mit den Eiern, wie es bei Gotthelfs Biographen öfter geschieht, aus einem seiner Werke entnommen und auf ihn angewandt? Im 12. Kapitel von «Uli der Pächter» wird eine fast kriminelle Eiergeschichte von einem Melker erzählt. Oder hat Gotthelf die Geschichte des Melkers nach seiner eigenen Geschichte gestaltet? – Was *bedeutet* die Eiergeschichte? Bei Manuel renommiert Albert, «er könne dann auch einen mäßigen Beitrag dazu liefern». Bei Henriette erpreßt er die Mutter, «bis ihm und seinem Bruder die gewünschte Zahl von Eiern zugesichert wurde». Warum diese verschiedene Motivation? Hat man die Geschichte nicht verstanden und nachträglich zu deuten versucht?

Aus einer Kleinbauernfamilie in Utzenstorf stammte der genial veranlagte Jakob Steiner, der nur ein Jahr älter war als Bitzius. Gegen den Willen seiner Eltern zog er 1814 zu Pestalozzi nach Yverdon, wo er bald als Mathematiklehrer wirkte. Nach Studien in Heidelberg und Berlin wurde er Professor an der Universität Berlin. Julius Springer, Gotthelfs Berliner Verleger, ließ sich von ihm bei den Illustrationen der Werke beraten. Am 10. Juli 1849 schrieb er an den Dichter: «Ja, à propos Professor Steiner. Ich kam aus Anlaß der Zeichnungen zu Uli mit ihm zusammen und das Gespräch natürlich sehr bald auf Sie! Er ist sehr außer sich, wie Sie ihn behandelt hätten, zumal bei seinem letzten Besuche in Bern. Dabei ist er Ihrer Schriften des Lobes voll, und ich darf sagen, daß er der Erste war, der dieselben hier im Norden in einige höhere Kreise verbreitete. Herr Steiner weiß nicht, Sie gekränkt zu haben, wenn er auch, namentlich was die religiösen Fragen betrifft, auf einem von dem Ihrigen sehr entfernten Standpunkt steht und dies Ihnen nie verschwiegen hat. Er hängt an Ihrer Freundschaft, der ihm angeblich von Ihnen widerfahrenen schlechten Behandlung ungeachtet, und wenn er über seinen ‹Bitzi› auch schimpft, ist er des Jeremias Gotthelf doch des kräftigsten Lobes voll!» Ein paar Wochen später heißt es dann: «Steiner habe ich seither nicht gesprochen noch gesehen. Es ist vieles sehr treffend, was Sie von ihm sagen, er ist ein Mensch, bei dem die allgemeine *Bildung* weder mit seinem *Verstande* noch der Wissenschaft, welcher er sich gewidmet, parallel geht, und wohl hieraus entspringt fürnehmlich die Abnormité vielfacher seiner Handlungen! Er liebt Sie aber doch – das darf und muß ich wiederholen – und spricht von Ihnen, wenn auch mit Derbheit und Hieben, doch mit einem gewissen landsmännischen Stolz» (7:218 u. 223).

Aus einer Utzenstorfer Kleinbauernfamilie stammte Jakob Steiner (1796–1863), der später Hauslehrer in der Familie von W. v. Humboldt und schließlich Professor für Geometrie in Berlin wurde. Er trat dort, fern der Heimat, für die Bücher Gotthelfs ein…

Schule und Studium 1812 – 1820

Nach Bern ans Gymnasium – Professor Lutz – An der Akademie – Die Literarische Gesellschaft – Poesie der Alten und Neuern – Turnen mit Clias – Beginn des Theologiestudiums – «Wissenschaftlich nicht fruchtbar?» – Fackelzug für Lutz – Gotthelf unterrichtet Schweizer Geschichte – Die Frauen bzw. «Besen» – Lektüre – Wanderung ins Oberland

Samuel Lutz (1785–1844). «Der berühmte Professor Lutz... übte von allen meinen Lehrern, welche ich je gehabt, den größten Einfluß auf mein inneres Leben» (18:13). Lutz lehrte die alten Sprachen, war Pfarrer und seit 1833 Theologieprofessor an der Universität Bern.

Im Frühjahr 1812 bezog Bitzius das Gymnasium in Bern, eine Literarschule, die wegen des grünen, mit schwarzem Samt ausgeschlagenen Schulrocks auch die «grüne Schule» hieß. Er blieb dort zwei Jahre und wechselte 1814 an die Akademie über, die Vorstufe der 1834 gegründeten Universität Bern. Das Studium an der Akademie dauerte sechs Jahre und war in zwei dreijährige Phasen unterteilt, deren erste, die sog. Philosophie, mehr allgemeinbildend war, während die zweite dann ein eigentliches theologisches Studium darstellte. Bitzius hat diese Zeit seiner Ausbildung äußerlich problemlos durchlaufen und bestand im Juni 1820 seine theologischen Examina. Als Student wohnte er in Bern im Hause seines Onkels Samuel Studer, des Bruders von Sigmund Bitzius' erster Frau, des Onkels also seiner Halbschwester Marie. Die ersten Briefe, die uns erhalten sind, stammen aus diesen Jahren – der erste von 1814 – und sind an Bernhard Studer, den Sohn des Gastgebers, gerichtet.

Was für Erfahrungen hat der junge Albert Bitzius in der Zeit von seinem fünfzehnten bis zu seinem dreiundzwanzigsten Lebensjahr gemacht? Wir folgen seiner Selbstbiographie und versuchen, ihre Aussagen zu kommentieren und zu ergänzen.

Über den Privatunterricht beim Vater hatte er geklagt: «Meine Kenntnisse gingen aber nicht weit über Griechisch und Latein hinaus.» Im ersten erhaltenen Brief an Bernhard Studer von 1814 klagt er: «Es ist wieder das arme Griechische; was es verschuldet hat, weiß ich nicht. Ich kann ihm gar keinen Geschmack abgewinnen» (4:11). Der Student konnte der Antike oder genauer: dem Klassischen oder Klassizistischen keinen Geschmack abgewinnen. Dies ist zwar verwunderlich, aber auch verständlich. Die Selbstbiographie fährt nämlich fort: «Der berühmte Professor Lutz, welcher damals dem Gymnasium vorstund, übte von allen meinen Lehrern, welche ich je gehabt, den größten Einfluß auf mein inneres Leben. Ich ging auf seinen Rat im Jahr 1814, da ein halber Fehler zu viel in einer lateinischen Arbeit meine legitime Beförderung gehindert hatte, als Exterus in die Akademie über.» Samuel Lutz unterrichtete Griechisch und Latein, aber nicht deshalb kann er auf die Studenten so stark gewirkt haben.

«Hier [also auf der Akademie] brachte ich drei Jahre in der sogenannten Philosophie sehr fleißig zu, trieb alte Sprachen, Mathematik, Philosophie, wo Joh. Rud. Wyss besonders freundlich und väterlich sich meiner annahm. Meiner Mutter selig sagte er einmal: Sagt doch eurem Sohn, er solle schöner schreiben lernen, er schreibt wie eine Sau. Läßt er mal was drucken, besonders in Deutschland, so hat er den Schinders Verdruß. Ja wolle, antwortete meine Mutter, das wird er wohl la blybe. Mi cha nit wüsse, sagte Wyss.» Wyss war Historiker. Er gab zusammen mit Martin Usteri und Gottlieb Jakob Kuhn seit 1811 den Almanach «Die Alpenrosen» heraus, veröffentlichte 1815 «Idyllen, Volkssagen, Legenden und Erzählungen aus der Schweiz» und war der Verfasser des Liedes «Rufst du, mein Vaterland».

Im Frühjahr 1814 gründeten Studenten der Akademie eine «Literarische Gesellschaft», die in mehrere Sektionen unterteilt war. Von den 200 immatrikulierten Studenten waren 94 Mitglieder. Bitzius gehörte seit März 1815 der mathematisch-physikalischen Klasse an, die sogar Astronomie und Feldmessen betrieb. 1816 setzte er als Präsident ein Rauchverbot durch. Als die Gesellschaft bereits 1818 zerfiel, gründeten zwei Freunde von Bitzius, Baggesen und Studer, den Montagsleist (Klub), der weiterhin tagte und erst 1867 aufgelöst wurde (12:267 ff). Als besonderes Kuriosum sei ein kurzer Text zitiert, den Bitzius am 21. März 1816 als «Beispiel des Bombast» in der Gesellschaft vortrug und der des künftigen Bauerndichters würdig ist: «Auf einem glücklichen Dörfchen in Helvetiens Fluren lebte vor Zeiten ein Landmann, beschirmt von zufriedenem Strohdach und ernährt von fruchtbarem Erdreich. Ihm lächelte hold die liebende Gattin, ihn umblühten unschuldsvolle Kinder, die Nachbaren waren ihm gut, und ungetrübt floß ihm der Strom seines ruhigen Lebens. Die neidische Nemesis hielt fern von seiner Behausung, kein Bosheitgetriebener schändete dessen Bäume, kein Kecker stieg über dessen Gehäge, und seine Felder wurden meistens verschont vom Schmetterenden Glücke. Doch ach, die neidgeblasene Nemesis hielt sich nicht lang bei wachsendem Glücke usw.» (12:271).

In jenem Jahr 1815/16 entstand auch die erste uns erhaltene schriftliche Arbeit von Bitzius. Es war eine Preisaufgabe zu folgenden Fragen: «Ist sich das Wesen der Poesie der Alten und Neuern gleich? Zeichnet sich die neuere durch besondere Eigenschaften aus, und welches sind die Ursachen dieser Verschiedenheit?» Die Fragen klingen umständlich und rhetorisch, enthalten aber ein grundsätzliches Problem der ganzen Goethezeit. Die Arbeit, für die der Student Bitzius eine Silbermedaille als zweiten Preis errang, umfaßt 118 handschriftliche Seiten und beweist, neben der Kenntnis theoretischer Schriften der Zeit (Herders «Kritische Wälder», Schillers «Über naive und sentimentalische Dichtung», Friedrich Schlegels «Über das Studium der griechischen Poesie») breite Belesenheit in der Weltliteratur. Dies ist um so bemerkenswerter, als der Dichter Gotthelf später gerne mit der Rolle des ungebildeten, dem Kulturleben fernstehenden, von den Musen vernachlässigten Dorfpfarrers kokettierte.

«Damals kam auch das Turnen in Gang durch Clias, dessen eifrigster Schüler ich wurde.» Heinrich Phocion Clias (eigentlich: Käslin), geboren in Amerika, aufgewachsen in Holland, später Turnlehrer in Paris, England, in Biel und an der Akademie in Bern, gilt als der «Turnvater» der Schweiz wie in Deutschland «Turnvater» Jahn. Seine Tochter Carolina Catherina war mit Gotthelfs Vetter Ludwig Lindt verheiratet. Im Jahre 1840 hat Clias Gotthelf gebeten, ihm beim Druck eines Manuskripts einer Turnanleitung behilflich zu sein. Es erschien dann 1842 in Besançon unter dem Titel «Somascétique naturelle ou cours analytique et gradué d'exercices propres à développer et à fortifier l'organisation humaine». Gotthelf urteilte in einem Brief über das Clias-Manuskript: «Ganz dringend für die Menschheit fand ich seine Schrift nicht, darum ward ich auch nicht zudringlich. Sie enthält hie und da gute Sachen, aber weder Sie noch ich hätten Zeit, sich vor unsere 3 Monate alten Kinder an Boden zu legen auf den Rücken und bald ein Bein zu heben, bald einen Arm, bald

Seite 36–37:
Ansicht von Bern, im Hintergrund die Alpen. Kolorierter Stich von Jakob Samuel Weibel (1793). Gotthelf lebte von 1812 bis zu seinen theologischen Examen (1820) und dann als Vikar (1829–1830) in Bern.

ZENTRAL
BIBLIOTHEK
ZÜRICH

Durch Turnen soll der mündige Bürger Körper und Gesundheit in eigener Verantwortung pflegen. 1820 wurde bei Bern ein Turnplatz eingerichtet. 1829 erschien Phokion Heinrich Clias' (1782–1854) Buch «Kallisthenie oder Übung zur Schönheit und Kraft für Mädchen», daraus dieses Bild.

alles zugleich und zu guter Letzt uns vom Bauch auf den Rücken zu wälzen und umgekehrt, und so einige Stunden des Tages. Dafür muß man eben Clias sein» (5:106 f).

«Nach drei Jahren wurde ich auf legitime Weise und mit Ehren in die Theologie aufgenommen; wäre ein gewisses aufbegehrisches Wesen nicht gewesen, ich wäre nach Freund Rauchenstein in Aarau der zweite promoviert worden, jetzt wurde ich nur der Dritte. Drei Jahre brachte ich in der sogenannten Theologie zu, sie waren für mich wissenschaftlich nicht fruchtbar.» Der nicht ganz legitime Übertritt vom Gymnasium in die Akademie ist durch den dritten Rang bei der Aufnahme in die «Theologie» längst ausgeglichen. Bitzius muß überhaupt ein guter Student gewesen sein, das ist selbst aus den kritischen und tadelnden Urteilen seiner Professoren herauszuhören: «Hätte einen offenen Kopf und wäre nicht ohne Anlage, scheint aber zu sehr von sich selbst eingenommen.» «Hat freilich etwas zu viel Anmaßung, doch nicht ohne reellen Wert. Denn er arbeitet viel zu Hause und in den Kollegien zeigt er in seinen Antworten viel Verstand und gründliche Kenntnisse.» «Ein verständiger und denkender Kopf, der liest und prüft und der es gar nicht an Anstrengung fehlen läßt.» «Ein Jüngling, der in den systematischen Wissenschaften sich auszeichnet, ein spekulativer Kopf, in den Sprachstudien weniger vorzüglich» (12:250 ff).

Warum war das eigentliche Theologiestudium für Bitzius «wissenschaftlich nicht fruchtbar»? Trotz des selber eingestandenen «aufbegehrischen Wesens», trotz des Urteils der Professoren, Bitzius sei «zu sehr von sich selbst eingenommen», habe «etwas zu viel Anmaßung», finden sich in den ersten erhaltenen Briefen auch Anwandlungen von Kleinmut. «Mit jedem Tage fühle ich mehr, daß mir die Gaben und die Kraft fehlen, mich über die Mittelmäßigkeit zu erheben und den Besten gleich zu werden. Nur mit der größten Anstrengung kann ich mich zur Gründlichkeit gewöhnen, ohne welche alle Studien vergeblich sind, man mag noch so viel lesen, interpretieren und ausziehen» (4:12). Die Bemerkung, er besitze «nicht die besten Organe» zum Predigen, sie könnten aber – «wie Demosthenes lehrt» – ausgebildet werden, deutet auf Sprechschwierigkeiten hin; Gotthelfs Stimme soll nicht weit hörbar gewesen sein. Bei einer Studentenaufführung des «Wilhelm Tell» soll man Bitzius die Rolle des Melchthal, die er schon studiert hatte, wegen sprachlicher Schwierigkeiten wieder entzogen haben. Um sich diesem Hin- und Herwogen von Hochmut und Kleinmut, dem Aufbauen von sieghaft-tüchtigen Idealen und depressiven Stimmungen zu entreißen, entwirft der Student einen Lebensplan: er will unter den Menschen eine nützliche Tätigkeit ausüben. Es ist eine der ergreifendsten Stellen in den Briefen der Frühzeit: «Denn ich fühle», schreibt er an Bernhard Studer, «daß ich nun einmal zu einem Gelehrten durchaus untüchtig bin, teils durch meine Erziehung, teils durch meine Gaben. Zugleich aber besitze ich zu viel Ehrgeiz, um als ein gemeiner Mann zu leben und zuletzt in einem Winkel ungekannt zu sterben. Es bleibt mir daher nichts übrig, als so viel Kenntnisse wie möglich zu erwerben, mich nach Vermögen gesellschaftlich zu bilden, damit ich dereinst nicht in der gelehrten Welt, wohl aber in der menschlichen Gesellschaft als ein tüchtiges Glied eingreifen, schaffen und wirken könne» (4:13).

Weitere Gründe, warum das Theologiestudium dem Studenten «wissenschaftlich nicht fruchtbar» erschien, kann man folgenden Sätzen der Selbstbiographie entnehmen, mit denen die Studienzeit abschließt: «Die Gesellschaft und namentlich die weibliche nahm mich mehr in Anspruch als die Wissenschaft. Es war die Rosenzeit meines Lebens. Auch versah ich anderthalb Jahre lang die oberste Elementarklasse an der sogenannten grünen Schule.» Wie hängen die «weibliche Gesellschaft», das Unterrichten und der Überdruß an der Theologie zusammen?

Im Sommer 1818 wurde Philipp Albert Stapfer als Professor für Hebräische Sprache an die Akademie berufen, obwohl die Kuratel den auch bei den Studenten beliebten Samuel Lutz vorgeschlagen hatte. Am 16. September 1818 demonstrierten etwa 50 Studenten mit einem Fackelzug samt Gesang und Geschrei für Lutz und gegen die Entscheidung der Obrigkeit, unter ihnen Bitzius und einige seiner Freunde. Schultheiß von Mülinen sah darin eine öffentliche Kritik an der Obrigkeit und gab in einem Schreiben an die Kuratel der Besorgnis Ausdruck, es reiße ein auflehnender Geist ein, wie man ihn von einigen deutschen Universitäten her kenne. Er verlangte eine Untersuchung. Die Rädelsführer wurden verhört, als Anführer galt Bernhard Rudolf Fetscherin, ein Freund und späterer politischer Gegner Gotthelfs. Fetscherin gab an, man habe zwar das Studentenlied «Gaudeamus igitur» gesungen, und die Verse «Pereat tristitia» (= fort mit der Traurigkeit) seien von einigen in «pereat infidia» (= fort mit der Gemeinheit) verändert worden, damit habe man aber nicht die Regierung, sondern die Gegner von Samuel Lutz gemeint. Auch Bitzius wurde verhört; nach dem Protokoll sagte er folgendes aus: «Studiosus Bitzius wiederholte die Versicherung des Herrn Fetscherin, daß bei dem Pereat-Rufen keiner unter ihnen an die Regierung gedacht habe und daß sie alle bereit sein würden, diese Aussage eidlich zu bekräftigen, er bemerkte, dieser Gesang sei übrigens sehr verworren gewesen, die einen hätten gesungen pereat infidia, die andern pereant ausores [= fort mit den Hassern], und noch andere pereant Anti Luzii [fort mit allen Gegnern von Lutz]» (12:253 f).

Fetscherin erhielt zwei Monate, der spätere Pfarrer Friedrich Langhans einen Monat Arrest, Bitzius und ein weiterer Theologe, Friedrich Pescholier, kamen mit Verweisen davon. Am 10. Oktober 1818 bietet Bitzius dem Kollegen Fetscherin an, während seines Arrestes die von ihm bisher unterrichtete Schulklasse zu übernehmen: «eingreifen, schaffen, wirken!» «Hast Du etwa auch noch keinen Vikar für Deine ganze Abwesenheit, so wäre ich froh die Stelle zu übernehmen, um aus dem verfluchten Schlamm der Theologie zu entkommen» (4:16).

Da Fetscherin 1819 beurlaubt wurde, unterrichtete Bitzius dessen Schüler noch länger. Er konnte dabei als Lehrer eine Erfahrung machen, die sein späteres Werk prägte: daß er nämlich die christliche Botschaft, damit sie gehört wurde, nicht in kirchlicher Form, sondern über die Schule – und dann über die Dichtung – verkünden mußte. Der Inhalt der Botschaft blieb derselbe, die Form der Verkündigung paßte sich den Hörern an. Am 1. Februar 1819 meldet er an Fetscherin: «Mir gefällt es unter meinen Buben recht wohl.» Er glaube, «daß in diesem Alter das Lernen nicht das höchste sei, sondern Entwicklung des Charakters und Bildung desselben, daher muntere ich sie

Bernhard Studer (1794–1887) in späteren Jahren, als er schon Professor für Botanik, Zoologie, Mineralogie und Geologie war. Ihm schrieb der drei Jahre jüngere Bitzius von seinen Studienproblemen. Beide nahmen 1815 an einer Exkursion ins Grimselgebiet teil.

Jahr.	Theologen.	Juristen.	Medeziner.	Philosophen.	Total.
1814	28	22	63	62	175.
1819	39	25	42	54	160.
1824	35	44	55	63	197.
1829	39	37	52	69	197.

Die geringste Frequenz weist das Jahr 1821 mit einem Total von 150 auf.

Von 1814 bis 1829 studirten im Ganzen an der Akademie in Bern 578 Kantonsbürger,
211 Angehörige anderer Kantone,
27 Ausländer.

Bei derart niedrigen Studentenzahlen mußte ein Fackelzug von 50 Studenten zu Ehren von Professor Lutz bei den Behörden bereits Umsturzängste auslösen.

Berner Student hinter Gittern. Bitzius' Kommilitone Fetscherin mußte zwei Monate in den Karzer. Bitzius selbst kam mit einem Verweis davon. Aus der berühmten «Stadtbrunnenchronik» von Howald.

zum Lärmen auf, mache selbst mit, was das Zeug halten mag. Während den Stunden aber handhabe ich die strengste Ordnung... Mit was ich mir die Buben vorzüglich gewann, war das Erzählen...» (4:17 f). Am 13. September 1819, ein gutes halbes Jahr später, kann er Fetscherin mitteilen, daß sich sein pädagogisches Prinzip bewährt habe. Der Brief berichtet auch bereits über die Folgen der Wahl Stapfers: «Stapfer ist der verfluchteste Frömmler, den Bern hervorgebracht.» Es wird offenbar Gesinnungsschnüffelei getrieben, mit lähmenden Folgen für die Theologie: «... ehmals waret ihr liederliche Aser, auf der Schule wurde mehr gesoffen, gespielt, als gebetet, dabei aber arbeitetet ihr etwas tüchtiges weg; nun hängt ein großer Teil der Theologie die Köpfe, glaubt an die Bibel vom ersten Iota bis zum letzten Punkt, halten alle Tage Betstunde auf der Schule, tun dabei aber wenig oder gar nichts» (4:20/21).

Gegen Bravheit und Leisetreterei führt Bitzius hier Beispiele studentischer Lebenslust an. Ebenso spricht er von seinen Schülern: «Mit deiner Klasse steht es ziemlich gut, die Bursche sind verflucht wild, so daß ich manchmal alles tun muß, um sie zu bändigen. Ich bin selbst schuld daran, denn ich habe gerne, wenn der Bube überschäumt, und daher ihnen soviel Freiheit als möglich gelassen... du wirst Freude an ihnen haben, wenn du sie noch bekommen solltest... wenn sie so fortfahren, so gibts einen tüchtigen Damm gegen die Frommheit» (4:21). Gotthelfs Religiosität ist ja außerordentlich und unerwartet weltzugewandt. «Das Weltliche und das rechte Geistliche sind viel näher beieinander, als die meisten Leute glauben», heißt es in «Uli der Knecht» (IV:376). Leser, die sich für christlich hielten, hatten dem Dichter ja vorgeworfen, er lasse Uli «glücklich» und nicht «selig» werden (5:195 f, 207). «Frömmelei» war Gotthelf ein Greuel, man habe ihr «mit Macht entgegenzuarbeiten» (4:14).

Und dann auch noch die Frauen, «Besen», wie Bitzius im Studentenjargon sagt! «Du sagtest mir diesen Sommer einst», so am 1. Februar 1819 an Fetscherin, «wenn ich so fort fahre, unter den Besen mich herumzutreiben, so gehe ich zu Grund. Recht hattest du schon damals, was würdest du aber jetzt sagen, wenn du mich fast alle Abende und oft noch den ganzen Tag in Gesellschaften sehn und hören würdest. Wirklich tat ich fast zwei Monate lang gar nichts, bis mir ein Besen, stelle dir vor ein Besen, auf dem ich sehr viel halte, sagte, es scheine ihr, ich tue zu wenig, dies gefalle ihr nicht, ich solle mehr schaffen, denn nur durch Arbeit werde der Mann was» (4:17). Mehr wissen wir über Gotthelfs «Besen»-Wirtschaft in dieser Zeit nicht; keine Amouren, keine Namen. Daß in seinem Bericht an Fetscherin auch ein gutes Stück Renommiererei steckt, ist unüberhörbar; der Brief ist unterschrieben mit: «Dein fideler Bitzius». Wie sehr ihn die «Besen» – aus der Distanz – beschäftigt haben, zeigt das Prosastück «Ernsthafte Erzählung eines lustigen Tages oder der bestiegene und wieder verlassene Gurten», das einen Ausflug von Bern über den Gurten nach Schliern schildert, in Begleitung von jungen Damen, mit Frühstück im Freien, Regenschauer usw. (12:71 ff). «Es war die Rosenzeit meines Lebens.»

Was wissen wir noch Nennenswertes über den Studenten Bitzius? Er las den philosophischen Roman «Julius und Evagoras» von Jakob Friedrich Fries. «Es ist unter allen Büchern, welche ich kenne, dasjenige, welches, obwohl nicht makellos, am fähigsten ist, den Nebel der Vorurteile zu zerstreuen, den Eigennutz zu bekämpfen und für Ideen zu begeistern» (4:11). Das Buch «Glauben, Wissen und Ahndung» von Fries «verstand ich nicht und mußte es wieder bei Seite legen.» Er las das berühmte Buch oder begann es wenigstens: «Über die Religion. Reden an die Gebildeten unter ihren Verächtern» von Friedrich Schleiermacher. Es ist aber fraglich, ob die romantische Sprache des Berliner Theologen bei Bitzius eindrang, der ja «eingreifen, schaffen und wirken» wollte. Es wird außerdem überliefert, daß der Student Herders «Ideen zur Philosophie der Geschichte der Menschheit» mit Gewinn gelesen habe. Ob er das riesige Werk ganz durchgearbeitet und was er aufgenommen hat, wissen wir im einzelnen nicht.

Schließlich ist eine Wanderung im Berner Oberland im Jahre 1815 erwähnenswert,

Haslital. Im Juni 1815 beteiligte sich Bitzius an einer Exkursion ins Berner Oberland. Wir wissen davon nur aufgrund einer Eintragung im Gasthof zum «Wildenmann» in Meiringen. Da auch Bernhard Studer dabei war, wurden wahrscheinlich geologische Studien gemacht. Die imposante Aareschlucht war damals noch nicht erschlossen. Ob die Wanderer, die zwei Träger bei sich hatten, ins Grimselgebiet weiterzogen oder – wie später Gotthelfs deutscher Handwerksbursche in «Jakobs Wanderungen» (IX:338ff) – ins Jungfraugebiet, wissen wir nicht.

die durch eine Eintragung im Gasthof zum «Wildenmann» in Meiringen vom 21. Juli – in Bitzius' Handschrift – bezeugt ist (12:274 f). Das Oberland, das Haslital und Meiringen lernt auch der deutsche Handwerksbursche Jakob in «Jakobs Wanderungen» kennen. Ein Aufenthalt des Studenten im Waadtland, den sein Vater befürwortete, kam nicht zustand: «Bitzi ist in Utzistorf und wird den Sommer da zubringen. Sein Vater wollte ihn ins Pays de Vaud thun, in eine Pension oder Privathaus, aber der weise Herr verstunds besser» (4:301).

Vikar in Utzenstorf Das Jahr in Göttingen Tod des Vaters · 1820–1824

Vikar beim Vater – Reise nach Göttingen – Ludwig Fankhauser – Studien, Alltag und Geselligkeit in Göttingen – Briefe an die Schwester Marie – Reise in Norddeutschland – Gespräche in Loccum – Ironie und Frauenschönheit – Selbstporträt und Selbsteinschätzung – Wie predigen?

Am 20. März 1821 stellte der Kirchenkonvent des Kantons Bern dem Vikar Albert Bitzius ein «Testimonium Consecrationis» aus, ein Zeugnis also, mit dem er sich bei seinem Auslandsaufenthalt über seine berufliche Ausbildung ausweisen konnte. «Herr Albrecht (!) Bitzius, Burger von Bern, wurde nach wohlbestandener Prüfung durch die zu diesem Endzweck versammelte Behörde den 19. Junii 1820 zum Candidaten des heiligen Predigtamtes erwählt und am 26. gleichen Monats durch die feierliche Handauflegung eingeweiht und hat seither als Pfarrvikar unserer Kirche treulich gedient» (12:281). Bitzius war nach der Konsakrierung Vikar bei seinem Vater in Utzenstorf gewesen, hatte aber nach kaum einem halben Jahr beim Kirchenrat um ein Jahr Urlaub nachgesucht, um von Ostern 1821 bis Ostern 1822 an einer ausländischen Universität zu studieren. Am 4. Februar 1821 hatte der Konvent Bitzius und seinem Vikarskollegen Ludwig Fankhauser diesen Urlaub gewährt, «jedoch unter dieser ausdrücklichen Bedingung, daß, wenn jetzt nicht vorauszusehende Ereignisse eine größere Not in unsere vaterländische Kirche bringen und ihre Hülfsleistung früher erfordern würde, sie nach Ablauf des akademischen Sommerkurses auf den Ruf des Convents ungesäumt ins Vaterland und zum Dienst unserer Kirche zurückkehren.»

Am 21. März 1821 stellte die Polizeidirektion des Kantons Bern Albrecht (!) Bitzius einen für ein Jahr gültigen Paß aus. Mit Hilfe der Stempel des Passes sowie eines Ausgabenbüchleins von Fankhauser können wir die Reiseroute der beiden Theologen genau bestimmen. Man startete am 11. April 1821 und erreichte nach 14 Tagesetappen am 24. April Göttingen. Die Zwischenstationen waren folgende:

12. April: Solothurn
13. April: Basel, St. Louis
14. April: Straßburg
15. April: Kehl, Karlsruhe
16. April: Bruchsal
17. April: Heidelberg
18. April: Frankfurt
19. April: Friedberg
20. April: Gießen

Ludwig Fankhauser (1796–1886) in späteren Jahren. Mit ihm zusammen reiste Bitzius zum Studienjahr nach Göttingen und teilte mit ihm dort die Wohnung. Fankhauser wurde 1824 Nachfolger von Bitzius' Vater in Utzenstorf.

Göttingen, Johannesstraße. Im ersten Haus rechts (neben dem Gasthof) wohnten die beiden Berner. «Mit Fankhauser lebe ich ganz trefflich zusammen, er ist freilich ein bißchen wunderlich, allein wie eine gute Frau füge ich mich in seine Launen ...» (4:42).

21. April: Marburg
22. April: Eckartshausen
23. April: Jeßberg
24. April: Kassel-Göttingen

In Göttingen lebten in diesen Jahren etwa 1350 Studenten, von denen etwa 40 Schweizer waren, und von diesen wiederum etwa ein Drittel Berner. Die Universität stand auch deshalb bei Schweizern in gutem Ruf, weil der große Albrecht von Haller im 18. Jahrhundert dort gewirkt hatte. Am 26. April 1821 wurden die beiden Berner Bitzius und Fankhauser an der Göttinger Universität immatrikuliert. Sie studierten dort während zwei Semestern, dem Sommersemester 1821 und dem Wintersemester 1821/22. Die Ferien im Sommer und Herbst verbrachten sie aber nicht zuhause in der Schweiz. Bitzius unternahm alleine eine fünfwöchige Reise durch Norddeutschland. Fankhauser reiste mit zwei Kommilitonen über Weimar, Dresden und Leipzig nach Berlin. Über Bitzius' Tour sind wir recht gut unterrichtet. Am 7. September 1821 wurde ihm in Göttingen ein Paß ausgestellt, um über Hamburg nach Kopenhagen zu wandern. Am 8. September, einem Samstag, zog er los. Die Stationen waren folgende:

8. September: Nörten
9. September: Northeim, Einbeck
10. September: Eschenhausen, Bodenwerder, Hameln, Hessisch-Oldendorf
11. September: Bückeburg, Porta Westfalica, Minden
12. September: mit dem Schiff weserabwärts, Loccum
13. September: Bad Rehburg, Wunstorf, Hannover
14./15.–19. September: Lüneburger Heide, Harburg, Altona, vier Tage in Hamburg
20. September: Lübeck
22. September: Neu-Buckow
25. September: Ribnitz-Damgarten (Bitzius gibt Kopenhagen auf und will laut Paß nach Rügen)
27. September: Bergen auf Rügen
5. Oktober: Berlin

In Berlin erkrankte Bitzius an Gelbsucht und kehrte mit dem Postwagen über Braunschweig und Magdeburg zurück nach Göttingen. Über diese Reise sind wir durch Bitzius' eigenen «Reisebericht», der aber nur bis Hamburg reicht, sowie durch Briefe nach Utzenstorf orientiert.

Nach Ablauf des Studienjahres begann am 23. März 1822 die Heimfahrt, bei der etappenweise die Freunde Amrhyn, Fankhauser, Rytz und Wattenwyl mit Bitzius zusammen reisten. Folgende Stationen lassen sich nachweisen:

23. März: Hoheneichen, Eisenach, Wartburg, Gotha, Neudietendorf, Erfurt, Weimar, Weißenfels, Leipzig

2. April–7. April: Oschatz, Dresden

10. April: München

17. April: Lindau, St. Gallen, Trogen, Vögelinsegg, Zürich

Am 19. Mai 1822 hielt Vikar Bitzius seine erste Predigt in Utzenstorf nach der Rückkehr aus Deutschland. «Seid mir wieder freundlichst gegrüßt, ihr meine Geliebten alle, zum Willkommen biete ich euch die Hand; daß unser Wiedersehn gesegnet sei, möge Gott der Allmächtige geben... Kommt her zu mir, wer mühselig und beladen ist. Durch Christi Wort und Hülfe will ich euch erquicken und Ruhe schaffen» (11:329 f).

Die Hamburger Börse, von Bitzius 1821 auf seiner Studentenreise besucht. «Es hat etwas Erregendes, sogar Ängstliches, zu wissen, daß unter unsern Augen über Millionen entschieden wird, ganze Schiffe verkauft und gekauft, für ungeheure Summen Staatspapiere umgewechselt werden, daß man das Gewicht der heutigen Börse vielleicht in Amerika fühlt und doch eigentlich nichts davon zu sehen und zu hören ist» (12:154 f.).

«Im schönen Frühjahr 1822», so heißt es in der «Selbstbiographie» über das Ende jener Epoche seines Lebens, «kehrte ich über Leipzig, Dresden, München heim und ward wieder Vicar bei meinem Vater, beschäftigte mich mit der Schule, trieb Landwirtschaft, Volkspädagogik von allen Sorten, es war die Zeit goldmacherischen Schwärmens. Der Tod meines Vaters 1824 zerstäubte die Ideale...» (18:14). Sigmund Bitzius war am 9. Februar nach kurzer Krankheit gestorben. Da seit der Konsekration von Albert Bitzius noch keine vier Jahre vergangen waren, das Kirchengesetz aber vorschrieb, daß «niemand zu einer Pfarrstelle wahlfähig sein solle, der nicht 5 Jahre im Ministerium gewesen ist», konnte er nicht Nachfolger seines Vaters werden. Als Pfarrer von Utzenstorf wählte der Konvent am 16. März 1824 jenen Ludwig Fankhauser, mit dem Bitzius während seines Göttinger Jahres Wohnung und Haushalt geteilt hatte. Fankhauser hatte seine Examen schon 1818 abgelegt und wirkte als Vikar in Herzogenbuchsee. Während also Fankhauser als Pfarrer nach Utzenstorf zog, mußte Bitzius den Ort seiner Jugend, seiner Erfahrungen, seines Wirkens verlassen und das Vikariat von Fankhauser in Herzogenbuchsee übernehmen.

Die Biographen sind sich darüber einig, daß beide Seiten, sowohl Albert Bitzius als auch die Gemeinde Utzenstorf, es begrüßt hätten, wenn der Sohn Albert der Nachfolger seines Vaters geworden wäre. Da das Jahr 1824 im Lebensgang Gotthelfs durch den Tod des Vaters – er «zerstäubte die Ideale» – und durch die Auflösung des elterlichen Haushalts – die Mutter zog mit der Halbschwester Marie nach Bern – einen wichtigen Einschnitt bedeutet, wollen wir noch einmal die Dokumente befragen und abzuklären versuchen, was außer, hinter, zwischen der Chronik der Jahre und Daten zu verstehen und zu deuten ist.

Bitzius' Briefe an seine Halbschwester Marie geben interessante Einblicke in das tägliche Leben der Schweizer Studenten in Göttingen: «Fankhauser und ich haben uns besonders niedlich eingerichtet, daß uns alle beneiden, und sehr wohlfeil; z. B. eine große Tasse mit Handhabe und Untertasse, wo auf der Tasse Göttingen, auf der Untertasse eine andere Gegend ist, ziemlich fein, kostet nur 8 Batzen. Obschon die einzelnen Stücke wohlfeil sind, so kommt uns doch unsere erste Einrichtung über einen Louisdor. Spazieren tut man nicht viel, da man abends bis acht zu Hause bleibt und es dann zu spät ist; es wird wechselseitig bei einem Thee getrunken und disputiert... Mit Fankhauser lebe ich ganz trefflich zusammen, er ist freilich ein bißchen wunderlich und exakt, allein wie eine gute Frau füge ich mich in seine Launen, lasse ihn gewähren, mache ihm die Honneurs, wenn wir Leute haben, und sind wir alleine, so schenke ich ihm den Thee ein. Dafür führt er die äußern Angelegenheiten, macht die Rechnungen, dingt die Leute, gibt Putzer, wenn es nötig ist» (4:25 u. 42). Gotthelf als Hausfrau!

§. 18.

Eheverlöbnisse Etwanige Eheverlöbnisse der Studierenden sind nach der Eheverlobungs Constitution vom 16ten Januar 1733, als gemeinem Landrechte, zu beurtheilen. Sie sind folglich, ohne Zustimmung der Aeltern oder Vormünder, durchaus ungültig, und geben selbst dann kein Klagerecht, wenn Eid oder Beyschlaf hinzugetreten wäre.

§. 19.

Unzucht. Auch die Studierenden müssen, in vorkommendem Falle, die landesgesetzlichen Unzuchtsbrüche entrichten.

Wegen etwaniger Satisfactions- und Alimenten-Klagen geschwächter Personen wider die Studierenden, bleibt es bey der Verordnung vom 29ten Junius 1793. (S. Anhang V.)

§. 37.

Gastmähler mit Musik. Gastmähler mit Musik kann der Prorector verstatten, wenn die Unternehmer sich anheischig machen, auf gute Ordnung zu halten.

Trinkgesellschaften. Sind, bey sogenannten Commercen, Excesse vorgefallen: so werden vorzüglich die Unternehmer, oder die Besitzer der Zimmer, wo sie gehalten worden, zur Rechenschaft gezogen, und erhalten Verweise oder sonst angemessene Strafe.

Neujahrsnacht Lärmende Trinkgesellschaften in der Neujahrsnacht, so wie alle in derselben vorfallende Unordnungen, werden härter als sonst bestraft.

§. 38.

Feuergefährlicher Unfug. Alles Schießen, Schwärmer- und Raketen-Werfen, auch das Anzünden von Feuerwerken, ist in der Nähe der Stadt bey einer Geldbuße von 10 Rthlr. verboten.

Wer dergleichen in der Stadt verübt, wird mit einer vierzehntägigen Carcerstrafe, und mit 10 bis 20 Rthlr. Geldbuße belegt. Bey eintretender besonderer Gefahr können diese Strafen geschärft werden.

Das Legen der Canonenschläge wird immer mit der Relegation, und einer Geldbuße von 10 bis 20 Rthlr. bestraft, das Tragen der Fackeln, mit einer Geldbuße von einem Ducaten. Letztere Strafe findet auch wegen des Illuminirens Statt.

Alle diese Geldbußen werden den Denuncianten zu Theil.

§. 39.

Ferner ist verboten:

Ausschütten. das Ausschütten auf die Straßen, bey Strafe von einem Gulden.

Rauchen. Das Rauchen auf der Straße, in der Allee, auf dem Walle, den öffentlichen Plätzen der Stadt, oder auch in den Hausthüren, ingleichen das Führen der Tabackspfeife im Munde, auch ohne zu rauchen, so wie das Tragen der brennenden Pfeife in der Hand, — bey Verweis, und Strafe von 2 Rthlr.

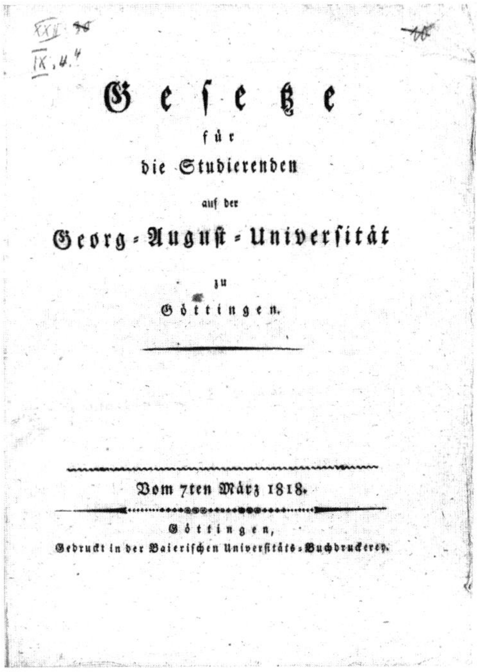
Gesetze
für
die Studierenden
auf der
Georg-August-Universität
zu
Göttingen.

Vom 7ten März 1818.

Göttingen,
Gedruckt in der Baierischen Universitäts-Buchdruckerey.

Um Ruhe und Ordnung zu gewährleisten, gab es «Gesetze für die Studierenden auf der Georg-August-Universität zu Göttingen». Daraus einige Paragraphen.

Besonders auffällig ist an diesen Briefen ein distanzierender, ironischer, sich überlegen gebender Ton, sobald Bitzius auf zwei Themen kommt, die für einen Dreiundzwanzigjährigen von zentraler Bedeutung sind: die Mädchen und das eigene Selbstbewußtsein. Gerade hier tut er so, als sei er in jeder Hinsicht Herr der Lage, setzt die Maske des Tausendsassas auf. Bei einem Ausflug zu Pferde in den mondänen Badeort Pyrmont wissen die angehenden Theologen sich vor Frauenschönheit zunächst kaum zu fassen: «Als wir gegen Mittag hinkamen, staunten wir vor der Menge geputzter Damen, die wir noch nie in so großer Anzahl und so elegant angezogen gesehn. Wir wußten gar nicht, wohin blicken; ein niedliches Gesicht drängte das andere, wir stießen einander so unaufhörlich an, um einer den andern aufmerksam zu machen, daß unsere Seiten ganz blau wurden» (4:33). Wie das Staunen in Distanz übergeht, das Betroffensein im Witz sich entlädt, zeigen schön die Sätze von der Kaffeetafel: «Da vergaßen wir, Ohren, Mund und Augen offen, sogar das Trinken und Rauchen... Wir saßen zwei Stunden lang da, ohne uns zurechtzufinden, ob wir im türkischen Himmel oder noch auf Erden waren. So manche Minute in diesen zwei Stunden war, also hundertzwanzigmal wurden Wagner und ich verliebt, allemal unsterblich» (4:34).

Von dem Bedürfnis nach weiblicher Gesellschaft berichten ganz ernsthaft Sätze wie: «Eben wurde unter der Linde vor dem Hause getanzt, ich konnte nicht widerstehn, nahm das Herz in beide Hände und sprang mit... Es war mir eine rechte Wohltat, wieder mit einem ordentlichen Mädchen sprechen zu können, was wir bisher alle entbehrt» (4:43). Ganz voll ironischer Überlegenheit tönt der Bericht von einer Bekanntschaft in der Postkutsche: «Das Mädchen (sein Name ist mir entfallen) hatte den Bärengebrauch noch sehr gut los; denn es fiel mir ohne weiteres in die Arme und mehrte meinen kleinen Vorrat von Küssen um einige» (4:48). Nach der Rückkehr aus Göttingen taucht das Thema bald wieder auf: «Nun bin ich wieder eingebürgert in meinem Amt und gebe mir alle mögliche Mühe, eine Amtsmiene zu erwerben, was mir bis dahin noch nicht gelungen ist; denn wo ich ein hübsches Mädchen sehe, da spitzt sich mein Mund schon zum Kuß oder einem zweideutigen Scherz. Ich hoffe aber mit Zeit und Weile wie der liederliche Augustin noch heilig zu werden» (4:79 f). Sechs Jahre später erinnert er sich an die Göttinger Zeit, erwähnt, wie einige der damaligen Kommilitonen «Philister» geworden, andere «im heiligen Ehestande» seien, und kommt dann auf sich selbst zu sprechen: «... meine Wenigkeit begnügt sich in Bescheidenheit mit vielen Geschäften ohne Amt und mit manchem Gelüsten ohne Frau» (4:86 f). Den selben unromantischen, spöttischen Ton schlägt er an, als er am 25. November 1832 einem Verwandten seine Heirat mitteilt: «Kund zu wissen sei dir anmit, deiner lieben Frau, deiner verehrten Mutter und Schwestern, daß ich mich versprochen habe mit Jungfer Henriette Zeender, der jüngern. Da meine Schwester immer noch so viel an mir zu modeln fand, so schien es mir am besten für Zeitlebens mir eine Gouvernante anzustellen, damit meiner Schwester die Arbeit abgenommen und das Werk ununterbrochen fortgesetzt werden könne» (4:128 f). Die Brautbriefe Gotthelfs müssen als verloren gelten. Es existiert das Gerücht, seine Tochter Cécile habe sie verbrannt. Auch das gehört zur Biographie des Dichters.

Die eigenartige Mischung aus Betroffenheit und Distanz, aus Wärme und Kühle, die in den zitierten Briefen erscheint, kennzeichnet auch die Darstellung der Liebe in Gotthelfs Dichtung. Als Hansli, der «Besenbinder von Rychiswyl», von seiner Mutter den Rat bekommt, ein Eselein zu kaufen, weil das brauchbare Tiere seien, fast nichts fräßen und fast nichts kosteten, erwidert er: «Nein, aber Mutter, ich hatte an eine Frau gedacht.» Und auf die Frage der Mutter: «Aber Hansli, warum nicht lieber an eine Geiß oder an einen Esel?» hat er die überzeugende Antwort bereit, eine Frau «könnte pflanzen und helfen Besen machen, wo man weder eine Geiß noch einen Esel dazu anweisen kann». Den Karren mit Besen könne auch eine Frau ziehen, er kenne übrigens schon eine, die es mit einer mittelmäßigen Kuh im Ziehen aufnehme (XXI:173). Als Uli der Knecht an seinem Hochzeitstag im herbstlichen Morgengrauen sich am eiskalten Brunnen wäscht – am Abend vorher hatte es ein Schneegestöber gegeben – und von Vreneli überrascht wird, das ihm schalkhaft von hinten die Augen zuhält, faßt Gotthelf die Szene in dem wunderbaren Satz zusammen: «Sie kosten in kalter Morgenluft, als ob laue Abendwinde säuselten» (IV:369).

Eine vergleichbare Mischung aus enormem Selbstbewußtsein und ironischer Zurücknahme, aus starkem oder polterndem Auftreten und feinfühliger Zurückhaltung zeigen die Partien, wo der junge Mann von sich selber spricht: «O ihr solltet mich sehen, ich bin ein ganz herrlicher Kerl, die Bewunderung aller Menschen.» Das kann ja kaum ganz ernsthaft sein. Dann folgt eine detaillierte Beschreibung, die ähnlich im «Reisebericht» auftaucht, so daß wir es wohl mit einer Art Selbstporträt zu tun haben: «Ein kleines weißes Mützchen mit rotem Band und kurz an der Stirne liegendem Schirm läßt meine Locken hinreichend beschauen, der Backenbart steht prächtig bis an den Mund, schon 25 Louisdor sind mir dafür geboten. Der Schnauz ist so groß, daß ich bequem ihn unter die Zähne kriege und kauen kann, ein kleines Bockbärtchen hängt am Kinn herunter, kurz ich bin ein gemachter Mensch. Meine übrige Figur hat sich sonst nichts geändert, außer daß sie jetzt in einem kurzen blauen Sommerrocke steckt und vornen gefaltenen Hosen, an denen lange Quasten hinunterbaumeln» (4:28f; 12:154).

Ein zweites Selbstporträt leitet er mit dem Satze ein: «Von Tag zu Tag werde ich hübscher, ich bekomme ganz ein apostolisches Air, wenigstens ein petrinisches.» Darauf folgt wieder eine Beschreibung: «Die unbequemen Haare fangen an, ihre Indiskretion zu fühlen und verlassen schaarenweise mein weises Haupt; vielleicht drückt sie auch die sich anhäufende Gelehrsamkeit heraus, bald wird ein niedliches Glatzköpfchen am Platz der krausen Locken der Mädchen Augen bezaubern.» Und es geht weiter im selbstironischen Ton: «Wie sehr ich mich auch sträube, so drängt sich mir doch die Überzeugung auf, daß ich ein auserlesener Liebling der Natur sei, die mich immer mit dem schmückt, was mein Alter oder meine Lage am meisten ziert. Ehrfurcht und Hochachtung soll der Prediger erwecken, was ihm zehnmal leichter gelingt, wenn sein Äußeres schon diese Gefühle erregt. Wie wäre dies aber mir möglich gewesen mit dem liederlichen Kopfschmuck, wenn ich nicht zur rechten Zeit dessen erledigt worden!» Und dann schließt er mit dem vieldeutigen Satz: «Was ein Weltkind von meinem Alter zur Verzweiflung bringen würde, verehre ich als Glück und ausgezeichnete Gunst» (4:55f).

Wie sollen wir aber folgende Äußerungen verstehen, ironisch oder ernsthaft?: «... du mußt wissen, daß ich mich nun entschlossen habe, ein großer Schriftsteller zu werden, wozu ich große Anlagen in mir entdeckt» (4:46). Wenn wir den Ernst im Spott anerkennen, wie läßt sich jener Satz damit vereinen, mit dem Bitzius im «Reisebericht» eine nächtliche Fahrt auf der Elbe abschließt: «Wäre auch nur eine dichterische Ader in mir, in diesem Augenblick müßte sie aufgebrochen sein und in reichen Strömen sich ergossen haben; aber stumm blieb der Mund» (12:139)?

Welche Erfahrungen hat Bitzius in Deutschland, während des Studiums in Göttingen wie auch während seiner fünfwöchigen Tour gemacht?

Wir wissen, daß der Student hauptsächlich bei drei Professoren Vorlesungen gehört hat: bei dem Theologen Gottlieb Jakob Planck über Kirchengeschichte, bei dem Historiker Arnold Hermann Ludwig Heeren über Weltgeschichte und bei dem Philosophen Friedrich Bouterwek Geschichte der Philosophie und Ästhetik. (Die Titel der Vorlesungen bei Guggisberg, Reisebericht, S. 153). Wir wissen sogar aus der Ausleihkontrolle der Bibliothek, welche Bücher Bitzius ausgeliehen hat (ebenda, S. 126f). Der junge Student sieht zwar ein Leben als Pfarrer – oder «Prediger», wie er selber sagt – vor sich, daran kann nicht der geringste Zweifel bestehen, und auf die Pflichten, Möglichkeiten des «Predigers» kommt er immer wieder zu sprechen, vor allem im «Reisebericht». Aber unter einem solchen «Prediger» stellt er sich offenbar keinen Spezialisten

Wenn Gotthelf als junger Mann so ausgesehen hat, dann sind alle späteren Bildnisse zu spießig ausgefallen. Vermutlich einziges erhaltenes Jugendbildnis des Dichters, wahrscheinlich aus der Mitte der 1820er Jahre.

Gottlieb Jakob Planck (oder Plank) (1751–1833), einer von Bitzius' Professoren in Göttingen. «Vater Planck hat den Dom der christlichen Kirche mit der Fackel der Geschichte beleuchtet» (12:185).

Dorf und Kloster Loccum um 1830, Station auf Bitzius' Reise durch Norddeutschland. Hier wurden weltpolitische und theologische Fragen diskutiert: «Ungeheures sei schon geschehen, aber mit noch Größerem gehe die Zeit schwanger...» (12:122).

in Bibel-, Kirchen- oder Religionsfragen vor, sondern einen Menschen von allgemeiner Bildung und breiter weltlicher Erfahrung. Die ganze Weltzugewandtheit eines durch und durch religiösen Menschen kommt in einer Bemerkung über Professor G. J. Planck zum Ausdruck, die im «Gespräch der Reformatoren im Himmel» (1828) steht: «Vater Planck» habe, so heißt es dort, «den Dom der christlichen Kirche mit der Fackel der Geschichte beleuchtet» (12:185).

In dem Brief an seinen Vater, mit dem er seine Tour in Norddeutschland durchsetzt, urteilt er über sein Studieren: «Stuben- und Kollegienluft haben mir nie am besten zugeschlagen... Göttingen enthält nichts, das fesseln könnte, als Bücher und Professoren.» Und dann wieder der stolze Ton des Praktikers, der den akademischen Fachmann nicht ganz ernst nimmt: «Zudem ist eigentlich meine ganze Geistes-Konstitution mehr auf Wirksamkeit im praktischen Leben berechnet als auf die tiefen Studien. In der ernsten Wissenschaft werde ich nie etwas leisten, sobald ich nur Kenntnisse genug zu meinem Beruf besitze, was ich auch zu Hause noch bewerkstelligen kann, da gegenwärtig mein gelegter Grund so hoch schon ist als das Gebäude von manchem, der ihm sein Lebenlang genügen soll» (4:64 u. 62).

Ein Reisegefährte nahm Bitzius mit nach Loccum, einem ehemaligen Kloster, seit 1820 lutheranisches Predigerseminar, wo sein Onkel, der Pfarrer Arnold Heinrich Wagemann (1756–1834), Fortbildungskurse für Prediger hielt. «Nur einen Tag sah ich diesen Mann», heißt es im «Reisebericht», «aber teuer wurde er mir und nützlicher als viele, die durch lange Mühe um mich meine Dankbarkeit erworben; immer wird er mir unvergeßlich bleiben» (12:123).

Die Gespräche der Gesellschaft in Loccum kreisen zunächst – anhand von Erinnerungen der Gastgeber – um den Gegensatz Schweiz–Deutschland, der den ganzen «Reisebericht» durchzieht. Man spricht über die heimliche Konversion Carl Ludwig von Hallers im Jahre 1820 und den Versuch von Bitzius' Onkel Samuel Studer, das Rechtfertigungsschreiben Hallers – «Lettre à sa famille, pour lui déclarer son retour à l'église catholique» (1821) – zu widerlegen. Man spricht auch über Literatur, ausgerechnet über Heinrich Claurens «Mimili». Dann prüft der alte Herr, der «meilenweit als der beste Arzt bekannt» ist, die medizinischen Fortschritte seines Neffen. Arzt und Theologe in einer Person! Zwei Bereiche existentieller Erfahrung, die im 19. Jahrhundert auseinanderfie-

Restauration
der
Staats-Wissenschaft
oder
Theorie
des
natürlich-geselligen Zustands
der
Chimäre des künstlich-bürgerlichen entgegengesetzt
von
Carl Ludwig von Haller,
vormals des souverainen wie auch des geheimen Raths der Republik Bern rc.

Fünfter Band.
Makrobiotik der geistlichen Herrschaften oder Priester-Staaten.

Qui autem doctores fuerint, fulgebunt quasi splendor firmamenti: et qui ad justitiam erudiunt multos, quasi stellæ in perpetuas æternitates. *Daniel XII*, 8.

Ausgabe für die Besitzer der ersten Auflage.

Carl Ludwig von Haller (1768–1845) hatte in seiner «Restauration der Staats-Wissenschaft» erklärt: «Nicht Freiheit und Gleichheit sind der natürliche Zustand des Menschen, sondern Herrschaft und Dienstbarkeit...» Im Alter ließ er sich aus Gotthelfs Werken vorlesen (7:280).

len, sind in diesem Manne noch verbunden. Bitzius muß tief beeindruckt gewesen sein. Später, im «Anne Bäbi»-Roman, sind Arzt und Pfarrer Brüder, sollen es wenigstens am Krankenbett sein, weil «den Leib doktern» und «die Seele doktern» zusammengehören. «Nicht jedem aber möchte geraten sein», fährt der «Reisebericht» fort, «diesen Weg einzuschlagen; nicht jedem wurde die Gelegenheit einer solchen Ausbildung und nicht jeder hat die Fähigkeiten, zwei so verschiedene Dinger als Arzt und Prediger nebeneinander auf ausgezeichnete Weise zu üben; die meisten werden Stümper in einem, wohl auch in beiden» (12:121).

Nach dem Abendessen lädt der alte Herr die Studenten zu sich bei Pfeife und Bier. Die «herrlichste Unterhaltung begann. Erst erfaßte sie den gegenwärtigen Zustand der Welt und die Ereignisse der Zeit. In hohem Stuhl sitzend, glich er [der Onkel] einem alten Seher, der die Zukunft erschauend, seinen Schülern das Kommende verkündigt und das Gegenwärtige erklärt» (12:121). Deutet diese Gestalt nicht auf den «Druiden» voraus, Gotthelfs überhöhtes Selbstporträt? Gilt für sie nicht, was Gotthelf über Niklaus von der Flüe sagt: «Sein Leben war im Himmel, aber klar lagen vor ihm die menschlichen Verhältnisse, Gottes Wort und die Zeitläufe kannte er ungetrübt» (10:234)? Hat sich Gotthelf später nicht selber so gesehen, wenn er schrieb: «Der Verfasser glaubt die wahren Bedürfnisse der Zeit zu kennen» (XII:6)?

Man spricht über Politik und Religion, genauer: über die Fürsten, den Sturz Napoleons und die zunehmende Volksmasse, also über drängende Probleme der Zeit. «Ungeheures sei schon geschehen, aber mit noch Größerem gehe die Zeit schwanger...» (12:122), verkündet der «alte Seher» – es ist ganz der Ton und die Schau, die wir in den späten dreißiger und den vierziger Jahren in Gotthelfs Werken und Briefen wiederfinden werden. Von einer sog. guten alten Zeit kann schon hier keine Rede mehr sein. Und schließlich muß der alte Herr einen Satz ausgesprochen haben, für dessen Botschaft der junge Bitzius aufgrund eigener Erfahrungen vorbereitet war, ein Satz, der wie eine Formel für den Weg vom Pfarrer zum Dichter klingt, wie eine Zusammenfassung von Gotthelfs geistiger Richtung: «Wenn ein Prediger Gutes stiften wolle, so müsse er sich losreißen von dem Wahne, daß es durch Predigen allein auszuführen sei» (12:122). Also: eine Maske aufsetzen, notfalls die des Clowns, auf jeden Fall nicht wie ein «Prediger» reden. Gotthelf hat diesen Rat in allen seinen Werken befolgt, am radikal-

Johann Heinrich Olivier (1785–1841): «Die Heilige Allianz» (begründet von Rußland, Preußen und Österreich), 1815. «Und die Freiheit? Die Völker jubelten in froher Gutmütigkeit, die Fürsten aber saßen zusammen und schlossen einen Bund. Sie ahndeten die reifende Mündigkeit der Völker... Was vermochten gegen den Fürstenbund die einzelnen Völker?» (12:203 f.).

sten in seinen «Kalendergeschichten» und dort in den sog. Kalenderpredigten. Begonnen hat diese Übertragung der christlichen Botschaft in eine zeitgemäße Sprache schon in diesen Jahren, während der Vikariatszeit in Utzenstorf.

Wir haben als Beweis dafür ein kurioses Dokument, auf das wir zum Abschied von Utzenstorf noch einen Blick werfen müssen. Seit 1820 gab es im Kanton Bern eine Kirchenvisitationsordnung, nach der alljährlich in jeder Kirchgemeinde der Pfarrer einen Rapport über die Gemeinde und die Gemeinde einen Rapport über die Amtsführung des Pfarrers zuhanden der Behörden verfassen mußten. Die Rapporte richteten sich nach einem Schema mit vorgegebenen Fragen. Die Visitationsberichte aus der Zeit von Gotthelfs Vater halten sich insofern an eine mittlere Linie, als sie zwar Kritik aussprechen, aber doch «im allgemeinen Gutes und Böses vermischt» darstellen. Die Berichte umfassen im Durchschnitt eine Druckseite. Als Sigmund Bitzius im Februar 1824 starb, mußte sein Sohn Albert den Bericht schreiben. Die Visitation fand am 12. Februar statt, am Tag der Beerdigung des Vaters. Der Sohn schrieb nicht eine, sondern 31 Seiten – die Biographen sprechen einstimmig von einer «Generalabrechnung» –, und abgeschickt wurde das Dokument nicht, sondern auf zwei Seiten zusammengestrichen, in eine konventionelle Form gebracht und wahrscheinlich – da es kaum zwischen 9. und 12. März entstand – auf den Tag der Visitation zurückdatiert. Wie beim «Herr Esau», dem Romanfragment, das in der Schublade verschwand bis 1923 (!), und der Schützenschrift «Eines Schweizers Wort», die 1842 in Chur verteilt wurde, haben wir auch bei den beiden Fassungen des Visitationsberichts einen wilden und unverfälschten neben einem zahmen und angepaßten Text.

«Durch Predigten ist äußerst wenig zu machen», heißt es im zurückbehaltenen Text, ganz im Sinne des «alten Sehers» in Loccum, die Menschen oder gar die Lehrer seien daran aber nicht schuld, «es ist die Schuld ihres Zeitalters ... Dem Strom der Zeiten ist nicht zu wehren» (11:19 u. 21). Die Feststellung des Vikars, «daß der Sonntag immer mehr ein Werktag wird, auf den man die Werke verschiebt, für die man in der Woche nicht Zeit zu finden meint» (20), «daß die wahre, lebendige Frömmigkeit fast durchgehend erloschen und entweder ein toter Glauben oder eine sogenannte bürgerliche Gerechtigkeit oder ein kalter Indifferentismus oder ein gänzlicher Unglaube an ihre Stelle getreten» (15) – das deutet auf Säkularisierungsprozesse in der Gesellschaft hin, also auf umfassende, weltgeschichtliche – also nicht nur inner-theologische – Prozesse. Nach diesen Urteilen über die eigene Zeit folgt – weit über das Fragenschema hinausgehend – ein Entwurf zur Neugestaltung der Landschulen: «Diese sind gegenwärtig fast die einzige Handhabe, woran ein Seelsorger das Wohl der Gemeinden aufrichten kann, und fast auch das einzige Mittel ... der zerfallenden Religion und Sittlichkeit emporzuhelfen» (26). Aus diesen Erfahrungen ist vierzehn Jahre später der zweibändige Roman «Leiden und Freuden eines Schulmeisters» entstanden.

Vikar in Herzogenbuchsee und Bern · 1824 – 1830

Abschied von Utzenstorf – Herzogenbuchsee – Der Bollodinger Schulstreit – Oberamtmann von Effinger, Talkäsereien und Ersparniskassen – «Der Oberamtmann und der Amtsrichter» – «Hans Jakob und Heiri oder die beiden Seidenweber» – Pestalozzis Rede in Langenthal, 1826 – «Unnatürlicher Fabrikverdienst» – Joseph Burkhalter: Bauer, Mystiker, Großrat – Turmbau zu Babel und Reformationsfeier, 1828

Die folgende Periode von Gotthelfs Leben beginnt mit einem Streit und endigt in starken Turbulenzen. Bei der Übergabe des Utzenstorfer Pfarrhauses an Ludwig Fankhauser, dem sog. Pfrundkauf, wurden Inventarlisten erstellt und Schätzungen vorgenommen. Eine nur locker geschichtete Scheiterbeige von Brennholz soll der Anlaß zu Meinungsverschiedenheiten gewesen sein und schließlich zur Entzweiung mit Fankhauser geführt haben. Es ist nicht auszuschließen, daß der Kummer, Utzenstorf verlassen zu müssen, Bitzius ungerecht werden ließ und sich in Gehässigkeit entlud. Als Anerkennung für seine Verdienste um die Gemeinde schenkten die Utzenstorfer dem scheidenden Vikar eine goldene Repetieruhr. Die Mutter und die Schwester Marie zogen nach Bern.

Pfarrhaus in Herzogenbuchsee, wo Bitzius von 1824 bis 1829 als Vikar des Pfarrers Hemmann wirkte. Ansicht von J. S. Weibel (1825).

Fankhauser konnte sich bei den Utzenstorfern nicht beliebt machen. Bei der Visitation im Jahre 1834 reichten einige Gemeindemitglieder eine Beschwerde gegen den Pfarrer ein. 1840 wurde er vom Kirchenrat für ein Jahr in seinem Amt suspendiert. 1841 ließ er sich nach Gottstadt wählen. 1846 setzte er sich zur Ruhe, nachdem er eine Erbschaft gemacht hatte. Er starb als Neunzigjähriger im Jahre 1886. Sein Nachfolger in Utzenstorf wurde ein weiterer Kommilitone aus Göttingen, Albert Rytz. Bitzius war damals schon Pfarrer in Lützelflüh.

Im Frühjahr 1829 schrieb Bitzius an seinen Onkel Samuel Studer in Bern: «Ich hoffe aber, das Vorhaben des Oberamtmanns gedeihe nicht so weit, sondern scheitere an der Einsicht und Gerechtigkeit des Hohen Kirchenrates. Sie wissen wohl, werter Herr Onkel, daß Schulen mein Steckenpferd sind, dem Herrn Effinger seines die Straßen; wo ich etwas den Schulen Ersprießliches zu tun gesehen, habe ich nicht Mühe und Arbeit geschont, auch vor keinem Menschen mich gefürchtet und ebendeswegen bitte ich um der Schulen willen, die ja auch Ihnen so sehr am Herzen liegen, dringend: machen Sie den Kirchenrat bekannt mit der wahren Lage der Dinge...» (4:87 f). Der oberste Vertreter der Berner Regierung in Bitzius' Bezirk war der Oberamtmann oder Regierungsstatthalter – früher: Landvogt – Rudolf Emanuel von Effinger, der von 1821 bis 1831 in Wangen a. d. Aare residierte. Was meint der Vikar mit «der wahren Lage der Dinge», die er gegen den Regierungsvertreter durchsetzen will?

Der Kirchenkonvent ließ am 3. Mai 1829 durch seinen Schriftführer Carl Baggesen, der mit Bitzius befreundet war, dem Vikar mitteilen, er sei nach Amsoldingen in der Nähe von Thun versetzt. Zwei Tage später, am 5. Mai, bringt Bitzius in einem Brief an Baggesen seine Entrüstung darüber zum Ausdruck, bezeichnet die Klagen des Oberamtmanns über ihn als «schändliche Lügen», empfindet deshalb die Versetzung als Schikane und «Kränkung»: «Wo ich Freude hatte an der Arbeit, da muß ich weg, und auf eine Art weg, welche das Schmerzliche des Scheidens noch vermehrt; wäre es ein Wunder, wenn ich träge würde und meine Hände auch ruhen ließe, wie noch viele andre ohne solche Ursache? Ich hoffe nicht, daß meine Natur es dahin kommen lasse, ich hoffe auch, es werde mir gelingen, der Bitterkeit, die schon seit einiger Zeit immer mehr sich meiner bemeistern will, Herr zu werden, – aber zum ruhigen Ertragen der despotischen Teufelsucht, die kein Mittel, sogar Lügen nicht scheut, um den zu verderben, der sich ihr gehässig gemacht, werde ich es nicht bringen» (4:89 f).

Wenige Tage später – die Gründe dafür scheinen klar zu sein, lassen sich aber nirgends dokumentieren – nahm der Kirchenrat die Versetzung des Vikars nach Amsoldingen zurück, versetzte ihn allerdings an die Heiliggeistkirche nach Bern, als Vikar des Pfarrers Samuel Wyttenbach. Der Schriftführer Baggesen mußte in seinem – amtlichen – Schreiben ausdrücklich auf die Wiedergutmachung hinweisen: «Indem Euer Wohlehrwürden von dieser Ihrer Beförderung Kenntnis erhalten, hofft der Kirchenkonvent, daß Sie einsehen werden, wie ehrenvoll für Sie das Ihnen geschenkte Vertrauen ist...» (4:91).

Da wir zwar wissen, worum es bei dem Streit Bitzius contra von Effinger ging – nämlich um den sog. Bollodinger Schulstreit –, uns aber keine Dokumente vorliegen, um den Oberamtmann «schändlicher Lügen» und «despotischer Teufelsucht» bezichtigen zu können, müssen wir weiter ausholen, um diesen Zusammenstoß zu vergegenwärtigen. Es ist ja auffällig, daß Bitzius sich immer wieder mit «Regierungs- und anderen Majestäten» anlegte, gleich in der nächsten Lebensphase mit dem berühmten Philipp Emanuel von Fellenberg in Hofwil.

Der «Bollodinger Schulstreit» ist eine lokalhistorische Lappalie. Die nahe Herzogenbuchsee gelegenen Dörfchen Oberönz, Niederönz und Bollodingen hatten 1756 ein eigenes Schulhaus in Oberönz gebaut und bezahlten gemeinsam einen eigenen Lehrer. Bitzius hatte diese Schule schon 1824 inspiziert und sich über die Fähigkeiten des Lehrers Johannes Steiger gewundert, dem es gelang, nicht weniger als 224 Kinder –

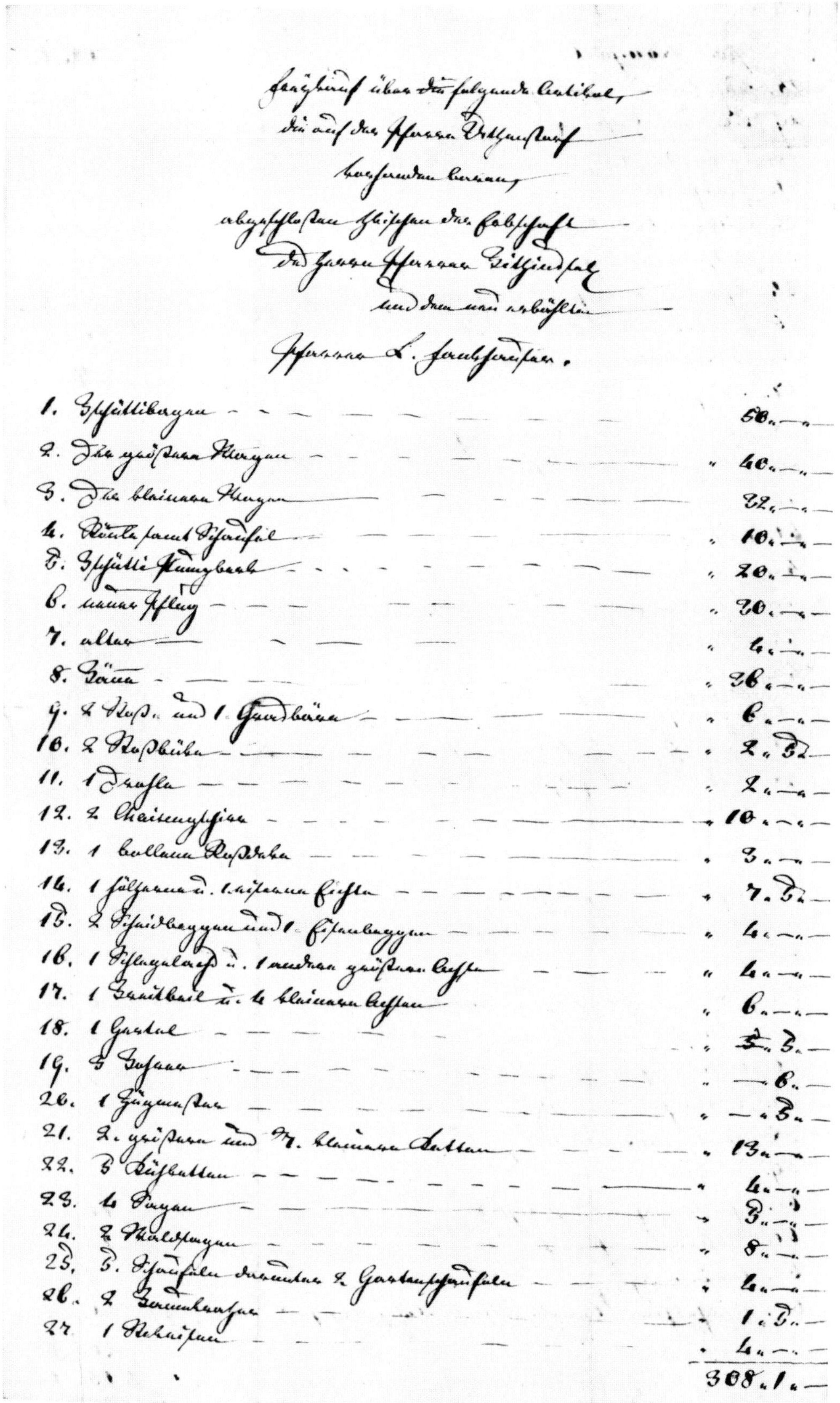

Die Liste der an Ludwig Fankhauser, den Nachfolger von Bitzius' Vater in Utzenstorf, verkauften Einrichtungs- und Gebrauchsgegenstände läßt auf die landwirtschaftliche und handwerkliche Tätigkeit der Pfarrer schließen. Bei der Übergabe kam es zwischen den beiden Geistlichen zum Streit.
Die zehn ersten Zeilen des Inventars nennen folgende Geräte:
«1. Bschüttiwagen
2. den größeren Wagen
3. den kleineren Wagen
4. Rönnle samt Schaufel
5. Bschütti Pumpwerk
6. neuer Pflug
7. alter Pflug
8. Bänne
9. 2 Stoß- und 1 Grasbäre
10. 2 Stoßbüke
etc.»

gleichzeitig! – zu unterrichten und in Ordnung zu halten. Er hatte den drei Gemeinden vorgehalten, «daß sie es nur ihrem vortrefflichen Schulmeister, der nun schon 28 Jahre ihnen diene und obgleich 56 Jahre alt seinem Amt noch so kräftig vorstehe, zu verdanken hätten, daß sie nicht zwei Lehrer besolden oder eine neue Schule errichten müßten» (4:85). Er hatte die drei Gemeinden um eine Gratifikation als Anerkennung für den Lehrer gebeten und «mit aller angewandten Mühe ... endlich die Summe von fünfzehn Batzen, von jeder Gemeinde fünf» herausgebracht.

Schon vor Bitzius' Amtsantritt in Herzogenbuchsee hatte das Dorf Bollodingen einen Austritt aus der Schulgemeinschaft mit Ober- und Niederönz erwogen. Seit Anfang der zwanziger Jahre wurden die Bollodinger vom Oberamtmann von Effinger dabei unterstützt, der erklärte, «daß eine Trennung Bollodingens von den übrigen Gemeinden am zweckmäßigsten sei» (11:253). Bitzius nannte das Eintreten von Effingers für die Bollodinger Interessen «parteiische Machinationen» (11:259) und behauptete, der Straßeninspektor von Bollodingen, Friedrich Mühletaler, sei der Initiant und stecke mit dem Oberamtmann von Effinger, dessen «Steckenpferd die Straßen» seien, unter einer Decke. Dem Fall liegen also einerseits Dorfeifersüchteleien, andererseits wirkliche oder vermeintliche Parteilichkeit von Effingers zugrunde.

Der eigentliche Streit nun entzündete sich an der Frage, ob bei einer Schultrennung und einem Neubau in Bollodingen die alte Schule in Oberönz – die mit dem Lehrer Johannes Steiger weiterbestehen sollte – einen Teil des gemeinsamen Schulvermögens auszahlen müßte, und vor allem, ob für die Besoldung des neuen Lehrers in Bollodingen der Lohn des Lehrers Steiger in Oberönz – der dann ja weniger Kinder unterrichte – gekürzt werden solle. Bitzius befürchtete, daß wenn auch Niederönz auf die Idee käme, eine eigene Schule zu errichten – darüber war auch gestritten worden –, wenn also Niederönz ebenfalls eine Auskaufsumme verlange, die Gemeinde Oberönz ihren verdienten Lehrer Steiger (um ihn und für ihn kämpft Bitzius offenbar) nicht mehr bezahlen könne. In dieser Frage der Besoldung des Lehrers Steiger soll von Effinger geäußert haben, Oberönz sei nicht an Steiger gebunden, daß: «... wenn dieser mit verkleinerter Besoldung sich nicht begnügen wolle, er weitergehen könne» (11:255). Möglicherweise liegt hier für Gotthelf der Kern der Sache; möglicherweise ist es dieser kaltschnäuzige Ton, den der Vikar nicht ertrug. Der Lehrer Johannes Steiger muß für Bitzius, dessen «Steckenpferd» Schulen sind, ein pädagogisches Ideal verkörpert haben, das er auf keinen Fall verraten konnte.

Rudolf Emanuel von Effinger (1771–1847). Offizier, Gründer der Talkäserei in Kiesen und der Ersparniskasse in Wangen, Befehlshaber der bernischen Streitkräfte, Oberamtmann in Wangen. Bitzius bezichtigte ihn «schändlicher Lügen» und warf ihm «despotische Teufelssucht» vor.

Und an dieser Stelle wächst die lokalhistorische Lappalie des sog. Bollodinger Schulstreits über ihre lokale und historische Bedeutungslosigkeit hinaus. Bisher haben wir den Oberamtmann von Effinger ausschließlich mit den Augen von Bitzius gesehen, mit seinen Worten charakterisiert. Es entstand ein ziemlich negatives Bild des Oberamtmanns und ein mehr oder weniger heldenhaftes des Vikars. Rudolf Emanuel von Effinger erscheint aber noch an verschiedenen anderen Stellen von Gotthelfs Werk, und von dorther müssen wir das Bild korrigieren. Beim Schulmeisterexamen in den «Leiden und Freuden eines Schulmeisters» tritt «der Landvogt vor, ein schöner, großer Herr trotz dem töllsten Küher, der hatte einen langen Sabel an der Seite und einen Dreispitz in der Hand» (II:80). Das ist kein anderer als der Oberamtmann von Effinger, den der arme Schulmeister noch Landvogt nennt. Daß von Effinger prächtig ausgesehen hat und es an Körperkraft mit einem Sennen – «trotz dem töllsten Küher» – aufnehmen konnte, geht sogar aus seinem Porträt hervor, das so gar nichts Dekadentes oder Kleinliches an sich hat.

Im Roman «Die Käserei in der Vehfreude», der nicht von einer *Alp*käserei, sondern von einer jener im Zuge der Industrialisierung entstandenen *Tal*käsereien erzählt, die eine größere Nachfrage auf dem europäischen Käsemarkt befriedigen wollten, wird von Effinger nur kurz, aber mit gewichtigen Worten gewürdigt. Sie stehen im interessanten zweiten Kapitel «Naturgeschichte der Käsereien»: «Oberst Rudolf von Effinger von Wildegg, Bauer, Soldat, Aristokrat, Oberamtmann, Ratsherr, schön und stark von Gesicht und Gestalt, in Gesetzen und Theorien nicht sonderlich bewandert, aber praktisch durch und durch, kurz, ein Berner vom reinsten Korn, errichtete die erste Käserei zu Kiesen, wo er Gutsbesitzer und auch Oberamtmann war und die zweite zu Wangen, wohin er als Oberamtmann versetzt wurde; Käsereien waren ihm Herzenssache. Dies geschah im Anfange der zwanziger Jahre» (XII:23). Die Talkäserei in Kiesen (heute Museum) wurde 1815, die in Wangen 1822 gegründet. Die Unterscheidung zwischen Alpkäsereien und Talkäsereien, die heutzutage manchem schwerfallen dürfte, hat für Gotthelf eine grundsätzliche Bedeutung. Talkäsereien, das wird aus jeder Seite der «Käserei in der Vehfreude» deutlich, haben für ihn etwas Modernes, Industrielles, Kapitalistisches, sind Kinder des «Zeitgeistes» – und das wirft ein ganz besonderes Licht auf den Bollodinger Schulstreit. Indem Bitzius für den Schulmeister Steiger Partei ergreift und sich gegen von Effinger stellt, verteidigt er ein älteres, wenn man will auch: christliches Prinzip gegen ein neues, mehr vom Nützlichen bestimmtes. Persönlich scheint Bitzius den Oberamtmann eher bewundert zu haben, das geht aus den zitierten Stellen klar hervor, und wenn man beider Tätigkeit überschaut, muß man sich kopfschüttelnd fragen, ob sie nicht in manchen Zielen völlig einig waren.

Der Oberamtmann von Effinger hat nämlich nicht nur die ersten Talkäsereien im Kanton Bern gegründet, sondern im Jahre 1824 auch die «Ersparnis- und Anlehn-Cassa des Oberamts Wangen», die noch heute als «Ersparniskasse des Amtsbezirks Wangen» besteht. Es war nicht die erste Kasse dieser Art, seit 1787 bestand eine «Dienstenzinskasse» in Bern, die älteste Sparkasse der Schweiz, aber es lag im Zug der Zeit, «ökonomisch» zu denken und das Geld nicht mehr im Strumpf oder unter dem Bett aufzubewahren. So lehnt der Bodenbauer in «Uli der Knecht» die Bitte Ulis ab, den verdienten Lohn als Konto zu führen, und verweist ihn an die Sparkasse. «‹Was ist das?› fragte Uli. ‹He, das ist eine Kasse, wo man das Geld, welches man nicht braucht, hineinlegen kann, bis man es braucht, und unter der Zeit bekömmt man einen billigen Zins, und es ist gut versichert, daß man gar nichts zu fürchten hat›» (IV:90).

Ganz in diesem doch auch modernen Geiste wurde die Ersparniskasse in Wangen gegründet, «den Sparpfennigen der Jugend… den Sparpfennigen des Handwerksmanns, der Dienstboten und sonstiger Arbeiter, überhaupt eines jeden, der zu wenigem für nützliche Zwecke und ältere Tage Sorge zu tragen weiß, eine sichere Anwendung und regelmäßigen Zinsertrag zu gewähren.» Daneben sollte dem «redlichen und haushälterischen Mann, der ohne sein Verschulden in Fälle kommen kann, einigen Vorschusses zu bedürfen, um sich aus größerem Schaden zu heben, eine Quelle» eröffnet, also das Aufnehmen eines Kredits gewährt werden.

Der Bodenbauer im «Uli», der seinem Knecht den Nutzen der Sparkasse zu erklären versucht, benutzt fast die selben Worte wie die Statuten der Ersparniskasse von Wangen!

Es gibt aber noch weitere bemerkenswerte Parallelen zwischen den Kontrahenten von Effinger und Bitzius. Im Jahre 1830 veranstaltete die Ersparniskasse Wangen ein Preisausschreiben mit der Frage, wie ihre Ertragsüberschüsse «zum Besten und zur Ehre des Amtsbezirks … zu verwenden sein möchten» (18:300). Eine der fünf eingesandten Arbeiten – von denen sich freilich keine durchsetzen konnte – stammt von Bitzius. Sie wurde anonym eingesandt: Präsident der Kasse war von Effinger. Der Vorschlag des Vikars, der damals schon in Bern wirkte, entspricht dem Vorschlag des Bodenbauern an Uli und läßt sich in einem Satz zusammenfassen: «Meine Meinung ist nämlich, dieses Geld zu Nutz und Frommen der Dienstboten zu verwenden, für sie als Dienstboten wird weder eine Gemeinde noch eine Regierung je insbesondere sorgen können, und doch verdienen sie besondere Berücksichtigung» (18:113). Die Kasse sollte nicht nur Spar- und Leih-, sondern auch Versicherungskasse sein – ein ganz moderner Gedanke!

Im Jahre 1850 ließ die Ersparniskasse Langenbruck (Kanton Baselland) bei Gotthelf anfragen, ob er bereit sei, in einer volkstümlichen Schrift für das Sparen zu werben. Es entstand eine seiner längsten Erzählungen: «Hans Jakob und Heiri oder die beiden Seidenweber», in der besonders der Versicherungsaspekt der damaligen Sparkassen betont wird, daß sie nämlich den Sparern bei «Verdienstlosigkeit, Teurung, Krankheit» (XX:359) das Überleben ermöglichen. Wie stark auch beim Sparen «Gemeinnütziges» und «Christliches» für Gotthelf Hand in Hand gehen, zeigt sehr schön die Herleitung der Sparkasse aus der alten Josephsgeschichte. Nachdem Joseph dem Pharao die Träume gedeutet und den Rat gegeben hat, in den sieben fetten Jahren für die sieben mageren vorzusorgen, läßt er «Behälter bauen, wo man in guten Tagen seinen Überfluß aufbewahren konnte, und der war so groß, daß man ihn nicht zu zählen vermochte. Dort war er nun sicher, dort konnte man ihn wieder holen, sobald man ihn nötig hatte. Das war die erste Sparkasse» (XX:354). Die Auswirkungen des Sparens bzw. Nicht-Sparens werden dem Leser durch die Lebensgeschichten zweier Familien – Hans Jakob und Anne Marei, die sparen, und Heiri und Kathrinli, die nicht sparen – handgreiflich vor Augen geführt. Überdies enthält die Erzählung eine Fülle von privat- und nationalökonomischen Weisheiten, etwa «wie der Kommunismus eigentlich zu verstehen sei» (350) oder die Behauptung, es sei «auch die Arbeit eine Art Ware, welche hoch oder niedrig bezahlt wird» (390) oder der Vorwurf an die eigene Zeit, sie habe «die Verschwendung in ein völkerbeglückendes System» gebracht (392).

Das Schloß in Wangen. Residenz des Oberamtmanns Rudolf Emanuel von Effinger. Hier wurden Bitzius' Jagdpatente ausgestellt. Ölgemälde von E. de Muralt, 1831.

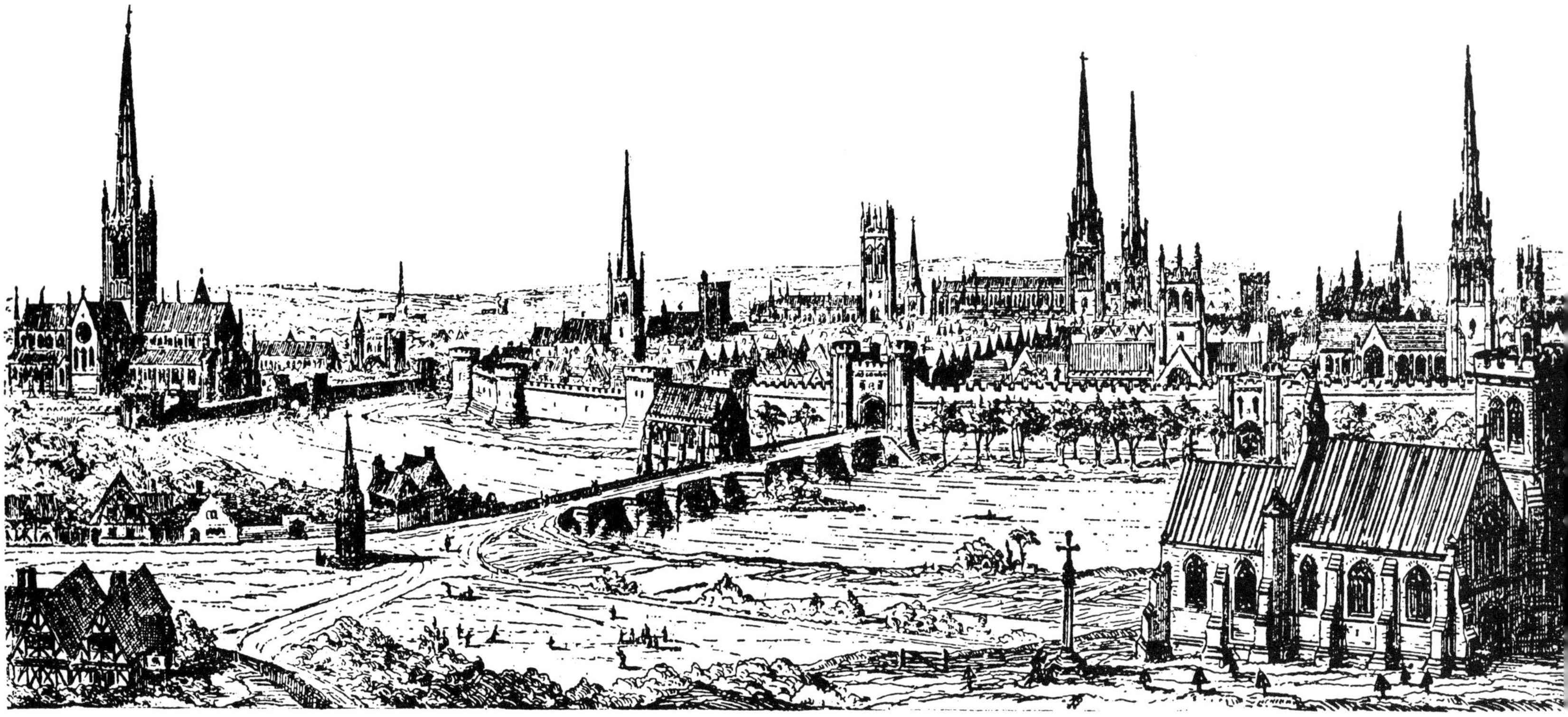

Gotthelfs «Ehedem – Jetzt», «Früher – Heutzutage» drückt einen Säkularisierungsprozeß aus: Gotteshäuser werden durch Maschinensäle, Kirchenglocken durch Fabriksirenen, klösterliche Ruhe durch Verkehrslärm ersetzt. «Eine christliche Stadt in den Jahren 1440 und 1840» von Augustus W. Pugin (1812–1852).

Bitzius mag als Mensch, als Schriftsteller, als Pfarrer heftig, leidenschaftlich, jähzornig, ungerecht gewesen sein, er mag Gegner überschätzt und über manches Ziel hinausgeschossen haben: niemand kann aber bestreiten, daß er eine äußerst feine Witterung für den «Zeitgeist», für die Neuerungen und Wandlungen seiner eigenen Zeit hatte. Besonders in einem Punkte setzte diese Sensibilität ein: wenn nämlich seiner Meinung nach die Religion, die christliche Religion, in Gefahr war. Darin hat er sich auch gar nicht getäuscht, denn das 19. Jahrhundert stellt einen gewaltigen Säkularisierungsprozeß dar, in welchem sich die religiöse und die weltliche, die heilige und die profane Seite unserer Kultur auseinanderentwickelten. Auch nach unserer heutigen Auffassung haben Schulen wenig, Krankenhäuser noch weniger und Sparkassen überhaupt nichts mit dem Christentum zu tun. Für den Pfarrer Bitzius, den Dichter Gotthelf gehören diese Institutionen aber alle unter die Obhut der Religion. «Im Christentum allein liegt das Mittel zur Verbesserung der Zustände…» (XX:346).

Der heutige Leser tritt mit der Vorstellung an Gotthelfs Werk heran, dieses Christentum sei etwas Geistiges, mit dem die an sich heidnische, triebhafte Natur des Menschen geordnet und domestiziert werden könne und müsse. Der Gegensatz von «Natur» und «Geist» in diesem Sinne prägt das gesamte Werk von Hermann Hesse und Thomas Mann, aber auch das eines Außenseiters wie Hans Henny Jahnn. Der bedeutende Gotthelf-Forscher Walter Muschg hat behauptet, bei Gotthelf wölbe sich «über die oft am Verbrechen hinstreifende, oft heidnisch reine Triebhaftigkeit seiner dichterischen Fabeln… eine Kuppel von christlich-kirchlicher Rhetorik» (Muschg, Geheimnisse S. 76). Nichts ist falscher, nichts hindert das Verständnis Gotthelfs mehr als derartige Vorstellungen. Für ihn ist das Christentum nichts bloß Geistiges, Asketisches, Antiheidnisches, sondern etwas Umfassendes. Als Pfarrer hat er es abgelehnt, «Staatsmoral zu predigen und der Polizei zu helfen» (XIII:129). Religion und Christentum lagen für ihn auf einem anderen Gebiet. «Ist im Menschen einmal die Flamme des religiösen Gefühls erstorben, so wird die Religiosität ihm eine schwere Last», schreibt er im Visitationsbericht von 1828. «Die überwiegende Sinnlichkeit wird nicht durch Bildung des Verstandes dem Christentum untergeordnet, er kann es bloß erkennen; das erweckte religiöse Gefühl ist es, das die Umwandlung vollbringt» (11:55). In einer anderen Schrift aus dem-

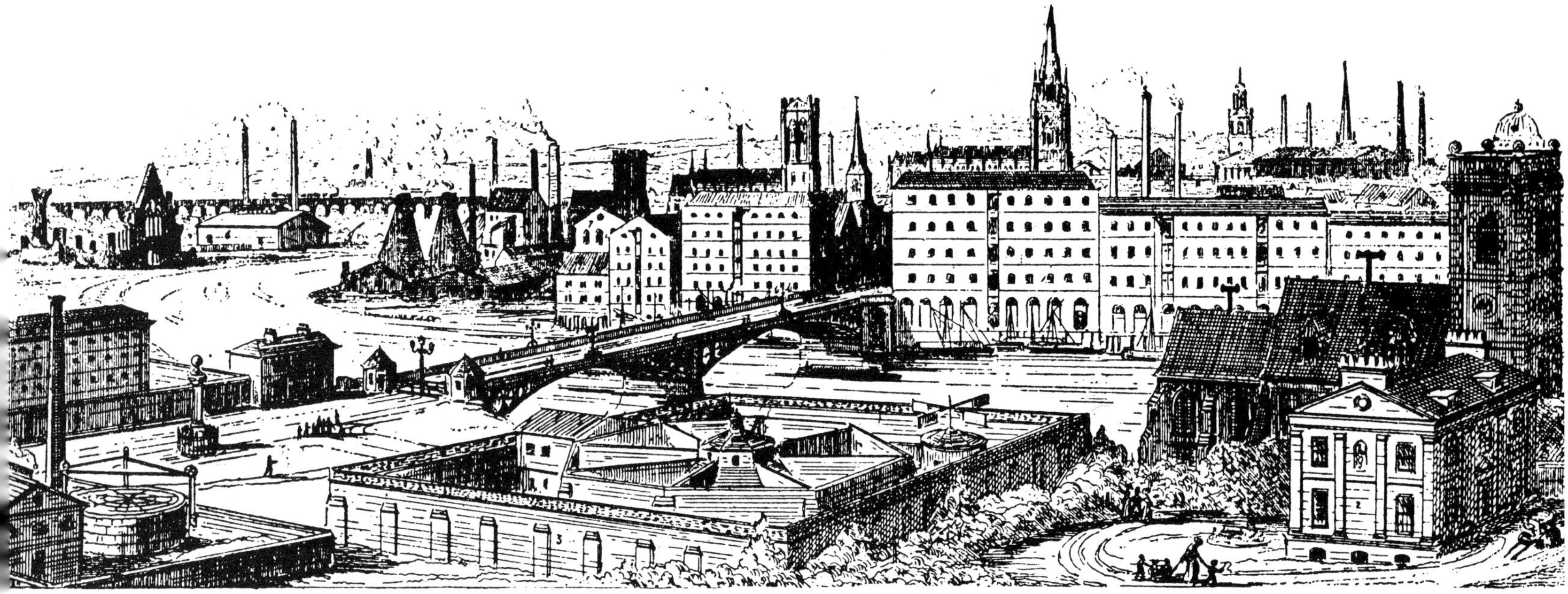

selben Jahr wiederholt er diesen Satz fast wörtlich: «Die Sinnlichkeit wird nicht durch den Verstand in wahre christliche Gesinnung verwandelt; er kann sie erkennen, aber nicht erzeugen, sondern das erweckte religiöse Gefühl ist es, das die Umwandlung vollbringt» (11:203).

In dieser Einschätzung der Religion steht Gotthelf seiner Zeit entgegen, und der Zusammenstoß mit von Effinger läßt sich aus dieser Haltung verständlich machen. Das wird erst recht bestätigt, wenn wir nicht die Frage stellen, wem er entgegenstand, sondern mit wem er sich einig wußte, auf wen er sich berufen konnte und welche Ansichten er bei öffentlichen Anlässen vertrat. In die Vikariatszeit in Herzogenbuchsee fallen die Begegnungen mit Heinrich Pestalozzi und Joseph Burkhalter sowie die Dreihundertjahrfeier der Berner Reformation im Jahre 1828.

Pestalozzi war im Jahre 1774 der 1762 gegründeten Helvetischen Gesellschaft beigetreten, die sich zum Ziel gesetzt hatte, «dem Verderben der Zeit zu steuern, die veraltete Liebe unter den Eidgenossen zu verjüngen und die Staatstugenden wieder aufkeimen zu machen» (Pestalozzi: Schriften 1805–1826. Zweiter Teil. Zürich 1949, S. 600). Nach einem langen, an Mißerfolgen reichen Leben erschien der fast achtzigjährige Pestalozzi am 3. Mai 1825 in der Versammlung der Helvetischen Gesellschaft in Schinznach, wurde mit Ehrerbietung begrüßt, für das nächste Jahr zum Präsidenten gewählt und gebeten, für die nächste Jahresversammlung, am 26. April 1826 in Langenthal, «eine Rede zu verfassen, die ihm Gelegenheit bot, sein geistiges Testament einer jungen Generation vaterländisch und menschlich gesinnter Männer zu übergeben» (603). Sofern ihm Gott noch ein Jahr zu leben schenke, erwiderte Pestalozzi, sei er bereit, «von Vaterland und Erziehung, denen ich mein Leben gewidmet habe», zu reden (513). Der gebrechliche Greis war in Langenthal anwesend, die Rede, die in der vorliegenden Form mehrere Stunden gedauert haben muß, hielt er aber nicht selbst, sondern ließ sie vom Sekretär der Gesellschaft verlesen. Unter den Teilnehmern befand sich Albert Bitzius, V. D. M. (= Verbi divini Minister = Diener des göttlichen Worts), und es ist anzunehmen, daß er Pestalozzis geistiges Testament vernommen hat.

Mit den Worten «von Vaterland und Erziehung» ist dieses bedeutende Dokument

Am 26. April 1826 hielt der achtzigjährige Pestalozzi in Langenthal eine berühmt gewordene Rede über die damalige – d. h. durch die Industrialisierung veränderte – Lage der Schweiz. Unter den Zuhörern war Albert Bitzius, bei dem die Gedanken des Greises auf fruchtbaren Boden fielen. (Pastellbild von unbekannter Hand).

zu schlicht charakterisiert. Der greise Armenerzieher, Philosoph, Pädagoge und Kinderfreund geht mit seinem Zeitalter ins Gericht. «Er wies die entlegenen und die näheren Quellen der Verderbnis in unserm Vaterlande nach, aber auch die Heilquellen», notiert der Tagungsbericht (603), und das sind ja für den Gotthelf-Leser keine unbekannten Töne. «Die Mehrheit unsers Volks», hatte Pestalozzi gesagt, «ist gedankenlos und zum Teil blind über die Wahrheit unserer Lage» (543). Gotthelf geht später als Dichter gerade davon aus: Er will «schreien in die Zeit hinein, wecken die Schläfer, den Blinden den Star stechen» (6:236), er will «in unsere Verhältnisse heilend einschlagen» (18:45).

Pestalozzi diagnostiziert aus seiner langen Lebens- und Welterfahrung heraus einen Bruch in der geschichtlichen Entwicklung der Schweiz und der Schweizer, der durch nichts anderes entstanden sei als durch die Auswirkung der Industrialisierung. Von «unnatürlichem Fabrikverdienst» ist da die Rede, von «Fabrikhäusern» und «Fabrikörtern», von den «Branchen der Industrie, über deren Verderben wir jetzt klagen», von einer «Art Glücksritter», die «da Tongeber des Schicklichen und Anständigen im Lande» wurden, von «Mitbürgern, die jetzt im Komödiantenprunk großstädtischer Wohlhabenheit umherziehen», von der Zunahme der «eigentumslosen Menschen», den Proletariern also, und schließlich wirft der Greis seinen Landsleuten vor, «Miniaturformen des Großtuns» ausgebildet zu haben (531–556).

Schul-Elend: Kinder stecken dem Lehrer – der auf derartige Nebeneinkünfte in Naturalien angewiesen ist – heimlich, aber natürlich mit seinem Wissen, Äpfel an den Prügelstock. Illustration von Friedrich Walthard (1818–1870) zu einer Szene im «Bauernspiegel».

Die «Heilquellen» sieht Pestalozzi in einer «Umkehrung unsers gewohnten Routinedenkens», und da ist er bei allem Idealismus sehr konkret: «Ich darf wohl sagen, wir bedürfen diesfalls in uns selbst eines erneuerten Geistes, eines erneuerten Herzens und sehr veränderter Maßregeln» (563). Einer der wichtigsten Gedanken der ganzen Rede steht kurioserweise in einer Fußnote: «Es ist in unserer Lage gar nicht um die Entfernung der Industrie aus unsern durch sie jetzt gefährdeten Gegenden, sondern um die Erneuerung ihrer wesentlichen Segensfundamente zu tun» (531). Ein ganz aktueller Gedanke! Pestalozzi fordert eine «Nationalbildung» für «alle Stände des Volks in einer Art von Ebenmaß» (558), d. h. nicht privilegierte, karrierefördernde Bildung, und diese «Maßregeln» müsse nicht nur die Schweiz, sondern müßten «alle Staaten unseres Weltteils» treffen, «wenn sie nicht den Großreichtum einzelner Individuen mit Gefährdung des positiven Wohlstands einer ohne alles Verhältnis größern Anzahl ihrer Mitbürger sorglos und gedankenlos begünstigt sehen wollen» (565).

Das sind beinahe prophetische Worte eines Achtzigjährigen, der im darauffolgenden Jahr seine Augen schloß. 1845 schrieb der junge Friedrich Engels in seiner «Lage der arbeitenden Klasse in England», Deutschland werde die Entwicklung Englands – d. h. Zunahme der «eigentumslosen Menschen» oder «Proletarier» – nicht erspart bleiben, «falls nicht beizeiten die Einsicht der Nation Maßregeln zustande bringt, die dem ganzen sozialen System eine neue Basis geben».

Der Vikar Bitzius war auf Pestalozzis Gedanken vorbereitet, sie fielen auf fruchtbaren Boden. Im fünften Kapitel seiner «Armennot» (1840), die ganz aus Pestalozzis Geist konzipiert ist, setzte er ihm ein ergreifendes Denkmal (vgl. XV:163ff). Zu seinem 100. Geburtstag publizierte er 1846 den Aufsatz «Ein Wort zur Pestalozzifeier», in dem er den Lob- und Geburtstagsrednern den Vorwurf macht, sie seien Scheinheilige, bedienten sich des großen Namens, um ihre «antipestalozzische Richtung» (11:309) mit Phrasen zu verbrämen. «Pestalozzi war ein Volksmann», heißt es dort, und mit deutlicher Spitze gegen den Radikalismus, «nicht im modernen, sondern im edelsten Sinne des Wortes, er wußte nicht bloß zum Volke und vom Volke zu reden, wie der Quacksalber von ehedem auf den Märkten vom Zahnweh, sondern er liebte das Volk und lebte für dasselbe» (307). Der neue Lehrertypus habe die Wurzeln der Pestalozzischen Erziehung, das Haus und die Volksschule, verraten. Heute würde der verklärte Pestalozzi der Erziehung als Heilmittel folgendes hinzufügen: «Wie im Hause die Wurzel ist, so ist in der Kirche, der christlichen Gemeinschaft, die Krone des Menschen, wie mit dem

Kinder-Elend: ein Bauer vermittelt Kinder als billige Arbeitskräfte an einen Fabrikherrn, der natürlich kein Interesse daran hat, sie die Zeit in der Schule verbringen zu lassen. Karikatur aus dem «Guckkasten», 1841.

Hause, verbinde mit der Kirche dich, in diesem Vereine blüht dir dein Heil. Dieser Verein umfaßt den ganzen Menschen, denn diesem Vereine gehört er an nicht bloß in einzelnen verzückten Augenblicken, sondern von der Wiege bis zum Sarge» (320).

Die Vorwürfe, die Bitzius der modernen, von Pestalozzi abweichenden Schule macht, können wir auf sich beruhen lassen: daß sie «der blinde Esel des Radikalismus» oder «bereits des Kommunismus» (325) sei, daß sie Kinder nicht fürs Leben vorbereite, sondern fürs Kaffeehaus und die Kneipe, daß sie keine «wahre Fortbildung» erziele, sondern bloß, «daß man immer schöner schreiben, immer verwickelter rechnen, immer mehr chinesische Städte und Flüsse kennen, immer kauderwelscher kannegießern lernte» (323). Das «Wort zur Pestalozzifeier» spiegelt wie das gesamte Werk Gotthelfs einen geschichtlichen Bruch wider, ein Alt gegen Neu, das hier, im Jahre 1846, bereits zur Alternative, zum Entweder-Oder wird. Gotthelf kämpft auf verlorenem Posten. Pestalozzis Rat und Heilmittel für die kranke Zeit werde den Zeitgenossen vorkommen «wie hochgebildeten Jungen die Rede eines Großvaters, den sie in ihrem jugendlichen Dünkel wenn nicht als kindisch geworden ansehen, so doch als einen, welcher die Zeit nicht zu erfassen vermag» (320 f).

Der Standpunkt Gotthelfs, er selber habe «den ganzen Menschen» (320), «das ganze Leben» (323) im Auge, die Gegner verträten dagegen nur eine parteiliche Richtung, sie litten an «Einseitigkeit», seien «Sektierer», will heutzutage nicht jedermann einleuchten. In dem Bauern Joseph Burkhalter wird uns eine Persönlichkeit faßbar, die, als Beispiel für Gotthelfs Anschauung, würdig ist, neben die geschichtliche Autorität des großen Pestalozzi zu treten. Um uns ein Bild von diesem außerordentlichen Manne zu machen, sind wir auf eine kurze Autobiographie, die Burkhalter 1850 für seine Nachkommen verfaßt hat, sowie auf seinen Briefwechsel mit Gotthelf angewiesen. Wäre die Autobiographie breiter angelegt und nicht abrupt abgebrochen worden, wären wir um ein Dokument von der Art der «Lebensgeschichte und natürliche Ebentheuer des armen Mannes im Tockenburg» oder «Jung-Stillings Jugend» reicher.

Burkhalter wurde 1787 geboren, also zehn Jahre vor Bitzius. Sein Vater war Schuhmacher und Landwirt, und da er «verständlich lesen und deutlich seinen Namen schreiben konnte, auch aus Küenzi's Rechnungsbüchlein die vier Spezies gelernt hatte» (XIII), stellten ihn einige Nachbarn im Winter als Privatlehrer für ihre Kinder an. Als Bub ging

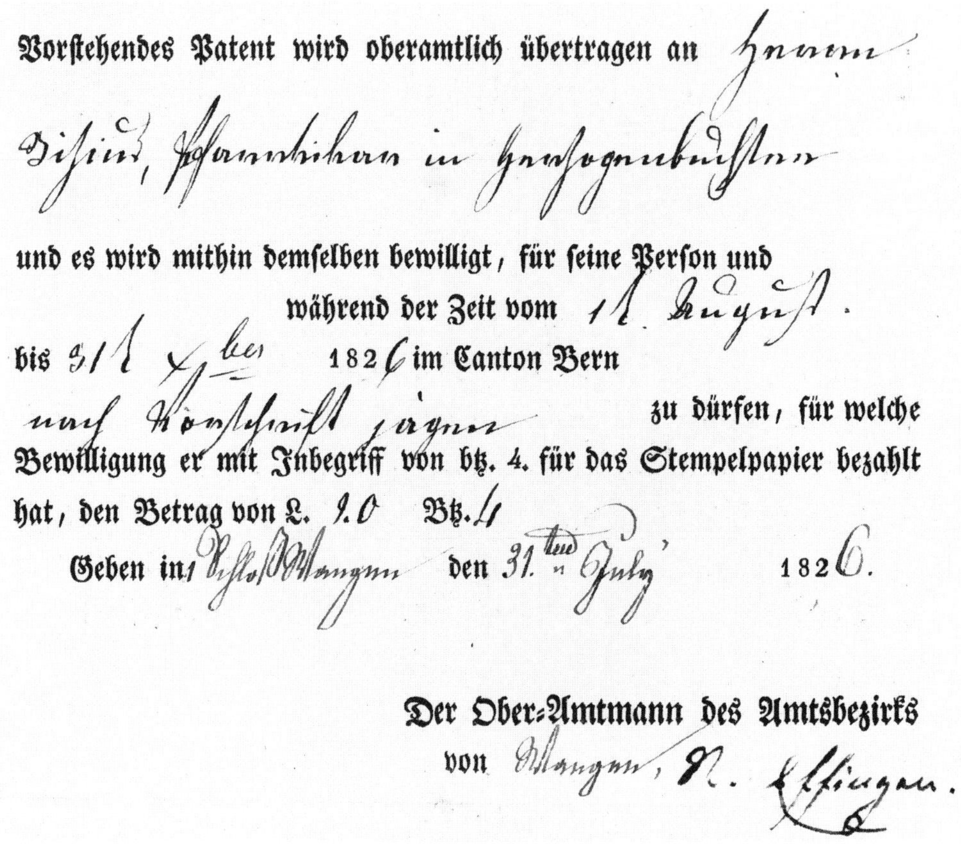

Vorstehendes Patent wird oberamtlich übertragen an Herrn
Bizius, Pfarrvikar in Herzogenbuchsee
und es wird mithin demselben bewilligt, für seine Person und
während der Zeit vom 11. August
bis 31. Xber 1826 im Canton Bern
nach Vorschrift jagen zu dürfen, für welche
Bewilligung er mit Inbegriff von btz. 4. für das Stempelpapier bezahlt
hat, den Betrag von L. 9.0 Btz. 4
Geben in Schloß Wangen den 31ten Juli 1826.

Der Ober-Amtmann des Amtsbezirks
von Wangen, R. Effinger.

Bitzius' Jagdpatent 1826, unterzeichnet von Rudolf Emanuel von Effinger. – 1836 schreibt er an Burkhalter: «Seit ich die Jagd aufgegeben, bin ich nicht mehr der Alte, sondern werde nach und nach ein Stubenhocker, der am Barometer töppelet, wenn er ausgehen soll» (4:203).

Joseph Burkhalter (1787–1866), Bauer, Mystiker, Politiker, ein lebenslanger Freund und unbestechlicher Kritiker von Bitzius. «Nehmen Sie sich den Mann ins Auge; es ist in Bern niemand, der nicht von ihm lernen kann. Das ist ein Bäuerlein mit zwei Kühen, der theologisch-philosophisch gebildet ist, nicht nur, wie ich keinen Bauern weiß Land auf Land ab, sondern noch gar mancher würde schwitzen ob ihm, der Theolog oder Philosoph sein wollte» (4:203).

Burkhalter fünf Jahre lang bei jenem Lehrer Johannes Steiger in die Schule, für den sich Bitzius gegen von Effinger einsetzte und der insgesamt 42 Jahre in Oberönz Schulmeister war. Nach der Schule wurde Burkhalter Landwirt, lernte aber auch das Korbflechten, Holzschnitzen, Weben, Schreinern. In seiner Freizeit las er: «Alles durcheinander, wie ich es bekommen konnte» (XXI), er nennt Bunyan, Gottfried Arnold, Lavater, Stilling, später auch Madame Guyon, Tersteegen und Jakob Böhme, außerdem zeitgenössische Autoren. Eine Zeitlang sei er «ganz Mystiker» gewesen: «Ich konnte halbe Nächte mit seligem Behagen ob Jakob Böhm's Schriften sitzen und mich so in die endlosen Tiefen verlieren, daß mir meine Frau dreimal in's Gesicht hineinrufen konnte, ehe ich es hörte» (XXXI).

Nachdem seine Kinder herangewachsen waren, begann Burkhalter sich mit Gemeinde- und Kantonspolitik zu befassen. «Wir hatten nämlich eine Art Magnatenregierung in der Gemeinde, wie es damals an vielen Orten der Fall war», berichtet er. «Ich hatte zwar nicht viel dazu zu sagen. Denn ich war Hintersäß, und das wollte damals fast so viel sagen, als wenn man in Indien der Pariaskaste angehörte. Dem ungeachtet wagte ich es zuweilen, über die vorliegenden Gegenstände ganz kaltblütig meine Meinung zu sagen. Wenn man dann mitten im Getümmel die leise, kaltblütige Stimme hörte, so machte das Aufsehen und nach und nach nicht unbedeutenden Einfluß» (XLI). Burkhalter wurde Gemeinderat, Schulkommissär, Präsident des Kirchgemeinderats, Zehntschätzer, Sittenrichter, Amtsrichter und schließlich Großrat (Abgeordneter im Berner Parlament). Als Schulkommissär setzte er es durch, daß der alte Lehrer Steiger in seinem Ruhestand, so lange er lebte, freie Wohnung und Holz bekam. Beamtenpension gab es ja noch nicht. Seine Briefe unterzeichnete er mit «Burkhalter, Amtsrichter», ein Amt, das Bitzius «ein sehr ehrenwertes Zeugnis von Zutrauen» (5:42) nannte, als er ihm zur Wahl gratulierte.

Burkhalter und Bitzius blieben auch nach dem Weggang des Vikars von Herzogenbuchsee zeitlebens gute Freunde, die sich gegenseitig besuchten und in ihren Briefen ihre Ansichten freimütig besprachen. Der Amtsrichter bekam Gotthelfs Bücher immer gleich zugeschickt und sagte unverhohlen seine Meinung. Beide Männer hatten erkannt, «wie eng das gegenwärtige politische und religiöse Treiben miteinander verbunden ist» (7:273, 184). Beide waren «durch die großen Zeitereignisse von der Theologie weg zur Politik gerissen» worden (4:94). Für beide war die Religion keine Sache der Wissenschaft und durch Aufklärung keineswegs in Gefahr. In der Autobiographie schreibt Burkhalter über Gott: «Die unveränderliche Richtung des Gemüthes auf diesen Urquell des Lichts und der Liebe ist die wahre eigentliche Religion» (XXXIX). Und Gotthelf am Weihnachtstag 1846 an Burkhalter: «Dem sogenannten aufgeklärten Geschrei dieser Tage, als ob die Aufklärung die Religion vertreibe, wie die Sonne die Nacht, liegt ein gar grober Irrtum zu Grunde. Das Gebiet der Religion ist nicht die Intelligenz, sondern das Gemüt. Die Religion hängt nicht vom Wissen ab, sondern von der Richtung des Menschen» (6:334f). Burkhalter war der Besonnenere, Mäßigere, Bitzius der Heftigere, der Streitbarere. «Sie wissen», so der Amtsrichter an den Pfarrer, «daß es nie meine Sache war, den Knüttel allzu scharf unter die Schweine zu werfen. Ich hatte immer die Ansicht, sie werden dadurch nur wilder. Diese meine Ansicht hat sich auch in den letzten politischen Wirren bestätigt...» (8:317). Eine Warnung an den Freund?

Burkhalter war zehn Jahre älter als Bitzius und überlebte ihn doch um zwölf Jahre. Er starb 1866. Nach Gotthelfs Tod wurden zwischen dessen Witwe und Burkhalter noch ein paar Briefe gewechselt. Als ihm das letzte Werk des Dichters zugeschickt wurde, die postume «Frau Pfarrerin», erinnerte er sich in seinem Dankschreiben an die dreißig Jahre zurückliegende Zeit in Herzogenbuchsee: «Zwar hatte ich nicht mehr den gleichen Genuß von ihm», schreibt er an die Witwe, «als da er noch in Herzogenbuchsee war, wo wir so manchen schönen Sommerabend auf dem Hübeli hinter meinem Haus unter den schattigen Buchen verplauderten, wobei wir die Aussicht auf die Emmenthaler- und Oberländer Berge genossen, oder wo wir in seinem Zimmer in Herzogenbuchsee ernste und heitere Gespräche führten, wobei er mir so manches lehrreiche Buch zum Lesen lehnte. Freilich ersetzten mir seither seine Schriften diese frohen Stunden; aber nun ist auch das vorbei!» (Joss, S. 70)

Die Persönlichkeit des Bauern Burkhalter hat Gotthelf zu verschiedenen Gestalten in seinen Werken angeregt. So dürfte er Modell gestanden haben zu dem alten Häftlimacher in den «Fünf Mädchen», zu dem «schlichten Bauersmann in elbem, halbleinenem Rock, namens Sepp» (III:356) in den «Leiden und Freuden eines Schulmeisters» – wir werden noch davon sprechen –, zu dem frommen Götti am Schluß des «Geltstag»: «... ein schlichter Bauersmann, aber er las viel und dachte tief» (VIII:307), und schließlich zu dem zweiten Titelhelden in der amüsanten Erzählung «Der Oberamtmann und der Amtsrichter». Der erste Held im Titel ist, obwohl kein Name genannt wird, kein anderer als der Oberamtmann von Effinger. Obwohl der Amtsrichter Grün auf seinem Hof «Säublume» ein reicher Mann ist – ganz im Gegensatz zu Burkhalter –, hat ihm der Dichter den Mut und die Gerissenheit eines Till Eulenspiegel gegeben, gegen den «Magnaten» sein Recht zu verteidigen, denn «die Gesetze kannte der Amtsrichter besser», und «unterntun, das lasse er sich einmal nicht gern» (XXII:51 u. 124). Die Erzählung, die erst 1851 entstand, zeigt sehr schön, wie beim Dichter Gotthelf reale Erfahrungen und Dichtung wunderbar zusammenwirken.

Der Turmbau von Babel als Bild für menschliche Anmaßung erscheint schon in den frühen Schriften. Im Kalender von 1844: «Wenn auch die Menschen am babylonischen Turme bauen und die am eifrigsten, die am wenigsten es meinen, aus der Menschen babylonischen Bau steigt wie Blumen aus goldener Au endlich doch hell und reich des Herrn ewig Reich» (XXIV:7). Gemälde von Lucas van Valckenborgh, 1568.

Auf dem Hof des frommen Götti in den Schlußkapiteln des «Geltstag» leben Mensch und Tier wie im Paradies vor dem Sündenfall. «Es war der Weltfriede hier, von dem der Prophet geträumt, den er aber nicht erlebt hatte» (VIII:322). Dieser Friede, der höher ist als alle menschliche Vernunft, geht auch vom großmütterlichen Charme Käthis aus – in «Käthi die Großmutter» – und von der herzerwärmenden Gutmütigkeit des alten Waadtländer Ehepaars, das dem schwer angeschlagenen Jakob – in «Jakobs Wanderungen» – wieder auf die Beine hilft. Das Gegenbild zu diesem fast nicht mehr irdischen Frieden, den man nicht mit ländlicher Idylle verwechseln sollte, ist der Turmbau von Babel, mit dem der Dichter die menschliche Anmaßung und Selbstver-

Der imposante Christoffelturm (abgerissen 1865) und die Heiliggeistkirche in Bern, wo Bitzius 1829 als Vikar wirkte. «Hier machte ich einen praktischen Kurs in der Armenpflege durch und genaue Bekanntschaft mit dem Stadtgesindel» (18:14). Kolorierte Aquatinta (1818) nach einer Zeichnung von Gabriel Lory père (1763–1840).

gottung anprangert. Daß das Paradies aus dem Jenseits ins Diesseits herübergeholt werden könne, wenn man nur wolle – oder eben das Jenseits abschaffe –, war eine der Illusionen des 19. Jahrhunderts.

> Wir wollen hier auf Erden schon
> Das Himmelreich errichten ...
> ...
> Den Himmel überlassen wir
> Den Engeln und den Spatzen ...

dichtete Heinrich Heine, der Zeitgenosse Gotthelfs. «... noch einen Schritt, so stehn wir am Turmbau zu Babel, zu welchem die neuen Philosophen bereits fundamenten», heißt es in «Hans Jakob und Heiri oder die beiden Seidenweber» (XX:323).

Dieses Bild menschlicher Anmaßung und Vergeblichkeit taucht auch in einer kleinen Schrift, einer dramatischen Szene des Vikars auf, dem «Gespräch der Reformatoren im Himmel». Darin läßt er Luther, Zwingli, Calvin und Melanchthon bei einem guten Glas Wein und einer gemütlichen Pfeife Tabak über die gegenwärtige Lage des protestantischen Christentums diskutieren. Sie kommen zu einer ziemlich trüben Einschätzung: «... wie wenig sind unsere Hoffnungen erfüllt, wie langsam schreitet das Menschengeschlecht vorwärts» (12:191). Luther versucht seine Kollegen zu trösten. Er räumt zwar ein: «Ja, an den Wissenschaften haben sie gebaut wie am babylonischen Turm jene, bis sie einander nicht mehr verstehn, auf stroherne Fundamente wollten sie steinerne Paläste aufführen.» Aber er deutet ihnen dann auch die Reformation als stetige, nie aufhörende Bewegung: «Wißt ihr auch, was Reformation ist? Die endet sich nie» (186).

In einer zweiten Schrift: «Zum Reformationsjubiläum von 1828» wendet sich Bitzius gegen die Absicht der Regierung, silberne Gedenkmünzen schlagen zu lassen. Er plädiert stattdessen für kupferne Münzen, und die so erübrigte Geldsumme solle «zu einer gemeinnützigen Stiftung, etwa zur Bildung tüchtigerer Schulmeister oder zur Unterstützung armer Gemeinden in ihren Schulangelegenheiten» (11:201) verwendet werden. Silbermünzen und Festreden seien nicht im Sinne der Reformatoren. «Das Werk der Reformation schließt sich nie, im Lauf der Zeiten schreitet es vorwärts, muß immer frisch das neu ansetzende Böse von sich treiben, das wahre Licht ungebrochen erhalten und der Menschen Augen immer weiter ihm öffnen» (197).

Nach seiner Versetzung von Herzogenbuchsee über Amsoldingen nach Bern wirkte Bitzius eineinhalb Jahre in der Hauptstadt als Vikar des Pfarrers Samuel Wyttenbach an der Heiliggeistkirche. «Hier machte ich einen praktischen Kurs in der Armenpflege durch und genaue Bekanntschaft mit dem Stadtgesindel», berichtet er in der «Selbstbiographie» (18:14). Obwohl Bitzius dieses Vikariat als ehrenvoll empfunden haben mag, teilte er seinem Freunde Baggesen mit, die Berufung habe ihm die erste schlaflose Nacht seines Lebens verursacht. «Ich bin nie ein tüchtiger Prediger gewesen, es fehlten mir besonders die physischen Anlagen dazu; ich habe nie daran gedacht in die Stadt zu kommen, und deswegen nicht höhere Ausbildung, sondern größere Popularität gesucht» (4:91). Nach Pfarrer Wyttenbachs Tod bewarb sich Bitzius um die Nachfolge. Gewählt wurde Samuel Lutz, Bitzius' Lehrer an der Akademie; er selber wurde nach Lützelflüh versetzt. In einem Brief teilt er Burkhalter mit, wie froh er sei, das Berner «Joch abzuschütteln... Überall waren mir die Hände gebunden...» (4:94). In einer letzten Nachricht an Burkhalter entschuldigt er sein seltenes Schreiben mit Zeitnot: «Die Lage meines Zimmers, meine Verbindungen machten mich zu einem Art Mittelpunkt. Liberale wollten Nachrichten, brachten mir welche. Aristokraten taten auch das ihre, wollten nebenbei mich bekehren» (4:98).

Die ersten Jahre in Lützelflüh · 1831 – 1836

Antritt der Pfarrstelle – Der Umsturz des Jahres 1831 – Der Pfarrer, das Christentum und die Revolution – «Über den Parteien sollen wir stehen» – Der Streit mit Ph. E. von Fellenberg – Fortbildungskurs für Primarlehrer in Burgdorf – Schulen für den neuen Staat – Die Armenerziehungsanstalt Trachselwald – «Entsumpfung der Seelen» oder «Entsumpfung des Seelandes»?

Es ist augenfällig, daß die Beruhigung, die in Bitzius' äußerem Lebensgang langsam eintritt, zeitlich mit politischer Bewegung und Beunruhigungen in den öffentlichen Angelegenheiten zusammenfällt. Am 1. Januar 1831 traf der Vikar zu Pferd in Lützelflüh ein. Er sollte dem fast neunzigjährigen Pfarrer Albrecht Fasnacht zur Hand gehen, der seit 1808 in der Gemeinde gewirkt hatte, aber seine Amtsgeschäfte selber nicht mehr führen konnte.

Am 10. Januar 1831 versammelten sich gegen 1400 Männer aus verschiedenen Gegenden des Kantons zu einem «Volkstag» in der Kirche in Münsingen und forderten einen Verfassungsrat. Am 12. Januar trat die aristokratische Regierung Berns zurück. Am 28. Februar versammelte sich der Verfassungsrat, und am 31. Juli 1831 wurde die neue Verfassung mit 27 800 Ja gegen 2200 Nein angenommen. Ebenfalls im Februar 1831 gründeten die geistigen Führer der Berner Liberalen, die Brüder Johann Ludwig, Hans und Karl Schnell in Burgdorf den «Berner Volksfreund», für den Bitzius zahlreiche Artikel schrieb. Als Pfarrer Fasnacht ein Jahr später – im Januar 1832 – gestorben war, bewarb sich Bitzius um seine Nachfolge. Diesmal mit Erfolg: am 9. März wählte ihn die Regierung zum Pfarrer von Lützelflüh, «es war die erste Pfarrei, welche die damals neue Regierung bestellte» betont er in der «Selbstbiographie» (18:15).

Der Umsturz im Jahre 1831 ermöglicht es, die Anfänge von Gotthelfs politischer Position zu umreißen. Es ist eine verbreitete Ansicht, der Dichter sei wohl anfänglich liberal gewesen, habe sich aber, da seine Hoffnungen enttäuscht wurden und die liberale Partei sich nicht so entwickelte, wie er es sich wünschte, nach und nach zu einem Konservativen und schließlich zu einem Reaktionär entwickelt. Gottfried Keller schrieb schon 1849 in seiner Besprechung der «Uli»-Romane über Gotthelf: «Er gehört der konservativen Partei des Kantons Bern an, welche seit mehreren Jahren gründlich in Ruhestand versetzt ist. Daher wimmeln seine Schriften von Invektiven gegen die jetzigen Regenten und alles, was von ihnen ausgeht.» Immerhin gestand Keller dann im Nachruf auf Gotthelf zu: daß er «bei aller Leidenschaftlichkeit kein Reaktionär im schlechten Sinne des Wortes und mit allen gangbaren Nebenbedeutungen» gewesen sei. «Er monärchelte nicht, er katholisierte nicht, jesuiterte nicht, pietisterte nicht... er

Gotthelfs Pfarrhaus, «der schöne Renaissance-Bau im Stile altbernischer Landsitze» (M. Frutiger), wurde 1655, kurz nach den Wirren des Schweizer Bauernkrieges, erbaut. Links davon stehen noch der Pfrundspeicher (heute: Gotthelfstube mit kleinem Museum), die Pfrundscheune (heute: Gemeindehaus) sowie das Wasch- und Ofenhaus (heute: kleines Archiv). Populäre Darstellung des 19. Jh.

Die Brüder (von links nach rechts) Johann Ludwig (1787–1859), Karl (1786–1844) und Hans (1793–1865) Schnell, die «Schnelle» aus Burgdorf, geistige Führer der Berner liberalen Partei. Karl Schnell hatte 1831 beim «Volkstag» in Münsingen das Wort «Verfassungsrat» in die Versammlung geworfen.

brummte und grunzte manchmal, aber er pfiff und näselte nie.» Karl Fehr hat in seiner umfangreichen Gotthelf-Biographie behauptet, der Dichter habe sich von einem «linientreuen liberalen Agitator» in kurzer Zeit zu einem «resignierten Skeptiker» entwickelt. Und es ist ja auch wirklich wahr: er hat den Umsturz von 1831 und die neue Staatsverfassung begrüßt, hat deren Väter, die Brüder Schnell in Burgdorf, unterstützt, hat die Revision dieser Verfassung, die 1846 durchgesetzt wurde, bekämpft und die radikale Regierung von 1846 bis 1850 als «Antichrist» bezeichnet. Eduard Blösch, der Führer der konservativen Partei, die dann 1850 wieder ans Ruder kam, verkehrte als Gast in Gotthelfs Pfarrhaus in Lützelflüh.

Aber gerade die Äußerungen des Dichters zur unblutigen Revolution von 1831 beweisen es klar und deutlich, daß man ihm mit der Etikettierung: «gehört der konservativen Partei des Kantons Bern an» Unrecht tut, ihn mißversteht. Er hielt den Wechsel der Regierung für eine notwendige Reform, nicht für eine Revolution, und glaubte auch weiterhin, daß berechtigte Forderungen sich ohne Blutvergießen durchsetzen ließen. Jede Form von Bürgerkrieg war ihm ein Greuel. Im Kampf zwischen Alt und Neu hat Gotthelf einen Standpunkt über den Parteien einzunehmen versucht. Es habe seit uralten Zeiten schon immer zwei gegnerische Parteien gegeben, schreibt er im Aufsatz «Christliche Freiheit und Gleichheit in Vergangenheit und Gegenwart» von 1832, den er Pfarrkollegen vortrug. Zur einen gehörten die, «welche das Volk als Souverän erkennen, dem Prinzip der Rechtsgleichheit huldigen und keine Vorrechte anerkennen wollen». Zur andern die, «welche behaupten, irgendeine Person oder Kaste oder Korporation hätte das Recht, zu herrschen, die übrigen die Pflicht, zu dienen» (12:195). Die Geistlichen nun würden «allgemein betrachtet als ein Anhängsel der Aristokratie, als eine Art Geschäftsführer derselben» (208). Es schmerze ihn nichts tiefer, «als wenn wir Geistlichen in Mitte dieser Parteien mitkämpfen... Über den Parteien sollen wir stehen...» (195 f). Seinen Visitationsbericht von 1833 über seine Gemeinde – immerhin ein amtliches Schreiben an die Regierung, die ihn ein Jahr vorher gewählt hatte – beginnt er: «Es ist in der gegenwärtigen Zeit schwer, Pfarrer zu sein, schwerer als es wohl je war.» Als Grund dafür gibt er an: «Wo noch dazu immer Parteiungen sind, wird selten die gute Sache und ein parteiloses Wort und Wesen Anklang finden» (11:60). Im Visitationsbericht von 1834 kehrt dieser Gedanke wieder: die Gemeindegenossen machten dem Pfarrer die Arbeit fast unmöglich, «bis seine ruhige Haltung nach und nach die Überzeugung eingeflößt, daß er kein Parteimann ist und nichts als das Beste der Gemeinde will» (61).

Es leuchtet ein, daß in einer Zeit, für die «Pfaffen (oder gleich Jesuiten) und Aristokraten» zusammengehörten, der Anspruch eines Pfarrers, «kein Parteimann» sein zu wollen, schwer nachvollziehbar war. Dazu kommt eine weitere eigenwillige Position des Pfarrers Bitzius. Er begrüßte die Revolution – oder Reform – von 1831 hauptsächlich auch deshalb, weil er sie für christlich hielt: «Ich glaube sattsam nachgewiesen zu

Liberales Flugblatt, 1831. Die Gnädigen Herren fliegen auf und davon, angetrieben durch einen Feuertopf mit dem Wappen der «Schnelle». Zwei Bauern räumen mit alten Urkunden auf. Rechts der Freiheitsbaum «Berner Volksfreund», dahinter die aufgehende Freiheitssonne.

haben, daß sie durchaus auf christlicher Basis ruhe» (12:209). Und warum? Die neue Verfassung erfülle Lehren des Christentums, so Bitzius. «... gibt sie uns nicht das, was das Christentum in der Idee ausspricht, durch das Gesetz: Gleichheit der Rechte, einen Staat, wo wir alle Brüder sind? Ist es kein Glück für alle und einen, daß dadurch die Verfassung mit eherner Stimme die republikanischen und christlichen Tugenden predigt?» (17:43). Wie stark er für Christentum *und* neue Verfassung, also für die alte Lebensform verbunden *mit* der neuen, eintritt, drückt er einige Jahre später in der «Armennot» mit einem einzigen lapidaren Satz aus: «Unsere Religion heißt uns alle Brüder, unsere Verfassung stellt uns alle gleich» (XV, 118).

Gotthelf muß sich über das Außerordentliche dieses Konzepts, dieser Verbindung von Bibel und Verfassung, das ja von der geschichtlichen Entwicklung des Liberalismus im 19. Jahrhundert keineswegs bestätigt wurde, klar gewesen sein. Er war sich klar, daß «von vielen die Kirchen verlassen» und daß «die christlichen Symbole gering geachtet und im Leben das wahrhaft Christliche nicht durchgeführt» werden, daß «die

Bibel vergessen» wird, und er erklärt sich diesen Säkularisierungsprozeß als Folge der Verwissenschaftlichung. Jeder Historiker wird ihm zustimmen. «... in allen Fächern des menschlichen Wissens schreitet man vorwärts. Die Natur eröffnet immer mehr dem Verstand ihre Geheimnisse... es zeigt sich ein leichtfertiger, einseitiger Sinn, der aller Dinge spottet, welche über den Verstand gehen, besonders bei denen, deren Verstand vorzüglich geübt worden und welche in dieser vorübergehenden Stimmung unseres Geschlechtes das große Wort führen und den Ton angeben» (12:231).

Und dann kommt er – in der Schrift «Chronik von Lützelflüh» (1835) – zu einer Zusammenfassung seines Geschichtsdenkens, das weit über konservative Parteinahme hinausgeht. «Die Mißkennung des Christentums zeigt sich am besten in der Beurteilung der politischen Richtung unserer Zeit. Das Christentum ist der Sauerteig, den Gott zu ihrer Veredlung in die Menschheit niedergelegt; dieser Sauerteig wirkt auf die Gesinnung der Menschen, diese Gesinnung spiegelt sich in dem äußern Zustande ab in allen möglichen Verhältnissen. Alle unsere Verhältnisse haben entweder dem Christentum ihren Ursprung oder ihre veredelte Gestaltung zu verdanken. So ist das gegenwärtige Streben nach Ausgleichung der Menschheit, nach Freiheit und Gleichheit ein christliches, das aber nur in dem Maße verwirklicht wird, als die Menschen die wahre Freiheit in ihren Herzen empfangen. Nun ist dieses das Merkwürdige, daß die, welche sich die rechten Christen glauben, dieses Streben als unchristlich verdammen, weil sie nur das Christentum kennen, das in einigen Geboten etwas gebietet, das die äußere Rechtlichkeit des Einzelnen fordert, das Christentum, dem man des Sonntags in der Kirche und mit einigen Gebräuchen genügen kann, aber nicht das Christentum in seinem großen, herrlichen Umfang, das alle Regungen des Menschenlebens in Haus und Staat umfaßt, das Himmel und Erde verbinden will» (12:232 f). Diese Verbindung und Vereinigung von «Himmel und Erde» ist ein Grundgedanke von Gotthelfs gesamtem dichterischen Werk, das, als die «Chronik von Lützelflüh» geschrieben wurde, unmittelbar vor dem Durchbruch stand.

Philipp Emanuel von Fellenberg (1771–1844), Gründer und Leiter des Mustergutes Hofwil. Bitzius hielt den international renommierten Landwirt und Pädagogen für einen Despoten, Fanatiker und Egozentriker und berief sich selber auf Pestalozzi. Es kam wiederholt zu öffentlichen Auseinandersetzungen.

Aus diesem Anspruch Gotthelfs heraus, «über den Parteien» zu stehen, «Einseitigkeit» zu vermeiden und sowohl «Himmel» als auch «Erde» einzubeziehen, lassen sich auch seine heftigen Töne über Philipp Emanuel von Fellenberg (1771–1844) in Hofwil erklären. Der neue Staat setzte ja mündige Bürger voraus, die Wähler der neuen Regierungen mußten sich selbständig eigene Urteile bilden können, deshalb sollten die Primarschulen verbessert und dem noch verbreiteten Analphabetismus entgegengetreten werden. Es wurde für die neu entstehenden Sekundarschulen ein Sekundarschulgesetz erlassen und 1834 die Berner Hochschule zur Universität erweitert. «Damals war der Canton Bern der Schauplatz verschiedener Kriege», heißt es in der «Selbstbiographie», «unter welchen doch keiner mit der Erbitterung geführt wurde wie der pädagogische» (18:15).

Fellenberg hatte 1798 den heruntergekommenen Wylhof bei Bern (Münchenbuchsee) gekauft und seit 1799 zu einem Mustergut ausgebaut, das schließlich auch eine Armenschule, ein Erziehungsinstitut für Söhne des europäischen Adels und der höheren Stände, eine Mädchenschule, eine Kleinkinderschule, eine Realschule und ein Gymnasium umfaßte. Als landwirtschaftliche Experimentieranstalt hatte «Hofwil», wie es jetzt hieß, etwas Industrielles an sich. Es wurden Bodenmischungen vorgenommen, Moorgebiete trockengelegt, in Knochenmühlen wurde Dünger hergestellt, der Mist mit Jauche begossen usw. Fellenberg sah in Hofwil eine Keimzelle einer neuen befriedeten Gesellschaft, die sich entwickeln würde, sobald die Soldaten der Napoleonischen Kriege als Landarbeiter öde Gegenden in blühende Gärten, unfruchtbare Landstriche in Wohlstandsquellen umzuwandeln begännen. Das Fellenbergsche Gut hat den alten Goethe zu seiner «Pädagogischen Provinz» in «Wilhelm Meisters Wanderjahren» inspiriert und wahrscheinlich auch auf die Wirtschaft des Freiherrn von Risach in Stifters «Nachsommer» gewirkt. Fellenberg war eine europäische Berühmtheit, und in seinem

Fellenbergs Gut Hofwil, das neben einer Armenschule eine Schule für Söhne höherer Stände, eine Realschule, ein Gymnasium, eine Schule für Mädchen, eine landwirtschaftliche Schule und eine Reit- und Fechtschule umfaßte.

Institut, so kann man dem Gästebuch von Hofwil entnehmen, scheinen sich Hochadel und höhere Stände aus Europa, Amerika und Rußland die Türklinke in die Hand gegeben zu haben. Außerdem war Fellenberg Mitglied des Verfassungsrates gewesen, jetzt Mitglied des Erziehungsrates, also jener Behörde, der Gotthelf als Pfarrer unterstand. Er muß gewußt haben, mit wem er es zu tun hatte. Die damalige hohe Einschätzung der Fellenbergschen Gründung verdeutlicht eine Schrift des Jenaer Professors K.H. Scheidler, die den anspruchsvollen Titel trägt «Die Lebensfrage der Europäischen Zivilisation und die Bedeutung der Fellenbergischen Anstalten zu Hofwil für ihre befriedigende Lösung» (Jena 1839). Gotthelf bekam das Büchlein von dem Mitarbeiter Fellenbergs, Theodor Müller, im Februar 1839 zugeschickt. «Übrigens ist niemand weniger eigensinnig als ich», schrieb er im Antwortbrief, «und niemand berichtigt lieber alte Wahrnehmungen durch neue, so daß es mir eine Wohltat wäre, wenn mich Ihre Gabe mit dem wunderlichen Titel (!) auf andere Gedanken bringen kann» (5:14).

Damals, 1839, lag der Streit schon ein paar Jahre zurück, die Wogen hatten sich geglättet, Fellenberg verteilte die ersten Schriften Gotthelfs in Hofwil, und Theodor Müller war ein Bewunderer des «Bauernspiegels». Dem Vikar und Pfarrer Bitzius mag der für damalige Vorstellung modern aufgezogene Superbetrieb aus verschiedenen Gründen unheimlich gewesen sein – zum eigentlichen Zusammenstoß kam es während der sog. Normalkurse, in denen Primarlehrern die Möglichkeit gegeben werden sollte, sich beruflich weiterzubilden. Die Regierung, der Fellenberg das Personal und die Räumlichkeiten seines Gutes angeboten hatte, entschied sich jedoch für das Schloß Burgdorf und beauftragte den deutschen Pädagogen Friedrich Fröbel, einen Schüler Pestalozzis, mit der Organisation. Als Pestalozzi noch lebte, hatte es zwischen ihm und Fellenberg Anziehung und Abstoßung gegeben, manche Zeitgenossen stellten die beiden Erzieher einander gleich, andere – und zu ihnen gehörte Gotthelf – sahen nur ein Entweder: Fellenberg – Oder: Pestalozzi. Als Religionslehrer sollte nach dem Wunsch der Regierung auch Pfarrer Bitzius bei den Normalkursen mitwirken. Bei einer Sache, bei der für ihn hauptsächlich die Religion auf dem Spiele stand, setzte er es aber durch, daß man ihm den Unterricht in Schweizer Geschichte übertrug. Zu diesen Kursen, an denen Bitzius jeweils im Sommer von 1834 bis 1836 unterrichtete, d.h. mehrmals pro Woche zu Fuß nach Burgdorf wanderte und zurück – nur bei schlechtem Wetter fuhr er mit dem Wagen –, kamen auch Anhänger Fellenbergs, die offenbar später in Hofwyl über den Stil von Bitzius' Unterricht berichteten: «Um seinen Vortrag recht zu würzen, begleitete der Deklamator denselben mit spöttelndem Lächeln, gerade als wenn er Eulenspiegelgeschichten erzählte, und zur Ergötzung hielt er beständig die Hände in den Hosen... Viele Urteile liefen da hinaus, es sei schade, die Schweizer Geschichte so zu mißhandeln» (13:58). Ein Jahr später hieß es: «Der Herr Bitzius soll sich nur darin gebessert haben, daß er sein Auditorium durch das Mißgeschick seiner äußern Haltung in diesem Jahre weniger geärgert hat als im Jahre 1834. Seine übrige niederträchtige Behandlung der Schweizer Geschichte soll für jedes wahrhaft schweizerische Gemüt im letzten Sommer nicht weniger entrüstend gewesen sein als bei dem ersten Skandal gleicher Art...» (62).

Friedrich Fröbel (1782–1852), Schüler Pestalozzis, leitete die Fortbildungskurse für Primarlehrer in Burgdorf, bei denen Bitzius Schweizer Geschichte unterrichtete.

Daß Bitzius über derartige Anpöbelungen verärgert war, daß er die Fellenbergschen Beobachter für eigens gegen ihn abgesandte Spione hielt, ist verständlich. In einem Artikel für den «Berner Volksfreund», der aber wegen seines höhnenden Tones nicht gedruckt wurde, wollte er zurückschlagen: «Seht, lieber Papa», redet er Fellenberg an, «von folgenden Dingen laßt, sie sind nicht für Euch und waren nie für Euch: Bekümmert Euch nicht um das Erziehungswesen in der Republik! Von der Pädagogik versteht Ihr nichts» (63). Das liegt aber alles an der Oberfläche; der Kern der Sache läßt sich nur daraus verständlich machen, daß das Hofwiler Klima dem Pfarrer Bitzius zu unreligiös war in dem von ihm vertretenen, d.h. umfassenden Sinne. An Burkhalter schrieb er schon im August 1833: «So leben wir Geistliche auch im Streite mit den Schulmeistern. Der Streit wurde von Fellenberg angeblasen und angefangen, von den Schulmeistern etwas trunknen Mutes fortgesetzt» (4:140). Gotthelf war der Ansicht, die religiöse Erziehung der Kinder müsse früh beginnen, es sei falsch zu meinen, «wenn der Verstand komme, so kommen alle Tugenden von selbst» (I:72). Der besonnene Burkhalter stellt in einem Brief vom Februar 1835 das von Pestalozzi inspirierte Prinzip Fröbels dem von Hofwil gegenüber: Fröbels «äußerlich Machen des Innern, und innerlich Machen des Äußern, die frühe Richtung des kindlichen Gemütes auf das Göttliche in ihm und außer ihm, die Entwicklung religiöser Gefühle gleichzeitig mit der Entwicklung des Verstandes und der Vernunft, das alles gefällt mir besser als Fellenbergs Behauptung, man müsse den Kindern erst im fünfzehnten oder sechszehnten Jahr die religiösen Wahrheiten beibringen, indem zuerst der Verstand entwickelt sein müsse, um selbige fassen zu können. Denn bei den meisten hat in einem solchen Alter das Gemüt schon eine Richtung genommen, in diesem Fall aber nicht auf Gott, indem es ihn nicht kannte, wohl aber auf eine Menge sinnliche Gegenstände, mit denen es so angefüllt ist, daß bei vielen kaum mehr ein religiöses Gefühl rege gemacht werden kann» (4:188). Auch Bitzius selber war der Ansicht: «Fröbel hat nämlich viel Ähnliches mit Pestalozzi...» (4:177f).

Gegen Schluß der «Leiden und Freuden eines Schulmeisters» (31. Kapitel), nachdem die neue Regierung von 1831 gewählt worden ist, wird die entscheidende Schul-

frage der Zeit aufgeworfen: «Woher in dem Lande, wo wenige ans Regieren nur gedacht, die Menge Leute nun nehmen, die regieren könnten, ausgerüstet nur mit den unentbehrlichsten Bildungsstücken?» (III:351). Die Antwort scheint dem Schulmeister ganz einfach: «Gute Schulen, gute Schulmeister seien die Hauptsache, hallte an allen Bergen wider, und das Echo brachte die süßen Klänge uns zu Ohren: Schulen und Schulmeister seien die Hauptsache. Und wie ein Fieber schien der Bildungseifer das ganze Land ergriffen zu haben...» (352). Aber es gibt Feinde dieser neuen Bildung: «die verdammten Pfaffen... mit ihren Weihwedeln und Bannsprüchen... Mit allen möglichen Mitteln suchte man die Pfaffen zu verscheuchen... Obenan ein Erziehungsdepartement. Ein Kirchendepartement fand man nicht nötig, vielleicht weil man meinte, die rechte Erziehung löse die Kirche auf, mache sie überflüssig...» (352 f).

In diesem Zusammenhang erzählt der Schulmeister Peter Käser auch, was er von Fellenberg und den Normalkursen gehört hat: «...dieser Streit hatte die unseligsten Folgen auf den Entwicklungsgang des Schulwesens und ganz besonders für uns Schulmeister» (359 f). Und der Dichter läßt seine eigene Ansicht der Dinge dem Schulmeister in die Feder fließen: «Unsere Einbildungskraft wurde mit allerlei reizenden Bildern von Emanzipation von der Pfaffenherrschaft, würdige, freie Stellung, Anerkennung als die Bildner von achtzigtausend jungen Staatsbürgern, als des wichtigsten Standes im Staate, als die Arbeiter, die des Lohnes wert seien, als Märtyrer, denen endlich die Krone gebühre, gewaltig entzündet» (360). Daß Gotthelf bzw. Käser den berühmten Fellenberg mit Napoleon, einer eitlen Schauspielerin, einem kalten Despoten vergleicht,

Schloß Burgdorf und südliche Stadtmauer. Aquarell von J. H. Juillerat, um 1825. Im Schloß hatte Pestalozzi von 1800 bis 1804 eine Grundschule geleitet, dort fanden von 1834 bis 1836 die «Normalkurse» statt. Von Burgdorf stammten die «Schnelle», dort erschien der «Berner Volksfreund» und Gotthelfs erstes Buch.

das ist gegenüber dem Hauptproblem, der Spaltung zwischen Kirche und Schule, nur nebensächlich – jedenfalls für uns heute. Viel wichtiger ist, daß Bitzius Wissen und Glauben, Kirche und Schule nicht in dem Maße trennen wollte, wie die Entwicklung im 19. Jahrhundert dies dann mit sich brachte.

Aus diesem Geist heraus, der mit größter Wachheit und Sensibilität die bedrohlichen Krankheiten der Zeit spürt, ihre Heilung aber auf anderen Wegen zu erreichen sucht als die Zeitgenossen, wurde auch die Armenerziehungsanstalt Trachselwald gegründet, ein Heim, in dem arme, verwaiste, verkommene Knaben untergebracht und erzogen wurden. Die Anstalt war das Werk des «Vereins für christliche Volksbildung», Pfarrer Bitzius war Präsident der Verwaltungskommission von der Eröffnung am 1. Juni 1836 an bis 1838; dann wurde er von seinem Kollegen Baumgartner abgelöst, hatte aber das Präsidium von 1848 bis zu seinem Tode 1854 ein zweites Mal inne. Manuel nennt diese Anstalt die «theuerste Herzensangelegenheit» des Pfarrers Bitzius. «Er ruht mit der Liebe eines Familienvaters auf diesem Hause, dessen Wohl und Wehe er seit dem Tage seiner Gründung theilte. Es ist in Wahrheit seine zweite Familie. Ihre Angelegenheiten sind die seinigen. Hier geht er aus und ein, hier hat er gewirkt und gehandelt, als ob seine Ehre und sein Glück mit dem Gedeihen der bescheidenen Stiftung unauflöslich verbunden wäre.» Die Geschichte der ersten Jahre der Anstalt Trachselwald hat Gotthelf 1840 in den Schlußkapiteln seiner «Armennot» erzählt, einer Schrift, die zu seinen bedeutendsten zählt, auch wenn sie heute kaum mehr gelesen wird. Das Buch zeigt deutlich, wie bei Bitzius Christentum und soziales Engagement und Dichtertum nicht getrennte Bereiche sind, sondern aus ein und derselben Quelle stammen.

Johann Jakob Wehrli (1790–1855), «Armenvater» auf dem Gut Fellenbergs. Nach ihm wurde die «Wehrlischule» benannt. Wehrli arbeitete, aß und schlief gemeinsam mit seinen Zöglingen, Zeichnung von F. Leopold, 1826.

Es verwundert nicht, daß auch in der «Armennot» von Pestalozzi und Fellenberg die Rede ist, die für Gotthelfs Vorstellungen ja nur irrtümlich miteinander verglichen wurden. «Was Pestalozzi dachte, wünschte, was sein gelobtes Land ihm war, das versuchte Herr Fellenberg auszuführen» (XV:198). Fellenberg hatte in Hofwil eine Armenschule eingerichtet, die von 1810 bis 1833 von dem Thurgauer Johann Jakob Wehrli geleitet und deshalb auch als «Wehrlischule» berühmt wurde. Das erkennt Bitzius selbstverständlich an. Aber schon in den kurz vor der «Armennot» erschienenen «Leiden und Freuden eine Schulmeisters», wo ein «schlichter Bauersmann» – für den Burkhalter Modell stand – Hofwil besucht, ist auch ein anderer Ton zu hören: «Ja, Fellenberg, du bist ein gewaltiger Mann! Du hast einen großen Kampf gekämpfet, du hast wilden Boden entsumpft, geläutert, in herrliches Land verwandelt... Aber, Fellenberg, wo hast du die Menschen, die du geschaffen?» (III: 356 f). Fellenberg habe sich die «Entsumpfung» und «Versittlichung» des Menschengeschlechts vorgenommen, sei aber ein herrschsüchtiger Prinzipienreiter geworden (358). Den Lehrern, diesen «entsumpften Staatsbürgern», habe er eingeredet, die Pfaffen und das Erziehungsdepartement begingen den Verrat an ihnen, sie «durch verflucht schlechte Wiederholungskurse systematisch wieder versumpfen zu wollen» (360). Den Versuch, «durch Entsumpfen von Land Menschen zu entsumpfen» (XV: 199), hält er für einseitig. In einem Brief schreibt er geradezu: «Es giltet nicht die Entsumpfung des Seelandes, aber die Entsumpfung der Seelen des Emmentals...» (4:155).

«Entsumpfung der Seelen» – ein eigenartiges Wort für die Ziele einer Armenerziehungsanstalt. Gotthelf will die Waisenknaben dadurch «entsumpfen», daß er frühzeitig ihre Schöpferkraft und Begeisterungsfähigkeit weckt. «Äußere Zucht und Ordnung dürfen daher nie die Hauptsache sein in der Erziehung... Wer aber traf und zündete das Göttliche, dem sprudelt nun aus reiner Quelle das innere Leben zu schönen Gestaltungen, der hat im Herzen selbst entbunden den Quell zu allem Schönen und Guten, dem verderbt die Welt seine Kinder nimmer... Es muß die Liebe angezündet werden in ihnen, es muß die Begeisterung ihre Bilder türmen in der durch die Liebe entflammten Seele...» (XV:206 f u. 212). In keinem Werk des Dichters ist so häufig die Rede von «aufwallen», «lodern», «hervorsprudeln», «entzünden», «erwärmen», «entflammen» wie in

Seite 74:
Trachselwald. Rechts oben das Schloß. Links das Schloßgut, wohin 1838 die von Bitzius mitbegründete und mitverwaltete Armenerziehungsanstalt (gegründet 1835 in Sumiswald) verlegt wurde.

Illustration von Albert Anker (1831–1910) zu den «Leiden und Freuden eines Schulmeisters». Über den dargestellten Schulmeister heißt es bei Gotthelf: «Er war häßlich und durch Unreinlichkeit fast ekelhaft; er liebte neben dem Schnupf auch den Schnaps, und den trank er manchmal vor, manchmal während der Schule» (II:55).

der «Armennot», alles kreist um die Rettung der schöpferischen Fähigkeiten, «unseres Gottes Ebenbild aus uns treten zu lassen ins Leben hinein» (160).

Trotz dieses hohen, für eine sozialkritische Schrift doch recht ungewöhnlichen Stils hat Gotthelf die Lage der Armen realistischer eingeschätzt als viele Optimisten seiner Zeit. Wenn er behauptet: «Arme wird es immer geben, so will es Gott; aber diese Natur der Armen, die ist nicht von Gott, die ist vom Menschen» (249), so hat er – global betrachtet – recht behalten. Wenn er Moses zitiert: «Es werden immer Arme im Lande sein...» (88), so müßten wir heute die Veröffentlichungen der Nord-Süd-Kommission oder des Club of Rome zur Kenntnis nehmen. Der alte Döblin hat einmal auf den Unterschied zwischen Utopien und Religionen hingewiesen. Die Utopie glaube zu wissen, «daß Menschen einen Vollkommenheitszustand beständiger Art erreichen können, nach Vornahme radikaler Eingriffe in die sozialen und politischen Institutionen». Die Religion dagegen stehe auf der realistischen Einsicht, die man auch pessimistisch nennen könne, «daß die menschliche Natur, wie sie einmal ist, jeden Vollkommenheits- und Glückszustand von Dauer unmöglich macht». In diesem Sinne glaubt Fellenberg an die Verwirklichung seiner Erziehungsideen, während Bitzius von der wetterwendischen und eigennützigen Natur des Menschen ausgeht, die sich selber und den andern bedrohen und zerstören kann.

Die Armenerziehungsanstalt Trachselwald hatte am Anfang mit großen Schwierigkeiten zu kämpfen. Der erste Erzieher, Johann Georg Schäfer, der bei Fröbel ausgebildet worden war, erfüllte die in ihn gesetzten Erwartungen nicht. Einem Besucher erschienen die Knaben zerlumpt, verlaust, verdreckt und ungehorsam. Auch die

Finanzlage war schlecht. In den vierziger Jahren ging es aber wieder aufwärts. Die Berner Regierung kaufte sechshundert Exemplare der «Armennot», um sie an Gemeindevorsteher und Lehrer verteilen zu lassen. Die bayrische Regierung verbot das Buch, weil Gotthelf über König Ludwig I. gespottet hatte. Im Kalender für das Jahr 1843 berichtet er davon: «Und endlich muß ich noch melden, daß mein Kolleg, der Ludi in Bayern, der auch Bücher schreibt, schalus geworden ist und meine ‹Armennot› verboten hat. Mache er nur, was er kann, deswegen verbiete ich ihm seine Bücher nicht, bin nicht schalus über ihn, er wird deshalb seinen Büchern um nichts besser abkommen, der arme Ludi» (XXIII:364).

Privates und Familiäres

Heirat mit Henriette Zeender – Leben im Pfarrhaus Lützelflüh – Gotthelfs Kinder – Sophie Hemmann – Verleumderische Angriffe gegen Gotthelfs Privatleben – «Sanft war sein Leben»? – «Wie wir in einer wüsten Zeit leben» – Gotthelf in der Sicht seines Sohnes Albert – Das falsche Bildnis des Dichters – Gotthelf-Porträts

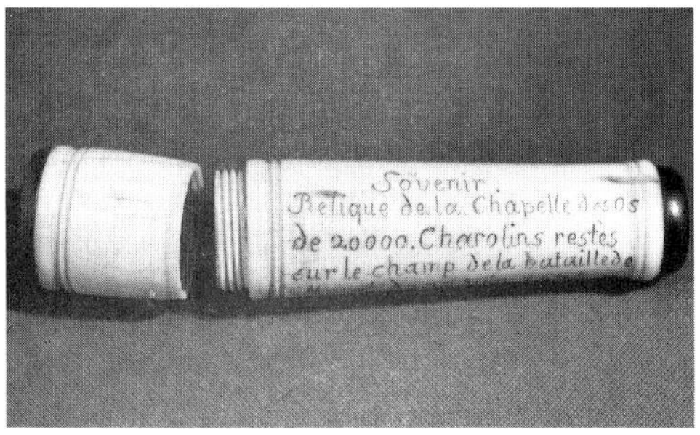

1798 zerstörten die siegreichen französischen Truppen das Beinhaus (la chapelle des os) bei Murten, in dem als Andenken an die berühmte Schlacht (1476) die Gebeine der gefallenen Franzosen moderten. Ein Drechsler fertigte aus Überresten nebenstehende Nadelbüchse als Souvenir an, die Gotthelfs Mutter gehört haben soll.

Wenn Albert Bitzius im Jahre 1836 gestorben wäre, gäbe es keinen Jeremias Gotthelf. Ganz und gar wäre der Vikar und Pfarrer wohl nicht vergessen worden, aber seine Bedeutung wäre nur von lokalhistorischem Interesse. Vor dem «Bauernspiegel» von 1837 hat Bitzius nur ein kleines Werklein veröffentlicht: die Rede vom 13. Juli 1834 im Schloßhof zu Burgdorf vor den Lehrern, die den Normalkurs besucht hatten und die er an die vor drei Jahren angenommene Verfassung erinnerte. In den späten dreißiger, in den vierziger und anfangs der fünfziger Jahre haben sowohl der Ruhm des Schriftstellers als auch sein politischer Kampf derart das Übergewicht, daß das Privatleben dahinter zu verblassen droht. Wenn er also 1836 gestorben wäre, käme kein Biograph in die Versuchung, das *Leben* dieses Mannes von seinem dichterischen *Werk* her darzustellen. Wir besitzen zwar nicht wenige Daten und Fakten über sein Leben, aber es sind bei weitem nicht so viele wie etwa bei seinem Zeitgenossen Heine. Der Satz von Carl Manuel, dem Verfasser der ersten Biographie des Dichters: «Seine Werke enthalten zugleich sein Leben...» hat auf die gesamte Gotthelf-Biographik katastrophal gewirkt.

Am 8. Januar 1833 heiratete Albert Bitzius Henriette Elisabetha Zeender, die Enkelin seines Amtsvorgängers Fasnacht, die dem gebrechlichen und mißtrauischen Greis die Haushaltung geführt hatte. Das Paar wurde in Wynigen von Bitzius' Freund Farschon getraut. Die Braut war 1805 als drittes Kind eines Pfarrers und Professors an der Akademie geboren, hatte aber beide Eltern schon 1807 verloren. Die Kinder wuchsen bei den Großeltern in Lützelflüh auf, bis der Bruder im Berner Waisenhaus und die beiden Mädchen bei einer Lehrerin in Burgdorf untergebracht werden konnten. Nach der Konfirmation kam Henriette in eine Pension nach St. Blaise, mit achtzehn Jahren wurde sie Erzieherin in verschiedenen adligen Familien. «Sie soll damals eine höchst anmutige und anziehende Erscheinung gewesen sein. Kastanienbraunes, leichtgelocktes Haar umrahmte das blühende Gesicht, schöne Zähne zierten den Mund und die prächtigen blauen Augen leuchteten von Geist und Leben» – so berichtet die älteste Tochter im einzigen umfangreicheren Dokument, das wir über sie besitzen. «Bitzius' Frau ist sehr ansprechend, obwohl gar nicht hübsch», berichtet ein Besucher in den vierziger Jahren.

Henriette Zeender war mehrere Jahre mit einem Vikar Walthard verlobt, der bei ihrem Großvater Fasnacht gewirkt und dann in Bern eine Erziehungsanstalt gegründet hatte, in der sie auch selber unterrichtete. Das Verlöbnis wurde aber gelöst, «wahrscheinlich weil Herr Walthards etwas trockene, materielle Natur sich mit der weichen, idealen Gemütsrichtung seiner Braut nicht vertragen konnte», so berichtet die Tochter. Da «zog am Neujahrstage 1831 hoch zu Roß Herr Vikar Bitzius ein, ein junger, feuriger, an Leib und Seele kraftvoller, für die neue Gestaltung der Dinge begeisterter Mann.» Man muß diesen eher hagiographischen Ton der Tochter nachsehen. Er ist es aber, der die biographischen Realitäten so oft verschleiert.

Die junge Frau Pfarrer scheint es zunächst nicht leicht gehabt zu haben, ihren Platz gegen Gotthelfs Mutter und seine Schwester Marie, die auch mit im Haushalt lebten, zu behaupten. Nach dem Bericht der Tochter «stund sie in häuslicher Vollkommenheit den beiden Frauen Bitzius weit nach; sie hatte bisher wenig Zeit gehabt, sich darin auszubilden und sah die Pflichten der Gattin nicht bloß darin, eine vollkommene Haushälterin zu sein; ihre Wünsche gipfelten in dem Bestreben, für ihren Gatten zu leben, in sein Wesen einzudringen, sein zweites Ich zu werden.» Da die beiden älteren Damen Bitzius an der jüngeren vermißten, «was sie selbst in höchster Vollendung besaßen», nämlich «die Gewandtheit in der Führung des Hauswesens», so «tadelten und verbesserten» sie, «gewiß in bester Meinung, aber nicht immer mit gehöriger Schonung und Milde, was der jungen Frau manche schmerzliche Stunde bereitete». Es werden da sehr heikle Dinge sehr konziliant ausgedrückt.

Marie Bitzius (1788–1860), die Halbschwester des Dichters.

Der Ehe Gotthelfs entstammten drei Kinder. 1834 wurde die Tochter Henriette geboren, der wir die kurzen Biographien ihrer Eltern verdanken. Sie heiratete 1855 den Pfarrer Karl Ludwig Rüetschi (1822–1867) und trat später unter dem Pseudonym Marie Walden als Schriftstellerin hervor. Sie starb 1890. 1835 wurde der Sohn Albert geboren, der Pfarrer wurde und als Berner Regierungsrat im öffentlichen Leben eine bedeutende Rolle spielte. Kurt Guggisberg, der eine Biographie über ihn verfaßt hat, nannte ihn einen «der bedeutendsten Prediger der Neuzeit». Albert Bitzius jr. starb schon im Jahre 1882. Das jüngste Kind war Cécile, die 1837 geboren wurde, den Pfarrer Albert von Rütte (1825–1902) heiratete und 1910 starb. Von allen drei Kindern Gotthelfs leben heute noch Nachkommen.

Als das erste Kind geboren war, gratulierte der Pfarrkollege Gottlieb Rudolf Stähli der Familie und begann seinen Brief mit folgenden Worten: «Seit Monaten weiß ich mich keiner Freude zu erinnern, die derjenigen über deine neue Vaterwürde gliche. Schiller – oder wers sein mag – sagt: ‹Wer keinen Menschen machen kann, der kann auch keinen lieben.› Aber ich war an dir, du Herzensguter, fast irre oder am Poeten, und doch im allgemeinen scheint er nicht so unrecht zu haben. Gottlob und Dank, Ihr beide seid gerechtfertigt» (4:182 f). Der zitierte Vers stammt aus Schillers Jugendgedicht «Kastraten und Männer». Das Wort «Menschen machen» hat einen groben oder obszönen Beigeschmack, so rühmend es hier im Brief gemeint ist. Es erinnert ein wenig an das Niveau des Burschenliedes «Manneskraft lebe! Wer nicht singen, trinken und lieben kann, den schaut der Bursch mit Mitleid an». Es ist möglich, daß Stähli sich gefragt hat, warum ein so temperamentvoller Mensch wie Albert Bitzius erst im Alter von fünfunddreißig Jahren geheiratet hat. Der heutige Leser, der durch mehrere sexuelle Revolutionen und Emanzipationen abgebrüht ist, wird sich vielleicht fragen, ob es bis zur Heirat des Pfarrers denn gar nichts an Affären oder wenigstens eine recht poetische unglückliche Dichterliebe zu erzählen gäbe. Nein, es gibt nichts zu berichten! Und nach den Forschungen des Psychologen Erik H. Erikson unterliegen manche genial veranlagten Menschen einem «Moratorium», d. h. Heirat und feste Stellung im Beruf werden um zehn oder mehr Jahre hinausgeschoben, weil sich etwas Besonderes, Unbekanntes vorbereitet. So könnte es auch bei Bitzius gewesen sein.

Gotthelfs Mutter, Elisabeth Bitzius-Kohler (1767–1836), am Spinnrad.

Es gibt da nur einen rätselhaften Brief vom 12. Oktober 1832, also wenige Monate

vor der Heirat. Er ist an den von Bitzius so hoch verehrten Samuel Lutz gerichtet, der offenbar von seinem ehemaligen Studenten Aufklärung über ein Gerücht erbeten hatte. «Von mehreren Seiten hörte ich», so Bitzius, «daß mir der Tod der Jungfer Hemmann zugeschrieben würde, man wollte mich versichern, daß dieses Gerücht im Pfarrhaus von Herzogenbuchsee selbst seine Quelle habe. Gegen dieses Gerücht konnte ich nichts tun; Fremden mein Verhältnis zur Seligen erklären, konnte ich aus Freundschaft für dieselbe nicht; die Eltern an dasselbe und meine daherigen Erklärungen erinnern, hielt ich für grausam in diesem Augenblicke, aber doch drückte mich die mir aufgebürdete Schuld, da ich von jeher nichts so geflohen, als Liebeleien, und nichts so sehr verabscheue als das mutwillige Anführen eines leichtgläubigen Mädchens» (4:125 f).

Sophie Hemmann (1803–1832) war die Tochter des Pfarrers Bernhard Hemmann in Herzogenbuchsee, bei dem Bitzius von 1824 bis 1829 – als Nachfolger von Fankhauser – Vikardienste versah. Wir folgen zuerst Bitzius' eigenen Rechtfertigungen. «Zwei Jahre lang war ich in Herzogenbuchsee schlecht angesehen und mußte vieles leiden, zuerst wegen Fankhauser und dann wegen Hürner. Als der erste vergessen, der andere verheiratet war, stellte sich ein recht freundschaftliches Verhältnis ein. Als ich nach Bern abgerufen wurde, tat es allen leid und Jungfer Hemmann gestund in ihrem Schmerze mir ihre Liebe. Damals sagte ich ihr bestimmt, daß dieselbe zu dem gewünschten Ziele nie führen könne, einige Gründe führte ich ihr an, andere konnte ich nicht sagen. Sie bat um meine Freundschaft, um Briefwechsel. Beide versprach ich ihr, versprach, ihr treuer zärtlicher Bruder bleiben zu wollen» (126). Wenn es so gewesen ist, wie Bitzius es berichtet, deutet sein Verhalten auf gutmütige Unerfahrenheit in derartigen pfarrtöchterlichen Leidenschaftsangelegenheiten hin. Bitzius schreibt also Briefe, aber unter der Adresse der Mutter – aus Diskretionsgründen. Er macht häufig von Bern aus Besuche und glaubt den Versicherungen, die Eltern Hemmann dächten sich überhaupt nichts dabei, die Tochter halte sich an die vereinbarten Grenzen. Als Bitzius 1831 Feldprediger in Basel ist, schlingert die von beiden so verschieden empfundene Beziehung jenem unguten Ende zu, das vorauszusehen war. «Briefe ins Baselbiet zeugten mir zuerst von einer Leidenschaftlichkeit, die mir angst machte; meine Antworten führten Erklärungen herbei, die man hart nannte, weil ich an das Vergangene bestimmt erinnern mußte. Die Eltern mischten sich in die Sache und hatten, wie ich dann hörte, sich schon lange dareingemischt...» (127).

Im Archiv der Familie Fankhauser in Burgdorf wird ein merkwürdiges Dokument aufbewahrt, das – sofern man seiner Echtheit trauen kann – noch ein wenig Licht in diese zugleich traurige und peinliche Geschichte bringen kann. Sophie Hemmann führte ein Tagebuch. Aber nicht dieses selber ist erhalten, sondern eine Abschrift, die der Vikar Fankhauser angefertigt hat, und zwar von den Jahren 1822 bis 1824. Ob Fankhauser die Abschrift mit Erlaubnis Sophies oder heimlich gemacht hat, wissen wir nicht. Ebensowenig können wir überprüfen, ob er alles abgeschrieben hat, ob er eine Auswahl traf, ob er richtig abschrieb. Zu welchem Zwecke, in welcher Absicht die Kopie gemacht wurde, wissen wir auch nicht. Das Dokument bleibt dubios. Wir wollen uns nicht lange dabei aufhalten.

Aus Bitzius' Brief an Lutz wissen wir, daß Sophie Hemmann ihm 1829, bei der Abreise nach Bern, ihre Liebe gestand und sich dann mit seiner Freundschaft bescheiden wollte. Fünf Jahre vorher, als Fankhauser nach Utzenstorf als Pfarrer gewählt worden war, trug Sophie ins Tagebuch ein: «traurige Explicationen, doch bleibt er mein Freund, wie lang steht zu erwarten» (3. März 1824). Das Hauptthema der von Vikar Fankhauser kopierten Eintragungen ist Vikar Fankhauser selber: was der «Herr Vicari» sagt, was er ißt, wohin er reist, daß er Hals- oder Bauchweh hat und wann er Abführmittel nimmt. Daneben leidet Jungfer Hemmann an Langeweile, die sie durch Karten- oder Dominospiele, die manchmal bis morgens fünf Uhr dauern, zu vertreiben sucht. Einmal spielt sie einen ganzen Tag lang aus Webers «Freischütz», einmal steht dort:

Die Kinder des Dichters. Cécile (1837–1910), Albert (1835–1882) und Henriette (1834–1890). «So gehörten wir also drei verschiedenen Mächten an, ich (Henriette) der Tante Bitzius, Albert der Mutter und die Schwester (Cécile) dem Vater. Eine so eigentümliche Teilung mußte auch eigentümliche Folgen haben...»

Seite 80–81:
Jeremias Gotthelf/Albert Bitzius. Das bekannteste Porträt des Dichters – das er auch selber akzeptiert hat – wurde von Johann Friedrich Dietler (1804–1874) 1844 in Bern gemalt.

Henriette Bitzius-Zeender (1805–1872). Das Bild von Gotthelfs Frau stammt von Friedrich Walthard (1818–1870) und wurde wahrscheinlich anfangs der fünfziger Jahre gemalt.

«Wo Herr Jeremias Gotthelf die Stoffe zu seinen Werken hernimmt». Karikatur aus dem «Guckkasten» von 1850, dem daran lag, Gotthelf als «Kühdreckliteraten» zu verunglimpfen. Man beachte – trotz der eindeutigen Umgebung – die gute Zeichnung des Dichters, die es mit mancher ernstgemeinten Darstellung aufnehmen kann.

«den 27. November starb mein liebes Vögeli an dem Pfiffi». Immer wieder Langeweile oder das Gefühl, die Tage seien lang. Als Fankhauser sein Amt in Utzenstorf übernommen hatte: «schmerzlich war sein Abschied. Nun ist die schöne Zeit verflossen, doch wir haben Freundschaft für immer» (6. Mai 1824).

Am 6. Dezember 1850 erschien im radikalen «Emmenthaler Wochenblatt» ein «Freundliches Ansuchen an Jeremias G-f», das zwar auf gemeine Weise erlogen war, gerade dadurch aber in die Breite wirkte und von anderen Blättern unter vorgehaltener Hand weiterverbreitet wurde. Der Einsender wollte Aufklärung von Bitzius über vier Gerüchte:

«1) Welchen moralischen Grundsätzen Sie folgten, daß Sie schon in Ihrer frühen Jugend zu Utzenstorf ‹Aetti› werden sollten (oder wurden)?

2) Die Kiltgangsgeschichten zu Oberönz, d. h. wie Sie zu der damaligen Jungfer Hofer, jetziger Frau Doktorin A... ‹z' ‹chilt schlüfen› wollten, nun aber von den Brüdern Gygax, genannt Schultheßkobi und Res ‹gebrunntröglet› und ‹gemistgüllelet› wurden.

3) Die Schwanger- und Vaterschaftsgeschichte Ihrer gewesenen Magd, Wittfrau Bögli, und warum dieselbe, als sie in Wangen den Reinigungseid schwören sollte, Ihrem Anwalte, Hrn. Rechtsagent Mathys in Seeberg, unter hellen Tränen erklärte:

«Seine Wohlehrwürden der Pfarrer.» Originalzeichnung von Friedrich Walthard, zum erstenmal 1869 in den «Alpenrosen» veröffentlicht. So wollte das 19. Jahrhundert den Dichter sehen; das Gemütlich-Spießige galt als «lebenswahr».

‹Ach, Herr Mathys, i cha der Eid nit schwere, der Landjäger ist nit Vater, sondern eigentlich der Herr – selber, Dir wüssit wohl, wie-n-i in Verhältnisse g'si bi etc. etc. etc.

4) Warum und bei welchem angenehmen und zärtlichen Anlasse Ihnen vor noch nicht gar langer Zeit ein etwas abgeschliffenes ‹Emmenschachen-Meitschi› den Rock so arg zerriß, daß richteramtliche Personen sich damit beschäftigen und halbtodt lachen mußten» (8:367).

Auf Bitzius' Protest hin erklärte das Blatt, der Einsender habe die Vorwürfe «nicht als Wahrheit» erzählt, sondern «einfach um gütige Auskunft» gebeten (368). Der Herausgeber bezeichnete im März 1851 die Ehrverletzungen als unwahr. Aber es war doch wohl zu verführerisch, einen Großen mit derartigem Dreck zu bewerfen. Solche Gerüchte haben ein zähes Leben.

Carl Manuel demgegenüber hat vor seine erste umfassende Gotthelf-Biographie von 1858 als Motto ein Wort von Shakespeare gestellt: «His life was gentle – Sanft war sein Leben». Und einer von Gotthelfs Kampfgefährten, der Aarauer Pfarrer und Dichter Abraham Emanuel Fröhlich, schrieb nach Gotthelfs Tod an seine Witwe: «Sein eigenes Leben war ein seltenes Idyll. Seine Gemütlichkeit, sein heiteres Wesen, seine Seelengüte …» (9:147). Hier weiß die Tochter ganz anderes zu berichten. Sie spricht von dem «sehr heftigen und strengen Vater» und erwähnt ein zweites Mal «seine oft bei geringen Anlässen ausbrechende Heftigkeit, vor der wir alle zitterten...» Von Gotthelfs großer «Reizbarkeit» sprechen sowohl die Tochter als auch der Verleger Julius Springer. Der Dichter selber nennt sich «eine unhirtige (nicht gut zu hirtende) Person» (5:360) oder «nur teilweise eine gute Haut» (226). Ein Pfarrer, der über Machenschaften in seiner Gemeinde sich so erregen konnte, daß er an einen Freund schrieb: «Als ich es vernahm, mußte ich mich erbrechen vor Zorn» (6:80), ist zu einem «sanften Leben» in einer «seltenen Idylle» kaum geschaffen. Auch seine Klagen: «der liebe Gott wollte mir die Tage nicht 48 Stunden lang machen» (5:205), daß er «durch Geschäfte genotzüchtigt» (213) werde, sich «fast tot gehundet» (231) habe, sprechen eine andere Sprache. Wer von sich sagt: «Aber es ist eine gewisse Hast in mir, welche immer glaubt, morgen sei kein Tag mehr, und was die andern nicht täten, das liege nun an mir» (6:236), der ist kein gemütliches, heiteres Wesen. Und was die Seelengüte betrifft, ist der Satz des Studienfreundes Baggesen bedenkenswert: «Sollte es Dir nicht doch zuletzt auffallen, daß gerade Du so leicht und an so manchen Orten Händel bekommst?» (5:138). Freilich auch sein eigenes Wort: «Bin's ja von Alters her gewohnt, daß die Leute am meisten über mich aufbegehren, wenn ich es am besten mit ihnen meine» (28).

Zu dieser temperamentsbedingten Unruhe kommt das Bewußtsein, in einer Zeit letzter gefährlichster Entscheidungen zu leben. «Geht überhaupt bös in der Welt, wird der jüngste Tag wohl nahe sein» (5:304), schreibt er 1843 an den Studienfreund Rudolf Fetscherin, der selber der Berner Regierung angehörte und dem er oft seinen Zorn und seine Enttäuschungen in Briefen mitteilte. In einer «wüsten Zeit» (6:163), an einem «Abgrund» (6:144), «auf einem Vulkan» (7:32) lebe man – derartige Äußerungen kehren in den Briefen der vierziger Jahre immer wieder. Im politisch bedeutsamen Jahr 1848 teilt er dem Freunde Fröhlich in Aarau mit, daß er sonntags über Stellen aus der Offenbarung Johannis predige, und charakterisiert die Gegenwart mit den Worten: «das unerwarteteste ist das Ordinäre in dieser merkwürdigen Zeit.» (7:170) Aus solchen apokalyptischen Erfahrungen ist der Volksschriftsteller Gotthelf entstanden, nicht aus Pfarrhausidyll, «Seelenmalerei» und Gemütlichkeit. «Der Verfasser glaubt die wahren Bedürfnisse der Zeit zu kennen» (XII:6).

Es ist wahrscheinlich, daß durch den Tod Gotthelfs im Oktober 1854 ein Konflikt zwischen ihm und seinem Sohn Albert vermieden wurde. Der Sohn glaubte, andere Wege gehen zu müssen als sein Vater. «Ich kann nur Gott danken, daß er ihn damals hinwegnahm, nach kurzer nicht schmerzhafter Krankheit, in der Blüte seiner Geisteskräfte, ehe noch mein Verhältnis zu ihm, das bisher durch seine unermüdliche Güte ein äußerst herzliches gewesen war, getrübt worden ist; denn ich fürchte, es möchte durch meine politischen und religiösen Ansichten, die ich immer mit aller Offenheit auszukramen die Gewohnheit hatte, mein Vater im Innersten verletzt worden sein, aber infolge seiner Ehrfurcht vor individuell freier Entwicklung dennoch nicht über sich gebracht haben, auf mich einen geistigen Druck auszuüben.»

Als später Alberts Schwester Henriette sich an die Arbeit machte, zur Einleitung für eine Ausgabe der «Leiden und Freuden eines Schulmeisters» das Leben ihres Vaters zu schildern, gab ihr der Bruder in einem Brief vom 4. Juni 1873 Ratschläge. Sie zeigen, wie gut der Sohn den Vater nicht nur verstand, sondern auch, wie richtig er ihn einschätzte. Jeder Biograph und Interpret kann daraus lernen, besonders aus jenen Sätzen, die wir eigens hervorheben wollen.

«Nun zur Biographie: 1) Du hast durchaus nicht nöthig, über einzelne Werke apart und hintereinander zu sprechen. Markire nur den Anfang der schriftstellerischen Laufbahn, zeichne Grundsätze im Schul- und Armenwesen und blicke voraus. Vielleicht auch zum Schluß ein Blick auf *die gewaltige Lebensarbeit des Mannes. Früh gebrochen, erschöpft.* 2) Züge aus letzten Tagen. Hast da immer *die Treue im Beruf, in Besorgung der Geschäfte* ... Die Kunde durch das Emmenthal am Sonntagmorgen. *Die Anerkennung und der Friede über seinem Grabe trotz heftigen und schroffen Wesens. Das Ringen der alten und der neuen Zeit in ihm selbst.*

3) Politische Stellung. Ganz kurze Züge. Sprengung der Geschlechterherrschaft mit ganzer Seele. An deren Stelle aber wieder eine mehr oder weniger beschränkte Demokratie: regierten die Bernburger, die Burgdorfer, Bieler und Thuner mit den Dorfmagnaten. *Im Ganzen gutmeinend, nicht immer gut, übrigens unter sehr schwierigen Umständen, 1831–1846. Durchbruch der eigentlichen Volksherrschaft und des neuen Bundes unter wilden Wehen.* Die dreißiger Liberalen unsanft bei Seite geschoben und dadurch verletzt. Die Bezirksbeamten oft schlecht gewählt. Das ist, was das Volk und der Pfarrer von der Regierung zunächst gewahr wird; daher dann Widerwille gegen diese. Hoffnung auf eine Neubefestigung der frühern Verhältnisse durch die Alten. Äußerlich gelungen, innerlich mißlungen. Verstimmung und Gedrücktheit. Dies der geschichtliche Gang. Doch besser nicht diesen Weg zu verfolgen, *da J. G. in die Ereignisse zu wenig unmittelbar und hervorragend eingegriffen hat, sondern den psychologischen.* Begeisterung fürs Volkswohl rings, daher seine Bestrebungen auf verschiedenen Gebieten. Das lebenslänglich sein Pathos. Den Blick aufs Detail gerichtet manche Erscheinung verdammend, weil sie zunächst aufzulösen, zu gefährden schien, während sie im Weitern dennoch wohltätig und festigend. Berner überhaupt sehr gegen alles, was nicht sofort sich als auferbauend erweist. ... 4) Grundsätze im Schul- und Armenwesen. Allerdings ganz gut mit Worten aus den Schriften. In der Armennoth gibt es eine sehr schöne über die Freiwilligkeit der Armenpflege. Mach Dir die Sache nicht zu schwer. *Die Generation von J. G. hatte nicht Zeit sich mit Detail zu befassen, mit Ausgestaltungen.* Vor allem galt es so viel, das noch gar nicht gieng, koste es was es wolle, in Gang zu bringen. Sie fanden viel Arbeit vor und haben ihr Teil redlich gethan ...»

Mädchenbildnis von Gotthelfs jüngster Tochter Cécile.

Im Jahre 1851 erschien im «Morgenblatt für gebildete Leser» ein Artikel des Solothurner Schriftstellers Alfred Hartmann – er hatte u. a. «Kiltabendgeschichten» veröffentlicht –, in dem ein Besuch bei Gotthelf im Pfarrhaus zu Lützelflüh geschildert wurde. Hartmann hatte das Pfarrhaus selber nicht gesehen, sondern stützte sich auf Berichte des Solothurner Verlegers Franz Ludwig Jent und des Malers Friedrich Walthard, der sowohl Gotthelfs als auch Hartmanns Werke illustriert hat. Der Bericht ist ein gutes Beispiel dafür, daß Gotthelf ein Opfer unklarer, aber irgendwie das Vorurteil «derber, gemütlicher, zu Humorigkeit neigender Dorfpfarrer» bestätigender Vorstellungen geworden ist.

«Bescheiden steht das Pfarrhaus zwischen den stattlichen Bauernhäusern, in deren blanken Fensterscheiben die Sonne glitzert. Treten wir durch die etwas finstere, rauchgeschwärzte Hausflur ein. Wir erwarten den Herrn Pfarrer im Empfangszimmer; da geht die Türe auf und vor uns tritt ein sehr wohlgenährtes Männchen mit äußerst blühender Gesichtsfarbe, von dessen Gesichtszügen keiner besonders bedeutend ist, mit Ausnahme der hohen, schön gewölbten Stirn, und hebt grüßend das schwarze Samtkäppchen. ‹Mini Herre, was weit er führige?› redet er zum Willkomm seine Gäste an. ‹Ich weiß ja schon›, fügt er verbessernd sogleich bei, ‹Sie lieben den Neuchateller, Sie den Burgunder, Sie ziehen Arbois vor.› ‹Sikki›, so ruft er seinem Töchterchen Sophie, ‹geh mal schnell in den Keller. Doch nein! Läßt man einmal das Weibervolk hinunter, so ist gleich alles drunter und drüber. Ich geh lieber selber.› Und bald kehrt er wieder zurück, in jeder Hand einen auserlesenen Strauß von Flaschen haltend. Denn unseres Jeremias Gotthelfs Keller ist äußerst wohl versehen und setzt den gastfreien Pfarrherrn in Stand, fast wie Mephisto in Auerbachs Keller, jeden nach seinem Geschmack zu bedienen. Wir müssen trinken; es wäre unhöflich, dem guten Weine nicht Ehre zu erweisen. Wie ein Sperber schaut unser Wirt nach jedem leeren Glas, um es sogleich wieder zu füllen. Und ist etwa ein würdiger Amtsbruder unter der Gesellschaft, – wehe ihm, wenn er nicht aufpaßt! ohne wohlkonditionierten Zopf kommt er nicht davon, was einen Hauptspaß für Jeremias abgibt. Jetzt ruft die Frau Pfarrerin zu Tische. Wir werden splendid bewirtet und die geistreiche und gebildete Frau wetteifert mit ihrem Mann, uns aufs angenehmste zu unterhalten. Hie und da wirft Jeremias einen derben Brocken, wie wir deren zum öftern in seinen Schriften finden, so einen Witz, der mehr nach dem Kuhstall als nach kölnischem Wasser duftet, ins Gespräch, wofür ihm dann die Frau Pfarrerin errötend einen sanften Verweis erteilt. – Den Kaffee nehmen wir an einem schattigen Plätzchen im Freien, und wie mit den besten Weinen ist Jeremias auch mit den feinsten Zigarren versehen. Unvermerkt wird es Abend. Da kommt vom Nachbarhaus herüber im langsamen Holzbodenschritt, die kurze Ulmerpfeife im Mund und die Hände in den Hosentaschen, ein alter Bauer daher. ‹Guten Abend, Rain-Uli!› grüßt der Pfarrer. ‹Setzt euch ein wenig zu uns her.› Rain-Uli ist eine unerschöpfliche Fundgrube für unsern Jeremias; er sieht in jedes Haus hinein und ist die lebendige chronique scandaleuse der ganzen Umgebung. ‹Wißt ihr was neues, Rain-Uli?› ‹Nüt bsungerbars, Herr Pfarrer.› ‹So laßt euch eins einschenken, Rain-Uli.› Beim ersten Glase bleibt es nicht, denn der Alte weiß des Pfarrers Keller zu würdigen. Da beginnt auch Rain-Uli nach und nach aufzutauen, seine schlauen Äuglein fangen an zu glänzen, um seinen Mund bildet sich eine sarkastische Falte, und nun gibt er, sich leise an den Pfarrer wendend, ein pikantes Geschichtchen nach dem andern zum besten, die Jeremias in seine Vorratskammer sorglich verschließt, um sie zu gelegener Zeit und am rechten Ort zum Frommen und Vergnügen seiner Leser zu verwenden. So gehts im Pfarrhaus zu Lützelflüh oft wochenlang Tag für Tag. Die liberalste Gastfreundschaft ist dort zu Hause. Jeremias arbeitet deshalb nicht desto minder, wie die rasche Aufeinanderfolge seiner Schriften beweist. Er benützt hiezu den frühen Morgen, um dann den Rest des Tages seinen zahlreichen Gästen und Besuchern widmen zu können.»

Gotthelfs Tochter Henriette als Kind.

Gotthelf hat sich über diesen Bericht heftig geärgert und Hartmann in einem Brief vorgeworfen, er habe in einer «hämisch schielenden» Art berichtet. Hartmann antwortet mit einer recht billigen Retourkutsche: Gotthelf vertrage nur «reinen, unvermischten Weihrauch». Darauf gab Gotthelf Hartmann wieder zurück, er schwatze drauflos wie ein Marktweib, das ein Gerücht gehört habe (8:180ff). Es geht heute nicht mehr darum, ob Gotthelf sich vielleicht zu sehr seinem Zorn hingab – wichtig ist, daß er diesen anbiedernden Ton nicht ertrug. Da half auch Springers Trösten nichts: «Aber ist es denn so etwas Böses, wenn man erfährt, daß es im Lützelflüher Pfarrhause einen guten Tisch und Keller gibt!!» (8:196). Auch Springer verstand den Zorn nicht. In einem Brief an Heinrich Pröhle, einen deutschen Bewunderer, schreibt Gotthelf: «Wenn allerdings mein Haus als gastfrei bekannt ist, so ist es doch keine Karikatur, so wenig ich eine bin, bin überhaupt auch kein klein Männchen, was mich auch böse gemacht hat (Sie werden lachen), denn ich messe 5′ 9″ und bin dicker als mir lieb ist» (18:56). 5 Fuß und neun Zoll = 168,5 cm war der Dichter groß.

Sehr viel mehr wissen wir nicht über sein Äußeres. Das bekannteste Gemälde des Dichters – in Lebensgröße – stammt von Johann Friedrich Dietler und wurde 1844 in Bern gemalt. Er nennt es selber «ein vortreffliches» (18:93), behauptet schalkhaft, es sei «ein schönes Porträt» (6:180), der Maler habe ihn «ganz besonders schön in Öl gemalt» (7:133). Das dazugehörige Bild von Gotthelfs Frau stammt nicht von Dietler, sondern von jenem Walthard, der Hartmann aus dem Pfarrhaus berichtet hatte. Es existiert eine Bleistiftzeichnung, die nach einer Tradition der Familie Fröhlich in Aarau von Martin Disteli stammen und den jungen Bitzius darstellen soll. Beides ist nicht gesichert. Im Jahre 1849 wurde ein Bild Gotthelfs für die «Alpenrosen» von J. Barth angefertigt, das weder Bitzius selber noch Fröhlich noch dem Verleger Springer in Berlin gefiel. 1854 erschien wieder ein Bild Gotthelfs in den «Alpenrosen», diesmal von R. Leemann. Und schließlich brachten die «Alpenrosen» 1869 «Seine Wohlehrwürden der Pfarrer», ein Bild von unübertrefflicher Spießigkeit – eine Karikatur wohl eher als ein Porträt. Eine

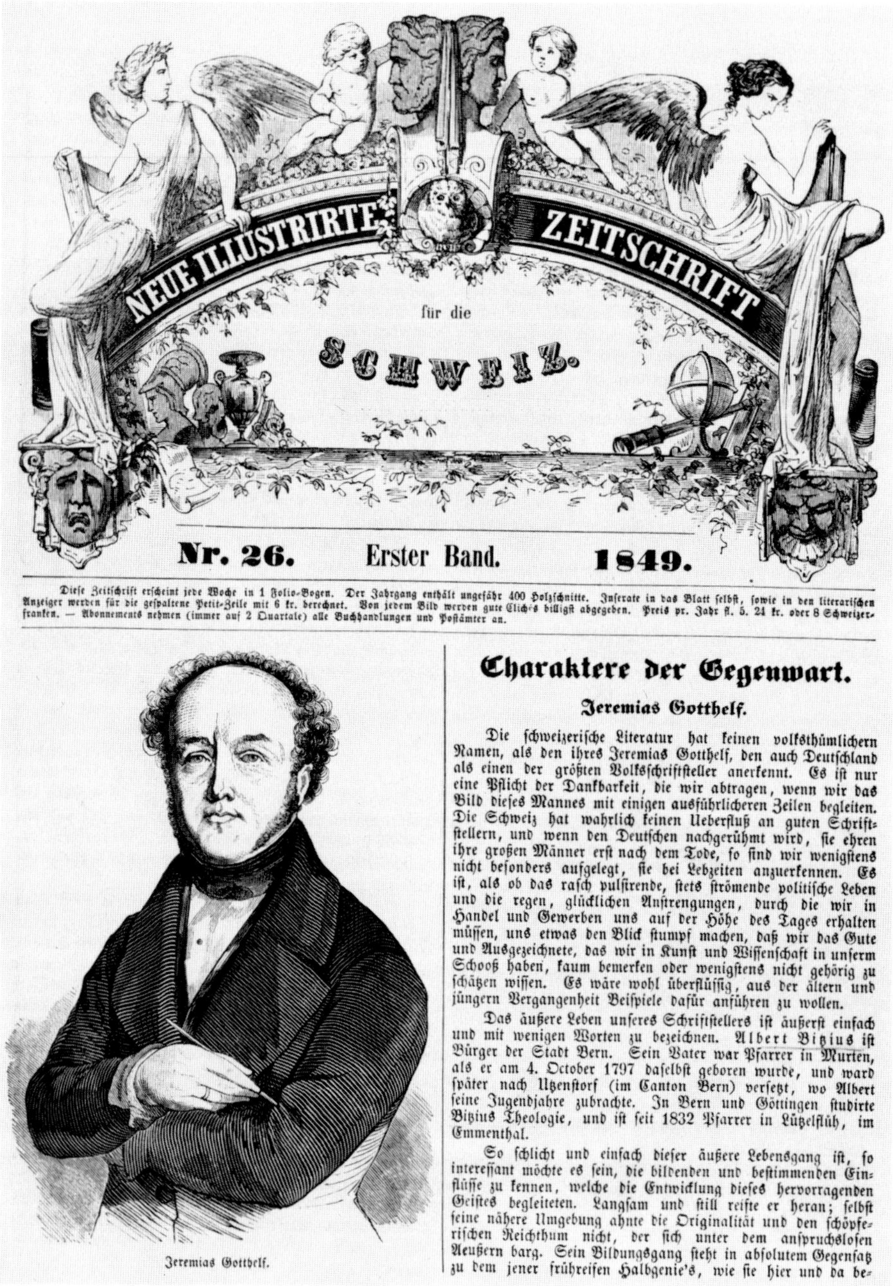

NEUE ILLUSTRIRTE ZEITSCHRIFT für die SCHWEIZ.

Nr. 26. Erster Band. **1849.**

Diese Zeitschrift erscheint jede Woche in 1 Folio-Bogen. Der Jahrgang enthält ungefähr 400 Holzschnitte. Inserate in das Blatt selbst, sowie in den literarischen Anzeiger werden für die gespaltene Petit-Zeile mit 6 kr. berechnet. Von jedem Bild werden gute Cliche's billigst abgegeben. Preis pr. Jahr fl. 5. 24 kr. oder 8 Schweizerfranken. — Abonnements nehmen (immer auf 2 Quartale) alle Buchhandlungen und Postämter an.

Jeremias Gotthelf.

Charaktere der Gegenwart.

Jeremias Gotthelf.

Die schweizerische Literatur hat keinen volksthümlichern Namen, als den ihres Jeremias Gotthelf, den auch Deutschland als einen der größten Volksschriftsteller anerkennt. Es ist nur eine Pflicht der Dankbarkeit, die wir abtragen, wenn wir das Bild dieses Mannes mit einigen ausführlicheren Zeilen begleiten. Die Schweiz hat wahrlich keinen Ueberfluß an guten Schriftstellern, und wenn den Deutschen nachgerühmt wird, sie ehren ihre großen Männer erst nach dem Tode, so sind wir wenigstens nicht besonders aufgelegt, sie bei Lebzeiten anzuerkennen. Es ist, als ob das rasch pulsirende, stets strömende politische Leben und die regen, glücklichen Anstrengungen, durch die wir in Handel und Gewerben uns auf der Höhe des Tages erhalten müssen, uns etwas den Blick stumpf machen, daß wir das Gute und Ausgezeichnete, das wir in Kunst und Wissenschaft in unserm Schooß haben, kaum bemerken oder wenigstens nicht gehörig zu schätzen wissen. Es wäre wohl überflüssig, aus der ältern und jüngern Vergangenheit Beispiele dafür anführen zu wollen.

Das äußere Leben unseres Schriftstellers ist äußerst einfach und mit wenigen Worten zu bezeichnen. Albert Bitzius ist Bürger der Stadt Bern. Sein Vater war Pfarrer in Murten, als er am 4. October 1797 daselbst geboren wurde, und ward später nach Utzenstorf (im Canton Bern) versetzt, wo Albert seine Jugendjahre zubrachte. In Bern und Göttingen studirte Bitzius Theologie, und ist seit 1832 Pfarrer in Lützelflüh, im Emmenthal.

So schlicht und einfach dieser äußere Lebensgang ist, so interessant möchte es sein, die bildenden und bestimmenden Einflüsse zu kennen, welche die Entwicklung dieses hervorragenden Geistes begleiteten. Langsam und still reifte er heran; selbst seine nähere Umgebung ahnte die Originalität und den schöpferischen Reichthum nicht, der sich unter dem anspruchslosen Aeußern barg. Sein Bildungsgang steht in absolutem Gegensatz zu dem jener frühreifen Halbgenie's, wie sie hier und da be-

Holzschnitt (wahrscheinlich von Gottlob Emil Rittmeyer) in der «Neuen Illustrierten Zeitschrift für die Schweiz» (1849). Das Porträt ist nach einer Lithographie von J. Barth gearbeitet, die kurz vorher in den «Neuen Alpenrosen» erschienen war. «Das Gesicht ist zu lang, zu staatsmäßig…» (18:93).

wirkliche Karikatur veröffentlichte 1850 der «Guckkasten», der sich über den «Kühdreckliteraten» Gotthelf lustig machte und seine Werke als Produkte von Mist und Gülle verunglimpfte. Bei aller Niedertracht ist diese Karikatur doch auch sehr amüsant, und der Dichter steht doch eigentlich ganz würdevoll zwischen Schweinetrog und Abort. Jedenfalls hat er nichts Süßlich-Gutgemeintes an sich. Seine politischen Gegner wußten besser als die falschen Freunde, wer er war.

«... Der Ausbruch eines Bergsees ...»

Der späte Beginn von Gotthelfs dichterischem Schaffen – Dichtung als Ventil für verhinderte Aktivität – Der Brief an Carl Bitzius vom 16. Dezember 1838 – Überblick über das Gesamtwerk in neuer Gruppierung

Das erste Werk Gotthelfs, der «Bauernspiegel», ist im Jahre 1837 erschienen, als der Dichter vierzig Jahre alt war. Es ist ein ungeheuerliches, außerordentliches Buch, dem sich kaum ein anderes in der deutschsprachigen Literatur vergleichen läßt. In der Art, einen Menschen in seiner Erniedrigung darzustellen und zugleich ganz hoch einzuschätzen, hat es gewisse Ähnlichkeiten mit Georg Büchners gleichzeitig entstandenem «Woyzeck», geht aber in vieler Hinsicht auch wieder über Büchners Fragment hinaus.

Gotthelf hat vor dem Erscheinen des «Bauernspiegels» kleinere Schriften wie Aufsätze und Zeitungsartikel verfaßt, er hat Reden gehalten und eine größere Zahl von Predigten niedergeschrieben. Das Schreiben kann ihm kaum Mühe gemacht haben. Er beherrscht den kecken wie den pathetischen Ton, den frech-humorvollen wie den ernsthaften, er gebraucht poetische Bilder, er läßt sich von der Sprache der Bibel inspirieren wie in der großartigen Predigt «Das Menschenherz» (3:226 ff), oder er vermittelt politische Ideen wie in den Feldpredigten (3:194 ff). Aber nichts, gar nichts deutet vor dem Erscheinen des «Bauernspiegels» auf ein derartiges Buch hin – jedenfalls nichts Geschriebenes! Ganz im Gegenteil! Die Bemerkung in einem Brief vom November 1821 aus Göttingen an die Schwester Marie: «... denn du mußt wissen, daß ich mich nun entschlossen habe, ein großer Schriftsteller zu werden» ist nichts weiter als ein Witz, denn der durchweg ironische Satz geht weiter: «... wozu ich große Anlagen in mir entdeckt habe, z. B. über nichts lang und, wie mich dünkt, recht angenehm zu schwatzen» (4:46). Der «Bauernspiegel» ist alles andere als ein «angenehmes Schwatzen». Zehn Jahre später, im Dezember des wichtigen Jahres 1831, kommt er in einem Brief an Burkhalter auf die politische Lage zu sprechen: «Ich nun will in philosophischer Ruhe dem Ding zusehen, eine Pfeife rauchend», heißt es dort in einer wohl nicht ganz richtigen Selbsteinschätzung. «Nun möchte ich doch mit etwas anderem den Kopf beschäftigen, damit jene Ruhe mir nicht gar zu beschwerlich werde. Womit es aber geschehen soll, weiß ich noch nicht. Ich schwanke zwischen dem Erlernen einer Sprache, der kritischen Erklärung der Bibel, dem Studium der neuen Philosophie oder gar dem Schreiben eines Büchleins, worüber weiß ich aber nicht» (4:112). Auch das ist Ironie, nichts deutet auf den Beginn des dichterischen Schaffens hin.

Aber ist hinter solchen Äußerungen nicht doch ein unklares Wissen über das

Der
Bauern-Spiegel
oder
Lebensgeschichte
des
Jeremias Gotthelf.

Von ihm selbst beschrieben.

Burgdorf, 1837.
Druck und Verlag von C. Langlois.

a

Jeremias Gotthelfs
(Albert Bitzius)
gesammelte Schriften.
Erster Band.
Der Bauernspiegel
oder
Lebensgeschichte des Jeremias Gotthelf.

Berlin, 1856.
Verlag von Julius Springer.

b

Jeremias Gotthelfs
(Albert Bitzius)
gesammelte Schriften.
Neue wohlfeile Ausgabe.
Erster Band.
Der Bauernspiegel
oder
Lebensgeschichte des Jeremias Gotthelf.

Berlin.
Verlag von Julius Springer.
1861.

c

Titelblätter wichtiger Ausgaben von Gotthelfs Erstling. a) Erstausgabe bei Langlois in Burgdorf 1837 b) Erster Band der «Gesammelten Schriften» bei Julius Springer in Berlin 1856. Da diese Ausgabe kein Erfolg war, brachte Springer c) eine «Neue wohlfeile Ausgabe» heraus. d) Erster Band der «Werke im Urtext» von Ferdinand Vetter 1898, der ersten Ausgabe mit wissenschaftlichem Anspruch. e) Erster Band der heute maßgebenden Gotthelf-Ausgabe (nach der in diesem Buch zitiert wird) f) Erster Band der Ausgabe der Büchergilde Gutenberg (1937–53), mit den kongenialen Holzschnitten von Emil Zbinden.

spätere Schaffen versteckt? Neben die ironischen Erklärungen müssen zwei ernste treten. Im «Reisebericht» von 1821 hieß es bei dem Erlebnis der nächtlichen Überquerung der Elbe: «Wäre auch nur eine dichterische Ader in mir, in diesem Augenblick müßte sie aufgebrochen sein und in reichen Strömen sich ergossen haben; aber stumm blieb der Mund» (12:139). In dem Aufsatz «Der Garten Gottes», den Bitzius im März 1834 im Trachselwalder Pfarrverein seinen Kollegen vortrug, bricht an einer Stelle, wo von den täglich auftretenden kleinen Teufelchen die Rede ist, plötzlich der schmerzliche Ruf hervor: «O Muse, die du mir nie geboren worden, warum bin ich verdammt dich zu missen? Warum reichst du die Farben mir nicht, zu malen die bunten Teufelchen und ihr tolles Treiben? Warum kann ich in lebendigen Bildern nicht darstellen die kleinen Teufelchen…?» (12:224)

Als der «Bauernspiegel» erschienen war, rechnet sich Gotthelf in einem Brief an Burkhalter als Verdienst an, «daß ich meine Faulheit, meine Abneigung gegen das Schreiben, meinen Hang zur behaglichen Beschaulichkeit überwunden und Tage lang am Schreibtisch gesessen bin» (4:223). Im April 1841, nachdem der zweibändige «Schulmeister», etliche Novellen, die «Wassernot» und die «Armennot» erschienen waren, «Uli der Knecht» und die «Schwarze Spinne» gerade herauskommen sollten, schrieb er wieder an Burkhalter: «Der liebe Gott versucht halt eine Radikalkur an mir. Obschon ich lieber sitze als vor 15 Jahren und ziemlich daran gewöhnt bin, so liebe ich doch das freie Leben noch mehr, laufe gern und würde weit lieber handeln als denken, lieber schwatzen als schreiben, lieber selbst schaffen als raten» (5:114). Das Problem seines Schreibens läßt ihn nicht los. 1846 schreibt er an den elsässischen Schriftsteller August Stöber: «Sie kennen wohl die Geschichte vom armen Mädchen, das so innig sich sehnte, ‹wirken› zu können in der Welt, und am Ende ganz glücklich ward, als es es dahin bringen konnte, ein Hündchen zu kaufen und dasselbe pflegen zu dürfen? Einen ähnlichen Trieb hatte ich ebenfalls, und als es mir ging wie dem Mädchen, niemand mein Wirken wollte, da legte ich mich aufs Bücherschreiben» (6:151). Noch 1851 kommt er auf diese Selbsteinschätzung und Selbstdeutung zu sprechen. An den Literaturwissenschaftler Ludwig Eckardt, dem er einen kurzen Lebensabriß schickte: «Beifügen hätte ich noch können, daß ich keinem Menschen geglaubt hätte, der mir Schriftstellerei vorausgesagt, denn das Sitzleder ging mir vollständig ab, das Leben im Freien war mein Glück und Jagen meine Liebhaberei» (9:138). Und noch ein letztes Beispiel: « Ich war eigent-

Jeremias Gotthelf
(Albert Bitzius)
Der
Bauern=Spiegel
oder
Lebensgeschichte des Jeremias Gotthelf.
Von ihm selbst beschrieben.
Bern.
Verlag von Schmid & Francke
(vormals J. Dalp'sche Buchhandlung).
1898.

d

JEREMIAS GOTTHELF
(ALBERT BITZIUS)
ERSTER BAND
bearbeitet von
Ernst Müller
Der Bauern-Spiegel
oder
Lebensgeschichte des Jeremias Gotthelf
Von ihm selbst beschrieben
·1·9·2·1·
IM EUGEN RENTSCH VERLAG
ERLENBACH-ZÜRICH

e

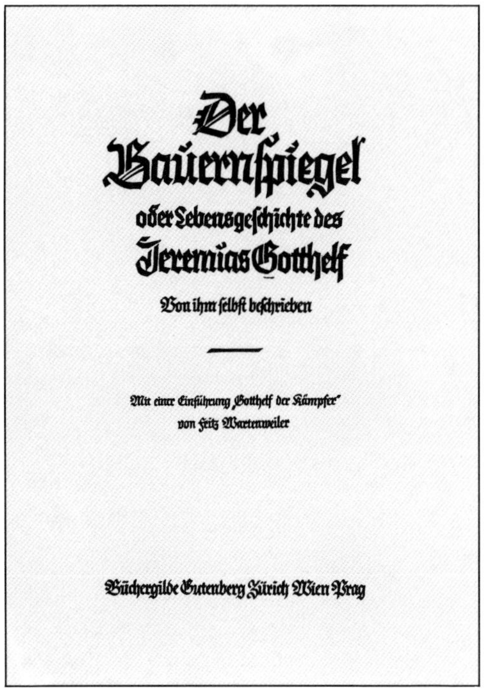
Der
Bauernspiegel
oder Lebensgeschichte des
Jeremias Gotthelf
Von ihm selbst beschrieben
Mit einer Einführung „Gotthelf der Kämpfer"
von Fritz Wartenweiler
Büchergilde Gutenberg Zürich Wien Prag

f

lich nicht für den Schreibtisch geboren, sondern mehr für äußere Tätigkeit, aber es gab sich anders, und meine rasche Natur gewöhnte sich endlich auch ans Sitzen, und zwar ohne äußern Zwang, sondern sie ward untertan einem innern Triebe» (18:46).

Derartige Selbstdarstellungen Gotthelfs, die durch seine ganze Schaffenszeit hindurch immer wieder auftauchen, mögen auch ein gut Teil Koketterie enthalten: er würde lieber jagen, reiten, kämpfen als dichten – wo hat man je einen Dichter so reden hören! Sie deuten aber auf etwas Wichtiges hin: Gotthelf will erklärtermaßen nicht als Künstler, als Artist, als Intellektueller verstanden werden, jedenfalls nicht in erster Linie. Durch die Romantik, in neuerer Zeit durch Thomas Mann und Hermann Hesse hat sich in der Leserwelt die Vorstellung verbreitet, daß der Künstler alles andere eher sein dürfe als ein Bürger. Der Künstler könne schlimmstenfalls Außenseiter, Gescheiterter, Rebell, Revolutionär, Anarchist, Alkoholiker, Psychopath, Clown, Hochstapler, Abenteurer oder Krimineller sein, auf keinen Fall aber Bankdirektor, Kaufmann, Polizist, Bäckermeister oder gar Pfarrer! Für Gotthelf treffen solche Typisierungen nicht zu. Er läßt sich aber auch nicht einfach damit fassen, daß man ihn als Künstler *und* Bürger bezeichnet, da sein Schreiben aus ganz anderen Quellen gespeist wurde.

Die wichtigste und vielschichtigste Äußerung über den Beginn des dichterischen Schaffens findet sich in einem Brief des Dichters an seinen Vetter Carl Bitzius, dem er oft Manuskripte zur ersten Lektüre und Beurteilung überließ und auf dessen Zuraten oder Abmahnen er mehr hörte, als uns heute lieb sein kann. Der Brief, datiert vom 16. Dezember 1838, ist eine Erwiderung auf eine längere Kritik von Carl Bitzius an Gotthelfs «Dursli der Branntweinsäufer». Der Hauptgedanke dieser Kritik – er kehrt in späteren Briefen immer wieder – ist, daß Gotthelf als Volksschriftsteller eine bedeutende Macht besitze, die er aber durch zu direkte Angriffe und zu politische Themen ständig verscherze. «Was gewinnst du durch giftige Hiebe auf jetzige und gewesene Regenten, auf Rechtsamelose usw., als daß so viele Leute deinen Ermahnungen unzugänglich werden, ja in Zukunft dich gar nicht mehr werden hören wollen? Und was verlöre dein Werk, wenn solche Hiebe darin fehlten??? Kannst du dir auch denken, daß eine Beleidigung Vertrauen erwecken, eine Mißhandlung den freundlichen und bestgemeinten Räten Eingang verschaffen werde? … zu *deinem* Zweck mußt du die Herzen gewinnen … Am schädlichsten für deinen Zweck scheint mir vor allem jedes Eingehen in die *Politik*, jede unnötige Berührung derselben zu einer Zeit, wo fast jeder eine vorgefaßte Ansicht darüber hat und die meisten nur mit Leidenschaft über dieselbe reden und zuhören... Sollst du ein politischer Reformer werden? Gewiß nicht! Du sollst dem Volk seine alltäglichen Sünden vorhalten...» (4:275 ff).

Gotthelf beginnt seinen Brief vom 16. Dezember 1838 mit dem Verdacht, er werde verkannt: «Aber es kömmt mir je länger je mehr vor, daß man eigentlich nicht weiß, wer ich eigentlich bin, und daß die meisten Leute mich anders denken, als ich bin...» Da der folgende Teil des Briefes, der in der berühmt gewordenen Formulierung vom «Ausbruch eines Bergsees» gipfelt, nicht nur Gotthelfs Bild von Bern, sondern auch eine pessimistische Deutung seiner bisherigen Entwicklung enthält, wollen wir die ganze wichtige Passage einrücken:

«Die Bernerwelt ist eine eigene, sie macht ein festgegliedertes Ganzes aus, ins vorderste Glied zu kommen, ist der Hauptspaß, und sobald ein Berner zum Bewußtsein kömmt, so drängt er sich in die Glieder und sucht sich durch die Glieder zu drängen. Die Alten stehen so breit als möglich da, um in das offengelassene Loch die Jungen kriechen zu lassen. Nun stund mein Vater nicht in den Gliedern und drängte mich nicht hinein; es bewog auch kein Interesse keiner Art, mich hinein zu ziehen, und ich hatte keinen Begriff von diesem allem, und keinem Menschen ist es je weniger in Sinn gekommen, sich einen Weg machen zu wollen. Hingegen sprudelte in mir eine bedeutende Tatkraft; wo ich zugriff, mußte etwas gehen, was ich in die Hände kriegte, organisierte ich, was mich ergriff zum Reden oder zum Handeln, das regierte mich. Das bedeutende Leben, das sich unwillkürlich in mir regte, laut ward, schien vielen ein unberufenes Zudrängen, ein unbescheiden vorlaut Wesen, und nun stellten sich mir alle die feindlich entgegen, die glaubten, ich wolle mich zudrängen dahin, wohin sie allein gehören. Das Ding ging so weit, daß die Herrengaßherren mich von der Schulkommission ausschlossen, da ich doch Aufseher der obern Schulen war. –

Man verschrie mich sogar als dumm, und der alte Stierli gab seinem Esel Adolf mich zum Beispiel, daß einem die Universität nichts nütze. Als ich Pfarrer wurde und im Kapitel sprach, wurde, was ich sprach, für und für als unerheblich erklärt. Als ich darauf mit Lutz über unser Schulwesen konferieren wollte, nannte er es deutsch heraus ‹unbescheidene Zudringlichkeit›. Meine Herren Amtsbrüder gingen so weit, mir den Ruf als schlechter Prediger zu verbreiten, so weit sie konnten und sie leben noch jetzt wohl daran, und doch bin ich überzeugt, es predigt keiner so gut als ich, von meinem Nachbarn nämlich. Als ich Schweizergeschichte vortrug, wurde ich von Fellenberg auf die schändlichste Weise in seinen Mitteilungsblättern mißhandelt, und auf diese Autorität hin lächelte alles über meinen Unterricht, niemand prüfte unbefangen. – Schrieb ich dem Erziehungsdepartement über Schulsachen, so erhielt ich die Antwort: ‹Wir finden uns nicht bewogen› –. Zu diesem allem hatte ich eine Gemeinde, wo ich nur rein durch Passivität Boden gewinnen konnte, durch verfluchtes Zuwarten; und als Pfarrer überhaupt mußte ich das allgemeine Mißtrauen gegen diesen Stand mittragen. So wurde ich von allen Seiten gelähmt, niedergehalten, ich konnte nirgends ein freies Tun sprudeln lassen. Konnte mich nicht einmal ordentlich ausreiten, hätte ich alle zwei Tage einen Ritt tun können, ich hätte nie geschrieben. Begreife nun, daß ein wildes Leben in mir wogte, von dem niemand Ahnung hatte, und wenn einige Äußerungen los sich rangen, so nahm man sie halt als freche Worte. Dieses Leben mußte sich entweder aufzehren oder losbrechen auf irgendeine Weise. Es tat es in Schrift. Und daß es nun ein förmlich losbrechen einer lange verhaltenen Kraft, ich möchte sagen der Ausbruch eines Bergsees ist, das bedenkt man natürlich nicht. Ein solcher See bricht in wilden Fluten los, bis er sich Bahn gebrochen, und führt Dreck und Steine mit in wildem Graus. Dann läutert er sich und kann ein schönes Wässerchen werden. So ist mein Schreiben auch gewesen ein Bahnbrechen, ein wildes Umsichschlagen nach allen Seiten hin, woher der Druck gekommen, um freien Platz zu erhalten. Es war, wie ich zum Schreiben gekommen, auf der einen Seite eine Naturnotwendigkeit, auf der andern

Seite mußte ich wirklich so schreiben, wenn ich einschlagen wollte ins Volk...» (4:279 ff).

Der Brief enthält ein gutes Stück Biographie des Dichters. Nicht aufgestaute dichterische Versuche brechen sich endlich Bahn, sondern behindertes Leben. «Es tat es in Schrift». An den Freund Fröhlich schrieb er im November 1845: «Es wird mir wirklich manchmal, als möchte ich nichts, als ein wacker Roß und einen guten Säbel und möchte reiten und schlagen gegen Teufel und Welt und möchte fließen sehn mein schwarz rot Blut in wackerm Streite. Ach verzeih mir, daß ich wilde Worte Dir sende und auch mein Weh Dir sprudeln ließ, statt es zu mildem Troste zu zäumen...» (6:208). An die prominenteste unter seinen Verehrerinnen, Prinzessin Augusta von Preußen, schrieb er: «Es kömmt mir aber immer vor, als sei mein Schaffen kein Schreiben sondern ein Fechten...» (8:49). In mehr humorvollem Ton spricht er am Ende des Jahres 1838, zwei Tage nach dem oben zitierten Brief an Carl Bitzius zum Freund Burkhalter: «Es ist merkwürdig, daß die Welt und nicht Ehrgeiz oder Fleiß mich zum Schriftsteller gemacht. Sie drückte so lange auf mich, bis sie Bücher mir aus dem Kopfe drückte, um sie ihr an die Köpfe zu werfen. Und da ich etwas grob werfe, so will sie das nicht leiden; das kann ihr eigentlich auch niemand übel nehmen» (4:288).

Die umfangreichste Ausgabe von Gotthelfs Schriften sind die «Sämtlichen Werke» in 24

Bauernhaus mit Strohdach im Kanton Bern. Von Carl Ludwig Zehender (1751–1814). Gotthelf beschreibt bereits die Veränderungen: «Was doch in einem Zeitraum von zwanzig Jahren erfunden, geschaffen wird, und besonders in unseren Tagen! ... Neue Häuser glänzten überall zwischen wohlunterhaltenen Bäumen hervor, die nicht mehr voll Moos und Misteln waren. Große Scheiben, helle Fenster zeugten von helleren Menschen, und blaue Schieferdächer von vorsichtigen und klugen» (I:299).

Amtsrichter

Amtsrichterstochter

Amtsrichter

Um die größtmögliche Authentizität zu erreichen, hat Karl Gehri die Erzählung «Der Oberamtmann und der Amtsrichter» (im Rahmen der «Illustrierten Prachtausgabe») mit einer Reihe Porträts

Bänden (I–XXIV) und 18 Ergänzungsbänden (1–18) des Eugen Rentsch Verlags (heute Orell Füssli). Die insgesamt 42 Bände enthalten fast alles, was Gotthelf geschrieben hat; was die Herausgeber nicht aufgenommen haben, ist im 18. Ergänzungsband, der auch mehrere Register enthält, aufgeführt. Das monumentale Editionswerk entstand von 1911 bis 1977 während zweier Generationen des Hauses Rentsch und unter der Leitung von verdienstvollen Gotthelf-Forschern. Gerade die in den 18 Ergänzungsbänden veröffentlichten Briefe (6 Bände), Predigten (2 Bände), politischen Schriften (3 Bände), aber auch das «Esau»-Romanfragment (2 Bände), die Frühschriften (1 Band) und die Reden (1 Band), die in keiner anderen Ausgabe zugänglich sind, stellen nicht nur für den Forscher, sondern auch für den Liebhaber und Interessierten unentbehrliche Fundgruben dar. Jeder Band der großen Ausgabe enthält ausführliche Kommentare, manche Bände auch Glossare der berndeutschen Dialektwörter.

Das dichterische Werk Gotthelfs läßt sich ohne Schwierigkeit in die großen Romane und die Erzählungen unterteilen. Gotthelf ist ausschließlich Erzähler, Dramen und Gedichte hat er nicht geschrieben. In einem Brief an Hagenbach weist er einmal deutlich auf seine Unfähigkeit zur Lyrik hin: «Verse, gereimt oder ungereimt, kann ich aber nicht zwei Zeilen zusammen bringen mit ordentlichen Füßen, dafür geht mir aller Sinn ab. Sobald ich etwas versen will, so gleicht mein Sprachvorrat einem See (!), der zu Zeiten abläuft, daß kein Tropfen mehr vorhanden bleibt; und umsonst grüble ich in allen Spalten und Tiefen nach den einfachsten Silben. Setze ich zur Prosa an, so rauschen die Worte wieder herauf, und ich kann so ungefähr sagen was ich will» (5:257).

Die 13 Romane des Dichters wollen wir nicht in der Folge ihrer Entstehung hintereinanderreihen, sondern einmal nach ihrer Bekanntheit. Da ergeben sich dann deutlich drei Gruppen. Zur ersten gehören die Spitzenreiter:

«Uli der Knecht» (1841)
«Uli der Pächter» (1849)
«Geld und Geist» (1843/44)
«Anne Bäbi Jowäger» (1843/44)
«Die Käserei in der Vehfreude» (1850)

Kein Herausgeber, kein Leser wird auf diese fünf Romane in einer Gotthelfausgabe verzichten wollen. Alle fünf sind von Franz Schnyder verfilmt worden. Zur zweiten, schon nicht mehr so bekannten Gruppe gehören:

«Der Bauernspiegel» (1837)
«Leiden und Freuden eines Schulmeisters» (1838)
«Der Geltstag» (1846)
«Käthi die Großmutter» (1847)
«Zeitgeist und Berner Geist» (1852)

Am Schluß der Reihe sind drei Romane zu nennen, die sogar mancher Literaturwissenschaftler nicht einmal vom Hörensagen kennt:

«Jakobs Wanderungen» (1846/47)
«Erlebnisse eines Schuldenbauers» (1854)
«Der Herr Esau» (entstanden 1844, veröffentlicht 1922)

Der «Schuldenbauer» ist der letzte Roman des Dichters. Er setzt sich mit Mißbräuchen des liberalen Rechtsstaats auseinander und sollte ursprünglich den Titel tragen «Hans Joggi und der Rechtsstaat» – den der Verleger Springer verhinderte. Das Buch ist in einem bitteren Ton geschrieben und in keiner Hinsicht eine Verherrlichung des Bauerntums, wie sie viele Leser von Gotthelf immer wieder erwarten. Der «Jakob» ist ein Handwerksburschenroman, seine Titelfigur ein deutscher Handwerksbursche – also weder Bauer noch Schweizer –, der in der Schweiz auf der Walz ist, in wichtigen Städten arbeitet, der Verführung verworrener kommunistischer und jungdeutscher Ideen erliegt und schließlich nach bitteren Erfahrungen davonkommt. «Der Herr Esau» war als Satire auf die liberale Politik anfangs der vierziger Jahre geplant, wurde auf Anraten von Carl Bitzius, der für Gotthelfs Ruf und Stellung fürchtete, abgebrochen und verschwand für über sechzig Jahre in der Schublade. Es würde dem Ruhm und Ansehen des «Uli» keinen Abbruch tun, wenn an seiner Stelle auch einmal «Jakob» und «Esau» berücksichtigt würden. Für den Liebhaber und Kenner könnte es vielleicht sogar reizvoll sein, unsere Liste auf den Kopf zu stellen, von hinten anzufangen. Es gäbe ein ganz neues Gotthelf-Bild, denn hier gilt es, hundertfünfzigjährige Fehlurteile zu korrigieren!

Gotthelf hat rund 50 Erzählungen geschrieben; wenn man die Kalendergeschichten und die Erstfassungen dazuzählt, kommt man sogar auf ihrer 75. Er hat aber nie versucht, seine kürzeren Werke in Zyklen zusammenzufassen: es gibt bei ihm weder «Phantasie- und Nachtstücke» wie bei E. T. A. Hoffmann noch «Leute von Seldwyla» wie bei Gottfried Keller. Herausgeber von Gotthelfausgaben haben deshalb immer wieder Gruppierungen vorgenommen, um aus dieser schwer übersehbaren Fülle für den Leser und Liebhaber, der nicht Zeit hat alles zu lesen, zeitgemäße und ansprechende Auswahlen zu treffen. So erschienen zu Lebzeiten des Dichters «Bilder und Sagen aus der Schweiz», darin waren die «Schwarze Spinne», «Geld und Geist» in drei Fortsetzungen, die Kindergeschichte «Das gelbe Vögelein und das arme Margrithli» und «Der Druide» enthalten – eine Zusammenstellung, die heute niemand mehr einleuchtet. Springer sammelte seit 1850 Gotthelfs kleinere Arbeiten als «Erzählungen und Bilder aus dem Volksleben der Schweiz». Walter Muschg hat seine Auswahl in «Unheimliche Geschichten», «Fromme Geschichten», «Alte Geschichten», «Lustige Geschichten» und «Aus dem Neuen Berner Kalender» eingeteilt.

Ausgehend von den Fragestellungen und Kampfpositionen der Romane, die immer elementare Lebensfragen der ganzen Zeit aufwerfen, versuchen wir eine neue – und wo möglich anregende – Gruppierung der wichtigsten Erzählungen des Dichters. Dabei fällt auf, daß die berühmteste unter ihnen, die «Schwarze Spinne», sich in keine Gruppe recht fügen will. Sie spielt in der Gegenwart und doch in einer fast idealen Bauernwelt. Die Spinnenerzählung ist eine Sage aus der Ritterzeit. Beide gehören aber zusammen und setzen sich mit politischen und moralischen Problemen in Gotthelfs Gegenwart auseinander, obwohl das Problem des Bösen ein überzeitliches ist. Die übrigen Erzählungen lassen sich aber mehr oder weniger gut gruppieren. Die ersten beiden, die auch *Branntweinsäufernovellen* genannt werden, gehören noch zu den wilden Anfangswerken und sind durch die Alkoholismusproblematik mit dem «Bauernspiegel» verwandt:

«Dursli der Branntweinsäufer» (1838)
«Wie fünf Mädchen im Branntwein jämmerlich umkommen» (1838)

Wenn man davon ausgeht, daß der «Uli»-Roman erzählt, «Wie Uli der Knecht glücklich wird», und daß «Geld und Geist» ausdrücklich den Zusammenhang von Glück und Geld erörtert, verwundert es nicht, daß auch eine größere Gruppe der Erzählungen sich mit *Glück* und *Geld, Geiz* und *Verschwendung* befassen:

«Die Wege Gottes und der Menschen Gedanken» (1847)
«Hans Joggeli der Erbvetter» (1848)
«Harzer Hans, auch ein Erbvetter» (1848)
«Die Erbbase» (1849)
«Hans Jakob und Heiri oder die beiden Seidenweber» (1851)
«Der Besenbinder von Rychiswyl» (1851)
«Ich strafe die Bosheit der Väter an den Kindern bis ins dritte und vierte Geschlecht» (1852)
«Barthli der Korber» (1852)

Obwohl in Gotthelfs Dichtung immer wieder liebende Paare auftreten, und obwohl Gottfried Keller schon 1849 festgestellt hatte: «Und wie schön sind die jungen Mädchen und Weiber gezeichnet!... Die Liebesverhältnisse sind überaus fein und meisterhaft angelegt» – brachte der Dichter für die sog. romantische Liebe kein Verständnis auf,

Amtsrichterstochter

Amtsrichter

Frau Amtsrichterin

«nach der Natur» geschmückt. Der Amtsrichter dürfte freilich eher Joseph Burkhalter geglichen haben (vgl. Bild S. 62).

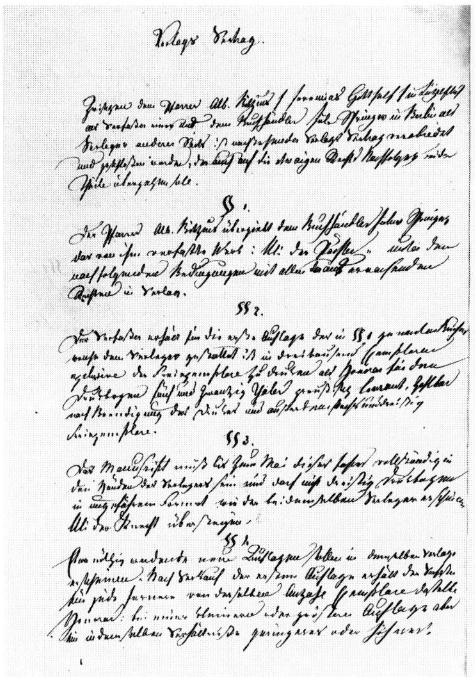

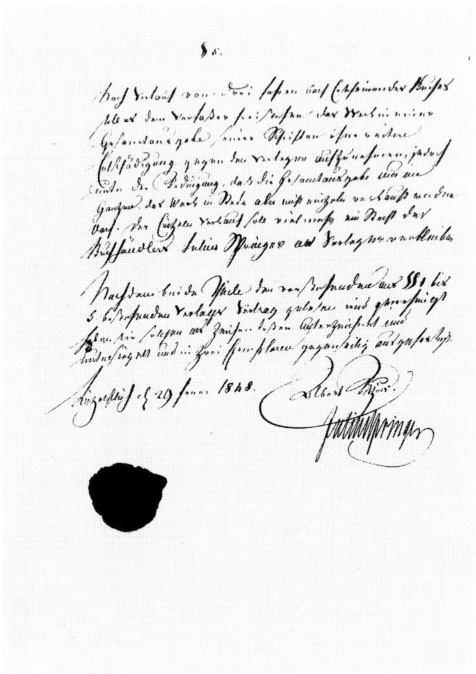

Julius Springer (1817–1877), Gotthelfs Berliner Verleger. Obwohl politisch ein Radikaler, schätzte Springer Gotthelfs Werke, verbreitete sie in Deutschland und zahlte hohe Honorare. Seit 1847 bekam kein Schweizer Verlag – außer dem der «Alpenrosen» – mehr ein Manuskript von Gotthelf.

Verlagsvertrag zwischen Julius Springer und Gotthelf über «Uli der Pächter» (vgl. die zweite Zeile des ersten Paragraphen).

nannte sie bloß «Gärung». Seine prachtvollen *Freiergeschichten* gewinnen ihren Reiz nicht aus süßen Leidenschaften, sondern aus dem schlauen und verhaltenen Werben der Partner umeinander:

«Wie Joggeli eine Frau sucht» (1841)
«Wie Christen eine Frau gewinnt» (1845)
«Michels Brautschau» (1850)

Mehrere bedeutende Romane des Dichters befassen sich mit *Politik, Zeitgeschichte* und *Zeitkritik*. Das galt ja lange als Markenzeichen Gotthelfs, und sowohl der Vetter Carl Bitzius als auch der Verleger Springer schrieben sich die Finger wund, um den Dichter zum Weglassen der Politik zu bewegen. In diese Gruppe gehören:

«Die Wassernot im Emmental» (1838)
«Kuriositäten vom Jahre 1839, 1840, 1841, 1842, 1843, 1844, 1845» (in den Jahrgängen des «Neuen Berner Kalenders»)
«Doktor Dorbach der Wühler» (1849)
«Wahlängsten und Nöten des Herrn Böhneler» (1849)
«Ein deutscher Flüchtling» (1850)
«Niggi Ju» (1851)

Aus einem Brief an J.K. Mörikofer vom 24.8. 1841 wissen wir, daß Gotthelf den Plan hatte, die ganze Schweizer Geschichte von der Urzeit bis zur Gegenwart in Erzählungen darzustellen (5:151 f). Auch einen historischen Roman über Adrian von Bubenberg, den Verteidiger Murtens, hatte er im Sinn gehabt. In diesen Zusammenhang der *Geschichte* und *Sage* gehören:

«Die Rotentaler Herren» (1841, veröffentlicht 1941)
«Die drei Brüder» (1841)
«Der letzte Thorberger» (1842)
«Die Gründung Burgdorfs oder Sintram und Bertram» (1842)
«Der Druide» (1843)
«Elsi die seltsame Magd» (1843)
«Kurt von Koppigen» (1844)
«Eine alte Geschichte zu neuer Erbauung» (1848)
«Ein Bild aus dem Übergang 1798» (1852)

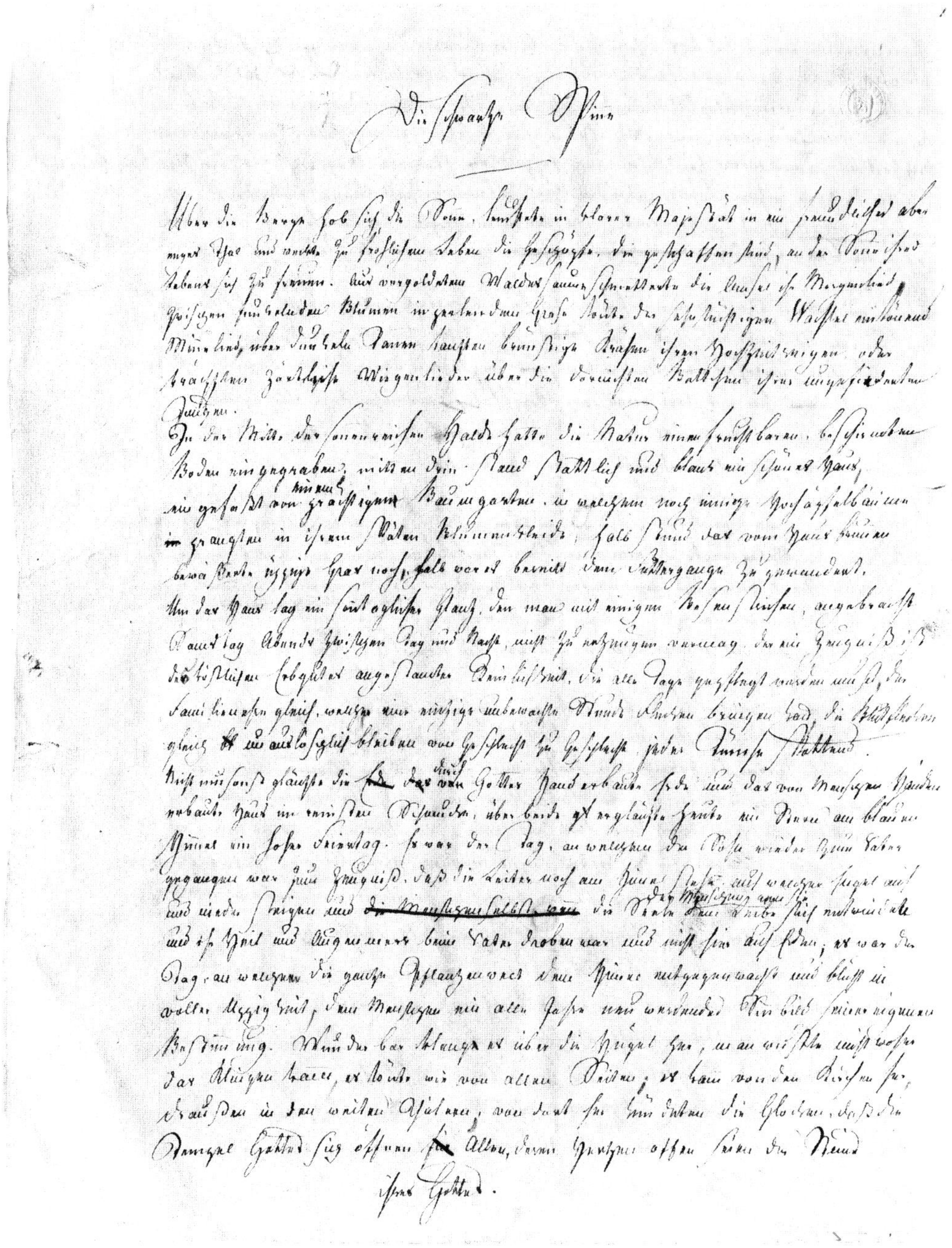

Die erste Seite von Gotthelfs Manuskript für «Die schwarze Spinne».

Im Roman «Käthi die Großmutter» macht Gotthelf eine eher beschränkte, hilflose, unmündige, altväterische Großmutter zur Titelheldin. Er weiß sie freilich so darzustellen, daß sie die Sympathien des Lesers gewinnt und trotz ihrer Unscheinbarkeit und Bedeutungslosigkeit zum «Exempel» (X:351) werden kann. Ganz *unspektakuläre,* aber nichtsdestoweniger wundervolle, in ihrer unnachahmlichen Würde ans Heilige grenzende *Figuren* hat er in folgenden Erzählungen dargestellt:

«Segen und Unsegen» (1849)
«Das Erdbeeri Mareili» (1850)
«Der Sonntag des Großvaters» (1851)
«Die Frau Pfarrerin» (postum 1855)

Gotthelf ist einer der größten Humoristen der Weltliteratur; das ist in fast allen Werken sichtbar. Selbst so feierliche Erzählungen wie der «Sonntag des Großvaters» und die «Frau Pfarrerin» enthalten noch Szenen voller Komik. Die «Käserei in der Vehfreude» verwirklicht ihre durchaus ernste Zeitkritik im Stile eines komisch-humoristischen

Romans. Überschäumende *Komik* bis hin zu Nonsens und Blödelei enthalten folgende Erzählungen:

«Reisebilder aus den Weltfahrten eines Schneiders»
(1841–45, im «Neuen Berner Kalender»)
«Das Krokodil» (1840, im «Neuen Berner Kalender»)
«Der große Kongreß auf dem Casinoplatz in Bern»
(1841, im «Neuen Berner Kalender»)
«Wurst wider Wurst» (1846)
«Der Ball» (1853)
«Der Oberamtmann und der Amtsrichter» (1853)

Anstelle von Politik, so forderten Vetter Bitzius und Verleger Springer immer wieder, solle der Dichter *Seelenmalerei* bringen. Am ehesten erfüllen wohl folgende Erzählungen diese Forderung:

«Hans Berner und seine Söhne» (1842)
«Ein Sylvestertraum» (1842)
«Die Schlachtfelder» (1844)
«Der Notar in der Falle» (1847)
«Der Besuch» (1853)

Aber der scharfe, unbestechliche Blick, das psychologische Einfühlungsvermögen, die Absicht «Herzen zu erwärmen» ist im Gesamtwerk ebenso vorhanden. Es bleibt noch eine letzte Gruppe zu erwähnen. Als der Verleger Springer mit Gotthelf Kontakt aufgenommen und damit eine wichtige Zusammenarbeit angebahnt hatte, wünschte er sich als erstes Werk Gotthelfs in seinem Verlag eine *Jugendgeschichte*. Gotthelf hatte schon in mehreren Jahrgängen des «Neuen Berner Kalenders» *Kindergeschichten* veröffentlicht und schrieb nun als Schweizer Autor über jenen Sohn des Tell, der den Apfel auf dem Kopf getragen hatte:

«Das gelbe Vögelein und das arme Margrithli» (1839)
«Der russische Knabe» (1839)
«Die Rabeneltern» (1840)
«Das arme Kätheli» (1842)
«Der Knabe des Tell» (1846)

Die Erzählungen Gotthelfs nehmen also sehr oft Themen und Probleme der großen Romane auf, spitzen sie zu, beleuchten Sonderfälle. Auffällig ist, daß das Schul-, Lehr- und Lernproblem, das im zweibändigen «Schulmeister»-Roman vorgetragen wurde, in den Erzählungen nicht mehr auftaucht. Ebenso wurde das Verhältnis von Arzt und

Titelblatt und fünf (stark verkleinerte) Illustrationen aus der von Friedrich Walthard (1818–1870) gestalteten «Schwarzen Spinne». Der Künstler hat Gotthelf noch persönlich gekannt.
1. Titelblatt 2. Der Kuß des Grünen 3. Verzweifelter Widerstand gegen die Spinne 4. Rettung des Kindes 5. Die Gotte 6. Die Frevler

1

2

3

Pfarrer, und welcher von beiden für Leib und Seele des Menschen zuständig sei, im «Anne Bäbi»-Roman breit dargestellt, und erscheint in keiner der Erzählungen mehr.

Gotthelf war sehr sorglos mit seinen Manuskripten, überließ das Lesen der Korrekturen seiner Frau und sah darüber hinweg, wenn deutsche Herausgeber, Verleger oder Lektoren an seinen Texten herumbesserten. Das alles mag dazu beigetragen haben, daß seine Werke in einer uneinheitlichen Sprachgestalt überliefert sind und den Herausgebern immer wieder Kopfzerbrechen verursachen. Diese Sorglosigkeit ist verwunderlich, da er Verlegern gegenüber sehr mißtrauisch war. Springer beklagt sich immer wieder über dieses Mißtrauen: «Als ich meiner Frau Ihren Brief vorlas, sagte sie: ist das nicht wie Joggeli! Ja, geehrter Herr, Ihr Mißtrauen und Ihr Mehr-Haben-Wollen paßt so ganz zu einem Charakter, den Sie so fürtrefflich gezeichnet haben!» (7:243). Springer meint den Glunggenbauern Joggeli in den «Uli»-Romanen, eine durchweg pathologische Figur. Einmal berichtet Springer von einem Gespräch, das er mit einem anderen Verleger über Gotthelfs Schriftsteller-Honorare geführt habe: «Mayer war ganz außer sich über die Honorare, die Sie von mir erhalten. Er stimmt bei, daß dies die größten im *deutschen* Buchhandel sind. Ich bin auch stolz auf diese Honorare und verschweige sie nirgends, werde auch überall angestaunt deshalb» (8:224).

4

5

6

Bauerndichter in den «sogenannten industriellen Zeiten»

Agrar- und Industriegesellschaften – Gotthelf reagiert auf die industrielle Revolution – Beten und arbeiten als Alternative zu Industrie und Revolution? – Eisenbahnen, Evolutionstheorie, Bevölkerungszuwachs, Kartoffeln und Kunstdünger – Gotthelf versucht eine Synthese des Alten und des Neuen

Gotthelfs Bauerndichtung ist ohne den weltgeschichtlichen Einbruch der industriellen Revolution nicht angemessen verständlich.

Seit die Menschen seßhaft wurden, Tiere zähmten und sich Land als Besitz und Erbe aneigneten, also seit etwa 12 000 Jahren, war die Zahl der Erdbevölkerung niedrig und der Energieverbrauch gering geblieben – im Vergleich mit der sprunghaften Zunahme beider Ziffern seit 1750. Bis zur Mitte des 18. Jahrhunderts hatte die Erdbevölkerung über Jahrhunderte langsam zugenommen und etwa 750 Millionen erreicht. Das war die äußerste Zahl, die im Rahmen der alten agrarischen Wirtschaftsformen ernährt werden konnte. In den folgenden nicht einmal ganz 250 Jahren ist die Erdbevölkerung auf über 5 Milliarden angewachsen, kein Wunder also, wenn von einer Bevölkerungsexplosion gesprochen wird. Gleichzeitig mit diesem ungeheuren und vorher nie dagewesenen Zuwachs veränderten sich die Lebensformen: aus den alten Agrargesellschaften, in denen 80 % oder mehr der Bevölkerung auf dem Land arbeiteten – vergleichbar den heutigen Entwicklungsländern –, wurden moderne Industriegesellschaften mit z. T. weniger als 5 % Landbevölkerung. Dörfliche, bäuerliche Lebensformen wurden von städtischen oder großstädtischen verdrängt und ersetzt. Bis zur Erfindung der Dampfmaschine, der mechanischen Spinn- und Webmaschinen und der Eisenbahn war das Leben auf unserem Planeten mehr oder weniger gleich geblieben. Dann setzte im 18. Jahrhundert eine Entwicklung ein, die in kürzester Zeit mehr Veränderungen brachte als Jahrhunderte oder Jahrtausende vorher und die wegen ihrer Plötzlichkeit und Schnelle mit Recht «industrielle Revolution» genannt wird.

Agrargesellschaften sind ärmer als Industriegesellschaften. Die Menschen verbringen ihre meiste Zeit mit der Beschaffung von Unterhalt und Kleidung, und nur die wenigen Reichen haben Zeit für höhere Bildung. So gab es bis in Gotthelfs Zeit in unseren Ländern noch viele Analphabeten, man rechnet mit 30 % bei den Männern, bei den Frauen soll die Zahl noch größer gewesen sein. Es gab keine allgemeine Schulpflicht, keine ausgebildeten Lehrer, einfach weil es nicht nötig schien. Der Wissensstand war bei den meisten niedrig, die Kenntnisse in Hygiene und Medizin wenig ausgebildet und kaum verbreitet. Epidemien, Kindbettfieber und Säuglingssterblichkeit verhinderten ein starkes Bevölkerungswachstum. Es gab keinen Weltverkehr und keine ausge-

bauten Infrastrukturen (Transport- und Nachrichtenwesen), so daß Hungersnöte und Mißernten nicht aufgefangen werden konnten. Das Grundgefühl der menschlichen Existenz war Angst und Bedrohtheit oder Abhängigkeit von unendlich überlegenen Mächten. Es ist kein Zufall, daß die alten Agrargesellschaften unseres Erdballs allesamt religiös waren und daß mit der industriellen Revolution Materialismus und Atheismus auftauchten, die alten Religionen zerbröckelten und verblaßten. Bertrand Russell, der englische Mathematiker und Philosoph, hat einmal gesagt: «People who depend upon the weather are always apt to be religious, because the weather is capricious and non-human, and is therefore regarded as of divine origine… A life of this kind, exposed to non-human dangers, is the most favourable to traditional religion.» Damit könnte auch zusammenhängen, daß Agrargesellschaften mit wenigen Ausnahmen – zu ihnen zählt die Schweiz – Monarchien waren, also von Kaisern, Königen und Adel regiert wurden.

Alpauffahrt bei Lützelflüh um 1790. Radierung von Franz Hegi (1774–1850) nach Gabriel Lory père. Links die überdachte Emmenbrücke, rechts davon die Kirche. Im Hintergrund Schloß Brandis, das 1798 durch Feuer zerstört und nicht wieder aufgebaut wurde.

Verglichen mit der Lebensform der Großstadt und der Industriegesellschaft haben Agrargesellschaften etwas Rückständiges, Undynamisches, Ärmliches, Altmodisches, Dörflich-Bäurisch-Hinterwäldlerisches – oder auch etwas Ruhiges, Statisches, Heiles, Naturhaftes. Umgekehrt hat die Lebensform des Großstädters aus der Sicht einer Agrargesellschaft etwas Verlockendes: der Städter scheint politisch freier, besser versichert, von der Natur weniger abhängig, gebildeter, urbaner, emanzipierter und mit den besseren Aufstiegsmöglichkeiten versehen – oder er ist ein armer Massenmensch, der die alten Werte für nichts Lohnendes aufgegeben hat.

Gotthelfs Werk entstand nicht in der Anfangsphase der industriellen Revolution,

1843 ersetzte Bern als erste Schweizer Stadt in den nächtlichen Straßen die Öllampen durch die Gasbeleuchtung. In der Karikatur des «Guckkasten» steigt links die neue Zeit herauf (Licht), rechts nimmt die alte (Dunkelheit) Abschied. Der Öllampen-Wärter hat sich erhängt. Die 1844 ausgebrochene Kartoffelkrankheit wurde der neuen Beleuchtung angelastet.

sondern während deutlich sichtbaren Schüben in der ersten Hälfte des 19. Jahrhunderts. Als er 1797 geboren wurde, gab es noch keine Eisenbahn, keinen Telegraphen, keinen Kunstdünger (dessen Erfinder Justus von Liebig kommt im «Anne Bäbi» sogar vor, VI:136), keine allgemeine Schulpflicht, keine Sekundarschulen, keine technischen Hochschulen, keine Frauenemanzipation, keine Fabrik, keine Fabrikarbeiter und also auch keinen Sozialismus. Als er 1854 starb, war dies alles vor seinen Augen entstanden. Es ist kein Zufall, daß das «Kommunistische Manifest» (1848) und «Uli der Pächter» (1849) so nahe beieinanderliegen. «Jakobs Wanderungen», der Handwerksburschenroman, der gegen «Kommunisten, Sozialisten, Fourieristen und andere Unchristen» (IX:217) gerichtet ist, behandelt ganz moderne Probleme, die vor der industriellen Revolution überhaupt nicht existiert haben.

Der Dorfpfarrer Bitzius stellt innerhalb dieses Zeitenumbruchs einen Sonderfall dar. Die gesamte deutschsprachige Literatur hat auf diese Veränderungen zunächst sehr schwach und dann eher abwehrend reagiert. Der alte Goethe hat in «Wilhelm Meisters Wanderjahren» (1829) über die Auswirkungen der mechanischen Webstühle auf die Handweberei gesprochen und Karl Immermann in den «Epigonen» (1836) einen Konzern dargestellt. Das Fabrikelend hatte als einer der ersten Georg Weerth in seinem «Romanfragment» (1846/47) geschildert. Weerth läßt dort einen Fabrikantensohn auftreten, der die Industrie seiner Zeit zwar haßt, aber «ihre guten Elemente ehrte, weil er das Welterlösende in ihnen erkannte und davon überzeugt war, daß die Industrie die Menschen glücklich machen würde.» Goethe und Werth hatten beide in Saint-Simons Schriften «Système industriel» (1821) und «Catéchisme des industriels» (1823) gelesen.

Aber schon Robert Prutz, dessen dreibändiger Roman «Das Engelchen» (1851) bis zum ersten Weltkrieg als bedeutende Darstellung der Technik galt, löst die Frage der Industrialisierung in einem nostalgischen Sinne: ein von einem bösen Kapitalisten aus einem Handweberdorf in ein Fabrikdorf verwandelter Ort wird von einem braven Handwerker wieder in ein friedliches Handweberdorf zurückverwandelt. Das ist ein Anachronismus, denn das 19. Jahrhundert hat sich genau umgekehrt entschieden. Ähnlich nostalgisch wirken auch Wilhelm Raabes «Hungerpastor» (1865), «Pfisters Mühle» (1884) und «Stopfkuchen» (1891). Die protechnischen Programme des Naturalismus, etwa Arno Holz' «Buch der Zeit» (1884), blieben zu sehr im Planen stecken. Erst der Weltkrieg brachte einen Durchbruch, vor allem durch das Werk Bertolt Brechts und die Bewegung der «Neuen Sachlichkeit» in den zwanziger Jahren. Im großen und ganzen wurde das Maschinenzeitalter aber als Gefahr für die Dichtung erlebt: «Alles Erworbne bedroht die Maschine», heißt es bei R. M. Rilke.

In der ersten Hälfte des 19. Jahrhunderts und noch lange danach ist Gotthelf von allen deutschsprachigen Autoren der für die industrielle Revolution sensibelste. Nur der gleichaltrige Heinrich Heine, der in Paris lebte und den neuen Dingen vielleicht näher war, kommt ihm darin gleich. So ist ausgerechnet der Dorfpfarrer Bitzius einer der ersten dichterischen Zeugen der industriellen Revolution, und sein Werk ist eine wahre Fundgrube für die ersten Ängste und Hoffnungen der neuen, modernen Zeit. Dabei gibt es grundsätzlich zwei Möglichkeiten. Entweder: man lehnt das Neue – z. B. Eisenbahn, Republik und Frauenemanzipation – ab und wünscht die Zeiten der Postkutsche und der Monarchie zurück. Oder: man läßt sich vom Sog und den – vielversprechenden oder illusionären – Aussichten des Neuen erfassen und lehnt alles Alte entschieden und unnachgiebig ab. Je mehr Altes – z. B. «Pfaffen und Aristokraten» – zum Schweigen oder Sterben gebracht wird, desto eher kann der mündige Mensch in sein selbstgeschaffenes Paradies einziehen. Er kann Schulen, Universitäten, Krankenhäuser, Museen bauen und damit die Kirche überflüssig machen. Das 19. Jahrhundert erfährt diese beiden Tendenzen als Alternative, nicht als Synthese.

Als Kind seiner Zeit ist Gotthelf natürlich nicht frei von ihren Ängsten und Hoffnungen. Aber gerade weil er beide Zeitalter überschaute, weil er mit einem Bein im

«Eine moderne Schweizerlandschaft». Karikatur des «Postheiri» von 1852. Gotthelf in einem Brief: «Es ist bei unserer galvanisch-telegraphischen Zeit in Minuten alles alt, geschweige was vor Monaten ob Handen war» (6:190).

Agrar-, mit dem andern im Industriezeitalter stand, weil er Lebensformen und Gemütslagen beider kannte, sind seine Reaktionen weitsichtiger, seine Lösungen zuverlässiger, seine Voraussagen wahrscheinlicher. In einigen bedeutenden Texten ist ihm auch eine Synthese der beiden Richtungen möglich gewesen, aber gerade dort haben Zeitgenossen und Nachwelt nicht auf ihn gehört.

Wie in einer Formel oder einem Grundmodell faßt Gotthelf einmal das gesamte Problem in einigen mächtigen Sätzen zusammen. Sie stehen am Anfang der «Kuriositäten vom Jahre 1842». Es beginnt mit einer allgemeinen Betrachtung der Weltlage und der Lage der Schweiz. Gott habe es bis jetzt «wohlgemacht, er wird es wieder (also 1842) wohlmachen» heißt es dort. Dann taucht jenes bekannte alttestamentliche Bild und Symbol menschlicher Hybris auf, freilich in einem eigenartigen Zusammenhang: «Wenn auch die Menschen am babylonischen Turme bauen und die am eifrigsten, die am wenigsten es meinen, aus der Menschen babylonischem Bau steigt wie Blumen aus goldener Au endlich doch hell und reich des Herrn ewig Reich» (XXIV:7). Man muß sich diesen eigenartigen Gedanken vergegenwärtigen: aus dem Turm von Babel, d. h. dem modernen, menschlich-selbstherrlichen, gottabgewandten Streben soll wie von selber das Reich Gottes erwachsen. Welcher Haltung und Seite vertraut Gotthelf hier? Dem Turmbau oder dem Reich Gottes oder beiden?

Es folgen zwei Sätze, welche diese Verbindung sich ausschließender Prinzipien eindeutig wieder zu sprengen scheinen: «Beten und arbeiten soll der Schweizer und ein Genügen finden an dem, was Gott ihm gegeben; harte Haut an den Händen, aber zarte am Gewissen, das ist der Panzer, der vor dem Biß des tollen Hundes schützt, der mit dem Schwanz zwischen den Beinen durch aller Herren Länder läuft, dem man vormittags Industrie sagt und nachmittags Revolution» (XXIV:7).

«Beten und arbeiten», ora et labora, ist ein mönchisches Ideal, es stammt aus der Ordensregel des hl. Benedikt und steht hier, im Jahre 1842, für die alte, religiös orientierte, bäuerliche Lebensform. «Industrie und Revolution» sind demgegenüber moderne Tendenzen, typisch für das 19. Jahrhundert, wobei allerdings «Revolution» noch nichts mit Marxismus oder gar Leninismus und Bolschewismus zu tun hat, denn die gab es um diese Zeit überhaupt noch nicht. Die modernen Tendenzen bezeichnet Gotthelf als tollwütigen Hund mit eingezogenem Schwanz – er ist also ein Feigling –, den man mit Arbeitsamkeit («harte Haut an den Händen») und Frömmigkeit («zarte am Gewissen») spielend verscheuchen könne. Man braucht aber diesen «Panzer», denn der Hund ist offenbar gefährlich, und er bedroht nicht nur die Schweiz, sondern läuft «durch aller Herren Länder».

Am konsequentesten von allen Figuren Gotthelfs verwirklicht Käthi die Großmutter die unmoderne, biblische, mittelalterlich anmutende Lebensform. Wörtlich hält sie sich an das Gebot Jesu: «Sorget nicht für euer Leben, was ihr essen und trinken werdet, auch nicht für euern Leib, was ihr anziehen werdet!... Denn nach solchem allem trachten die Heiden. Denn euer himmlischer Vater weiß, daß ihr des alles bedürfet. Trachtet aber am ersten nach dem Reiche Gottes und seiner Gerechtigkeit...» (X:93; Mt. 6,25 ff), Käthis Haltung ist in der Überschrift des 13. Kapitels des Romans schön ausgedrückt: «Wie Käthi in Ehren und ohne jemand zu plagen mit Beten und Arbeiten sich durchzuschlagen sucht.» Obwohl Käthi so gut wie alle Lebenssicherung und Lebensvorsorge fehlt, die einem mündigen Bürger eines modernen Rechtsstaates zur Verfügung stehen, und obwohl sie – einem aufgeklärten Menschen der Neuzeit unverständlich – ihre ganze Existenz in Gottes Hände legt, stellt Gotthelf sie ausdrücklich als «Beispiel» und «Exempel» (X:350 f) dar, als Gegenentwurf müßte man wohl eher sagen. Als Uli der Pächter, der ja als «Emporkömmling» (XI:429) ein moderner Typus ist, dem «Rechnen», d. h. kapitalistischen Wirtschaftsmethoden, zu verfallen droht, ermahnt ihn seine Frau Vreneli: «Laß uns beten und arbeiten, das andere auf Gott stellen, der soll unser Rechenmeister sein» (XI:14).

Ist die Fruchtbarkeit des Ackerbodens ein «Segen Gottes» oder ein Erfolg der Agrochemie? Soll der Bauer «beten und arbeiten, das andere auf Gott stellen» (XI:14) wie auf dem «Angelusläuten» von Jean François Millet (1814–1875), oder soll er den Experimenten und Bodenanalysen des «Professor Liebig in Gießen» (VI:136) vertrauen?

Käthis Hauptverdienst ist das Spinnen von Flachs. Da nun aber neue Maschinen aufgetaucht sind, die nicht nur Baumwolle, sondern auch Flachs viel schneller spinnen können, da «englisches Garn» (X:188) die Schweiz überflutet, scheint Käthis Spinnrad nicht mehr konkurrenzfähig zu sein. Sie müßte brotlos werden. Gotthelf findet aber eine andere Lösung: «Es gibt noch immer viele Leute, welche mit dem Baumwollenzeug nichts zu tun haben wollen, nicht Maschinengarn mögen und schönes Leinenzeug für eine Zierde des Haushalts halten» (X:188f). Für solche Kunden arbeitet Käthi. Der Ehemann von Elisi in den «Uli»-Romanen, ein moderner Windbeutel und Betrüger, ist Baumwollenhändler…

Es sollte heute niemand mehr wundern, daß Gotthelf im «Berner Volksfreund» über «Ein- und Ausfuhr, Flachsanbau und Spinnerei», über «Der Bauer und das Holz» oder «Der Große Rat und das Holz» schrieb. «Gar viel Holz könnte wieder den Armen, dem Hausbrauch zugut kommen, wenn Fabriken und Feueressen mit Steinkohlen erhalten werden könnten» (13:158). So traten Energiefragen und ökologische Probleme zu Gotthelfs Zeit auf. Auch hier stellt er sich nicht gegen neue Produktions- und Handelsformen, sondern sucht nach mittleren Lösungen. «Ein Fabrikvolk sollten wir nicht

Titelblatt einer agrochemischen Zeitschrift aus der 2. Hälfte des 19. Jahrhunderts. Die Landwirtschaft orientiert sich immer mehr an den Naturwissenschaften.

Titelblatt der Erstausgabe von Justus von Liebigs (1803–1873) bahnbrechendem Werk über die Anwendung des Kunstdüngers.

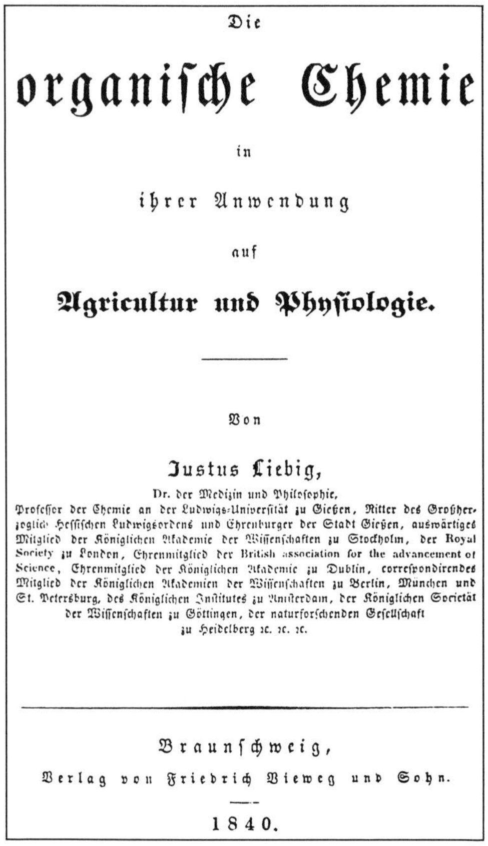

Die

organische Chemie

in

ihrer Anwendung

auf

Agricultur und Physiologie.

Von

Justus Liebig,

Dr. der Medizin und Philosophie,
Professor der Chemie an der Ludwigs-Universität zu Gießen, Ritter des Großherzoglich Hessischen Ludwigsordens und Ehrenburger der Stadt Gießen, auswärtiges Mitglied der Königlichen Akademie der Wissenschaften zu Stockholm, der Royal Society zu London, Ehrenmitglied der British association for the advancement of Science, Ehrenmitglied der Königlichen Akademie zu Dublin, correspondirendes Mitglied der Königlichen Akademien der Wissenschaften zu Berlin, München und St. Petersburg, des Königlichen Institutes zu Amsterdam, der Königlichen Societät der Wissenschaften zu Göttingen, der naturforschenden Gesellschaft zu Heidelberg 2c. 2c. 2c.

Braunschweig,
Verlag von Friedrich Vieweg und Sohn.
1840.

werden», schreibt er im Hinblick auf England, «aber hinreichende Beschäftigung zu einem notdürftigen Auskommen muß jedes Land seinen Bewohnern gewähren, wenn nicht Not einreißen, das ganze Land am Abgrunde stehen soll» (13:166).

Es ist lohnend, sich auch einmal die Gegenposition zu dieser biblisch-evangelischen Existenzform des «Bete und arbeite» zu vergegenwärtigen. Auf Drängen von Ferdinand Lassalle, dem Gründer des Allgemeinen deutschen Arbeitervereins, aus dem später die SPD hervorgehen sollte, schrieb der Dichter Georg Herwegh 1863 ein «Bundeslied für den allgemeinen deutschen Arbeiterverein». Die erste der zwölf Strophen formuliert die moderne Position unübertrefflich:

«‹Bet und arbeit!› ruft die Welt,
Bete kurz! denn Zeit ist Geld.
An die Türe pocht die Not –
Bete kurz! denn Zeit ist Brot.»

In einer am 17. Mai 1863 gehaltenen Rede vor Arbeiterbildungsvereinen in Frankfurt hat Lassalle aus seiner Sicht die alte und die – für ihn wünschenswerte – moderne Lebensform miteinander kontrastiert: «Ihr deutschen Arbeiter seid merkwürdige Leute! Vor französischen und englischen Arbeitern, da müßte man plaidieren, wie man ihrer traurigen Lage abhelfen könne, Euch aber muß man vorher erst beweisen, daß Ihr in einer traurigen Lage *seid*. Solange Ihr nur ein Stück schlechte Wurst habt und ein Glas Bier, merkt Ihr das gar nicht und wißt gar nicht, daß Euch etwas fehlt! Das kommt aber von Eurer verdammten Bedürfnislosigkeit! Wie, werdet Ihr sagen, ist die Bedürfnislosigkeit denn nicht eine Tugend? Ja, vor dem christlichen Moralprediger, da ist die Bedürfnislosigkeit allerdings eine Tugend, die Bedürfnislosigkeit ist die Tugend des indischen Säulenheiligen und christlichen Mönchs; aber vor dem Geschichtsforscher und vor dem Nationalökonomen, da gilt eine andere Tugend. Fragen Sie alle Nationalökonomen: welches ist das größte Unglück für ein Volk? Wenn es *keine* Bedürfnisse hat. Denn diese sind der Stachel *seiner* Entwicklung und Kultur. Darum ist der neapolitanische Lazzarone so weit zurück in der Kultur, weil er keine Bedürfnisse hat, weil er zufrieden sich ausstreckt und in der Sonne sich wärmt, wenn er eine Handvoll Maccaroni erworben. Warum ist der russische Kosak so weit zurück in der Kultur? Weil er Talglichte frißt und froh ist, wenn er sich in schlechtem Fusel berauscht. *Möglichst viel* Bedürfnisse haben, aber sie *auf ehrliche und anständige Weise befriedigen* – das ist die Tugend der heutigen, der nationalökonomischen Zeit! Und solange Ihr das nicht begreift und befolgt, predige ich ganz vergeblich.»

Gotthelf hat natürlich diese knapp ein Jahrzehnt nach seinem Tode entstandenen Texte nicht gekannt. Der Gegensatz «Beten und arbeiten soll der Schweizer» einerseits und das zweifache «Bete kurz!» bedürfen keines weiteren Kommentars. Der Dichter Herwegh aber war Gotthelf durch seine «Einundzwanzig Bogen aus der Schweiz» und seine «Gedichte eines Lebendigen» sowie durch seine revolutionären Aktivitäten bekannt. In den «Kuriositäten vom Jahre 1843» behauptet er, es sei da einer aufgestanden und habe gesagt: «‹Jetzt predige ich, potz Wetter!› Und das war der Herwegh! ‹Wer ist der?› werden die meisten fragen; ‹ists der neue Name für Herrgott?› Bewahre nein! Hätts vielleicht nicht ungern der kleine Mann. Der Herwegh ist nämlich ein kleines Bürschchen, das, in Schwaben drausgelaufen, in Zürich das Versfeilen trieb und dort so gleichsam zweggefüttert wurde…» Dann spottet er ausgiebig über den peinlichen Besuch des Revolutionärs Herwegh bei König Friedrich Wilhelm IV. von Preußen und den noch peinlicheren Brief des Dichters an den König. Es sei Herwegh gegangen «wie dem Hund, der mit dem Schwanz zwischen den Beinen davongelaufen und jetzt aus der Ferne her ein Gebell anstellt wie ein Leu» (XXIV:123f). Dieser Hund ist uns kein Unbekannter mehr!

«Beten und arbeiten» einerseits, «Industrie und Revolution» andrerseits werden aber nun von Gotthelf in den meisten Fällen viel differenzierter und vielschichtiger in

Das «Bundeslied des allgemeinen deutschen Arbeitervereins» propagiert das Gegenteil von «Beten und Arbeiten», nämlich «Industrie und Revolution». Der Dichter Georg Herwegh (1817–1875) – hier von seiner Frau im Wagen versteckt – flüchtete mehrmals in die Schweiz. Gotthelf lehnte seine «Gedichte eines Lebendigen» ab: «ich begreife gar nicht, wie man aus ihm so ein Wesen machen kann» (5:312).

Beziehung gesetzt als es seinen «Kuriositäten» nach den Anschein hat. Gerade der so altväterisch fromme Roman «Käthi die Großmutter» wird mit einem großartigen Bild von der Entstehung der Erde eröffnet, das alte und neue Vorstellungen zu verbinden sucht. Schon im 18. Jahrhundert war die Erschaffung der Welt als Sechstagewerk des Schöpfers bezweifelt worden. Einer der ersten Vertreter einer Evolutionstheorie war Kant mit seinem Werk «Allgemeine Naturgeschichte und Theorie des Himmels» von 1755. Im 19. Jahrhundert hatte sich der Gegensatz: hier Schöpfungsglaube, dort Evolutionstheorie zu einer unausweichlichen Alternative zugespitzt, bei der natürlich die Annahme, die Erdoberfläche, Pflanzen, Tiere und schließlich der Mensch seien Endstufen von Millionen Jahre dauernden Entwicklungen, viel wissenschaftlicher, d. h. einleuchtender, erschien als der Glaube, Gott habe das alles an sechs Tagen so gemacht, und seither sei es immer so geblieben.

Für Gotthelf stellen sich derartige für das 19. Jahrhundert typische Alternativen nicht. Er beginnt den Roman «Käthi die Großmutter» mit dem Bild gewaltiger evolutionärer Vorgänge: «Wer dabei gewesen wäre, als die Erde die Berge gebar, als die ungeheuren Kinder der Erde Schoß sich entwanden, die, nackt geboren aus glühendem Schoße, erstarrten in der Luft, welche über der Erde lag; wer dabei gewesen wäre, als lauere Lüfte kamen, die kalten Kinder auftauten in warmer Sonne, ihr eisig Gewand zu Wasser ward, die Wasser aus den Bergen brachen, Rinnen rissen, Gründe gruben, Täler schufen, die Schweiz ein ungeheurer Wasserfall ward:» – bis hierher wird die evolutionäre Entfaltung vulkanischer und neptunischer Kräfte geschildert, und «wer dabei gewesen wäre», ja, der hätte einen poetischen Beweis für die Evolutionstheorie geschaut. Gotthelf fährt aber ganz anders fort. «Wer dabei gewesen wäre»: «dessen Mund wäre verstummt im Schauen der Allmacht, seine Sinne wären erloschen, seine Seele ein ewig Gebet geworden» (X:7). Neue wissenschaftliche Welterklärung und alte Frömmigkeit gehen Hand in Hand.

Eine ähnliche Harmonisierung findet sich schon im «Bauernspiegel». Dort kommt Jeremias Gotthelf nach zwanzigjähriger Landesabwesenheit in die Schweiz zurück und stellt verwundert eine Menge Veränderungen fest. «Was doch in einem Zeitraum von zwanzig Jahren erfunden, geschaffen wird, und besonders in unsern Tagen!» so leitet er seine Beobachtungen ein. In der «Käserei in der Vehfreude» wird dieser schnelle Wandel einmal mit dem lustigen Satz ausgedrückt: «Vor alten Zeiten, das heißt

Seite 108–109:
Neuruppiner Bilderbogen zum Eisenbahnunglück, das sich am 9. Mai 1842 zwischen Versailles und Paris ereignete. Gotthelf berichtet davon in den «Kuriositäten vom Jahre 1842» (XXIV:25 f.).

Die Eisenbahn als Bauernschreck. Zeichnung von August Schöll, St. Gallen 1858.

vor etwas mehr als dreißig Jahren...» (XII:21). Was beobachtet der zurückgekehrte Mias im einzelnen? «Die ganze Landschaft schien mir umgewandelt. Neue Häuser glänzten überall zwischen wohlunterhaltenen Bäumen hervor, die nicht mehr voll Moos und Mistelen waren. Große Scheiben, helle Fenster zeugten von helleren Menschen, und blaue Schieferdächer von vorsichtigen und klugen. Und waren das die magern Äcker noch, die früher gähnten und ermatteten, wenn sie einige Grasstengel tragen sollten, und jetzt bedeckt mit bürstendichtem, knietiefem Grase oder mit dem zarten, üppigen Klee, der Kühe Zuckerbrot? Erdäpfelfelder streckten sich in ihrem dunkeln Grün weithin, wo ehedem nur einzelne Stauden gestanden in wehmütiger Magerkeit.»

Das «Früher» oder «Ehedem» war die Zeit der agronomischen Rückständigkeit, jetzt hat man neue Einsichten, neue Materialien, neues Saatgut und wohl auch neue Düngemethoden. Wir lesen noch ein paar Zeilen weiter, folgen dem «Früher»-«Heute»-Gegensatz: «Und was bedeckte denn die öden Weiden, wo früher die Besenreiser wuchsen, die Schrecken der ungehorsamen Kinder, die Wünschelruten der gerne fegenden und putzenden Weiber; was bedeckte die magern Halden, wo ehedem ein paar Schafe zwischen Leben und Tod am Hungertuche nagten oder einige Kühe ihre Rippen als stumme Seufzer Gott weit weit entgegenstreckten, daß er sich ihrer erbarme und Regen gebe und Fruchtbarkeit? Dort glänzte es nun in rötlichem Schimmer und wiegte im Winde sich wie ein Fruchtfeld. Es war die freigebige Esparsette, ein neuer Segen Gottes für die Kühe und für den Bauer, ein Segen Gottes für das ganze Land, der neben den Erdäpfeln für die wachsende Volksmenge noch lange genug Speise schaffen wird» (I:299). Die «wachsende Volksmenge» – da spürt der Dorfpfarrer Bitzius die Bevölkerungsexplosion, und da braucht es natürlich mehr Nahrung! Aber es ist nicht die Wissenschaft, die Forschung, die zu Esparsette und Kartoffeln verhelfen, sondern Gott! So ist es auch kein Zufall, daß gerade in «Käthi die Großmutter» eine Kartoffelkrankheit ausbricht – die seit 1844 tatsächlich im Kanton Bern gewütet hat – und daß Gotthelf bei der Gelegenheit die Wissenschaft in ihrer Ratlosigkeit aufs Korn nimmt. «Da hatte der Mensch Gelegenheit, zu zeigen, wie selbständig, mündig, unabhängig er sei, sein eigener Gott; da konnten die Weisen der Zeit ihre Weisheit an den Tag legen, ihren Nutzen für das wirkliche Leben, konnten den Beweis führen, daß sie auf der Kulturhöhe ständen, von welcher aus sie alle Lebensgebiete nicht bloß übersehen, sondern auch beherrschen könnten ...» (X:123f). Gotthelf ist nicht nur mit einer der ersten Eisenbahnen auf dem europäischen Festland selber gefahren – seine Frau konnte niemand jemals zu einer Eisenbahnfahrt überreden –, er ist auch einer der ersten Dichter im gesamten deutschen Sprachraum, der sich über das neue Verkehrsmittel Gedanken gemacht hat. Ende September 1841 hat er in Basel an der Jahresversammlung der Schweizerischen Gemeinnützigen Gesellschaft teilgenommen. Auf der Traktandenliste stand: «Welche Vorteile kann die Anlegung von Eisenbahnen in der Schweiz für Industrie und allgemeinen Verkehr darbieten? Welchen Einfluß wird sie auf Sitte und Sittlichkeit ausüben? Und wie kann hiebei dem Verdrängen wünschenswerter, bei uns bestehender Sitten vorgebeugt werden?» (IX:614). Am 30. September machten die Teilnehmer der Tagung eine Fahrt auf der erst am 15. August neu eröffneten Eisenbahnstrecke zwischen Saint-Louis und Mülhausen.

Kein ganzes Jahr war seit dieser Fahrt vergangen, als sich am 9. Mai 1842 zwischen Versailles und Paris ein schweres Eisenbahnunglück ereignete. Ein von zwei Lokomotiven gezogener Eisenbahnzug war in Brand geraten, und die von außen durch die Schaffner verschlossenen Waggons konnten nicht schnell genug geöffnet werden, so daß eine große Zahl Passagiere verbrannte. Gotthelf hat über diese erste große Katastrophe der Eisenbahngeschichte in den «Kuriositäten vom Jahre 1842» berichtet, wenige Seiten nach «babylonischem Turm, beten und arbeiten, Industrie und Revolution»: «In zehn Minuten war das Unglück vollendet, aber wer schildert das Entsetzen, welches diese zehn Minuten füllte, wer das Gräßliche, eingeschlossen zu sein, von todbringenden Flammen umwogt... Hie und da gelang es aus Verzweiflung, die neumodischen Kerker zu sprengen... Wie viele Leben verzehrt wurden, vernahm man nicht... und das öffentliche Interesse gebot, die Größe des Unglücks zu verkleinern, auf der geringst möglichen Zahl der Toten zu beharren, da eine größere nicht konnte bewiesen werden... Das war den Parisern ein feuriger Fingerzeig, wie niemand, der sein Haus verläßt, weiß, ob und in welchem Zustande er zurückkehrt in sein Haus», (XXIV:25f).

Sehr wahrscheinlich hat Gotthelf Zeitungsberichte über das Ereignis gelesen, vielleicht hat er auch den Neuruppiner Bilderbogen gesehen, der in grellen Farben auf den Schrecken hinwies. Die eigenen Eisenbahn-Erfahrungen, das Unglück bei Paris arbeiteten in ihm weiter. Am Schluß von «Jakobs Wanderungen» greift er das Eisenbahnthema noch einmal auf. Jakob trifft am Ende seiner Wanderungen durch die Schweiz – wir sind im Jahre 1845 – auf der mittleren Rheinbrücke in Basel einen älteren Gesellen, den Brandenburger, der ihm rät, die Heimreise nicht zu Fuß nach altem Brauch der Handwerksburschen, sondern auf dem neuen Verkehrsmittel, der Eisenbahn, zu machen. Hinter den spöttischen Worten, mit denen Gotthelf Jakobs Reaktion auf diesen Vorschlag beschreibt, werden Technik-Ängste spürbar, die wir heutzutage vielleicht nur noch hätten, wenn wir in ein Spaceshuttle steigen oder in einem Kleinst-U-Boot nach dem Wrack der Titanic tauchen müßten. «Er fürchtete

Seite 112–113:
Labor des «Professor Liebig in Gießen» (VI:136).

sich vor der dämonischen Macht, welche die Menschen dahinführt akkurat wie der Teufel die armen Seelen der Hölle zu, ohne daß sie was daran mehr machen können, wenn das Ding einmal im Lauf ist. Er hatte viel von Unglück gehört, schrecklichen Dingen, wie man verbrennen könne, wie man könne gesotten werden noch ganz anders als Krebse gesotten werden, wie man könne in die Luft gesprengt werden, daß man sein Lebtag nicht mehr zu Boden komme, so hoch hinauf. Im Waadtlande hatte er erzählen hören, ein solcher Zug sei einmal ausgerissen, ganz ab der Kette gekommen und davongefahren. Am grünen Vorgebirge habe man ihn noch gesehen, seither aber nichts mehr davon erfahren, bloß Arago, der berühmte Pariser Sterngucker, welcher die Kometen allezeit entdeckt, wenn die Lumpensammler mit Fingern darnach zeigen, wollte ihn am hintersten Mond des Jupiters haben vorbeisausen sehen» (IX:489f).

Brüche und Spaltungen eines Jahrhunderts: So wie Gotthelf das «Beten und arbeiten» gegen «Industrie und Revolution» zu verteidigen sucht, setzt der Theologe David Friedrich Strauss (1808–1874) in seiner Schrift «Der alte und der neue Glaube» (1872) der alten Religion die moderne Wissenschaft entgegen.

Trotz dieser Ängste besteigt Jakob am nächsten Morgen die Eisenbahn und erschrickt zunächst einmal vor dem Tempo, durch das die gewohnte Erfahrung von Raum und Zeit erschüttert wird. Ganz ähnlich hat Heine in «Lutetia» diese Erfahrung beschrieben. Die Eisenbahn leite einen neuen Abschnitt der Menschheitsgeschichte ein, heißt es dort, aber auch: «Durch die Eisenbahnen wird der Raum getötet...» und den denkenden Menschen befalle «ein unheimliches Grauen.» Auch Gotthelfs Jakob beginnt sich Gedanken zu machen, d. h. er wird zum Sprachrohr seines Dichters, und «so drängte sich ihm der Gedanke auf, ob nicht die Eisenbahnen viel schuld seien an den Schwindeleien der Zeit. Ehedem war es ein mühsam Wandern... Jetzt setzt man sich auf eine Eisenbahn wohlfeil...» (IX:492f). Das Ehedem erscheint Jakob aber natürlicher, denn wenn man sich tags angestrengt hatte, war man abends hungrig und durstig und konnte nachts gut schlafen. Das Jetzt dagegen hat ein trügerisches Gesicht, es macht die Menschen ungeduldig und läßt sie die wahren Maßstäbe verlieren, ihre Grenzen vergessen.

Gotthelf läßt seinen Jakob also ganz klar erkennen, daß die Eisenbahn nicht einfach die Eisenbahn ist, indem sie den meisten Menschen das Reisen erleichtert, sondern daß derartige Erfindungen weitreichende und tiefgreifende Veränderungen der Lebensformen mit sich bringen. «Es sind diese Eisenbahnen ein ungeheurer Schritt in der Gleichstellung der Menschen, und von den Eisenbahnen weg muß man nicht das Sehnen ins Leben hinübertragen, diese Gleichstellung in allen Verhältnissen zu vermitteln?» (IX:493).

Als der Theologe D. F. Strauss, dessen bahnbrechendes «Leben Jesu» dem alten Glauben den Todesstoß versetzte und das Gotthelf ablehnte, zum ersten Mal mit der Eisenbahn fuhr, hatte er, wie er in einem Brief vom 24. Mai 1841 jedenfalls behauptet, «keinerlei Furcht, sondern das Gefühl innigster Verwandtschaft des eigenen Prinzips mit dergleichen Erfindungen... Diese Abstraktion, dieses Fortgerissenwerden des Individuums von einer allgemeinen Macht, wie es bei jenen ungeheuren Riesenmaschinen stattfindet, ist ganz dasselbe Prinzip, das wir in der Wissenschaft vertreten.» Gotthelfs Basler Freund, der Theologe Hagenbach, beklagte diesen Prozeß in einem Brief mit folgenden Worten: «Im ganzen geht hier alles seinen alten und neuen Gang fort; überall wird gebaut: Kaufhaus, Museum etc. Die alten Klöster stürzen ein und die Schienen zur Eisenbahn werden schon bereitet. Ob es auch da heißen wird: bereitet dem Herrn den Weg?» (5:358)

«Beten und arbeiten» ist das Prinzip von «Ehedem», «Industrie und Revolution» das Prinzip von «Heutzutage». Daß für Gotthelf beide Prinzipien sich nicht ausschließen müssen, sondern gegenseitig helfen können, hat er in seinem Meisterwerk «Wie Anne Bäbi Jowäger haushaltet und wie es ihm mit dem Doktern geht» dargestellt. Obwohl vor allem der erste Teil des zweibändigen Werkes als typischer «Bauernroman» gelesen werden kann, paßt das ganze Werk doch wohl in keine Gattung, und man könnte es am ehesten als Pfarrer-Arzt-Roman bezeichnen. Gotthelf versucht

Gotthelf wurde geboren in der Zeit der Postkutsche und starb im «Jahrhundert der Eisenbahnen» (XIII:84). Er erlebte den Zusammenstoß von Alt und Neu in besonders schneller und scharfer Form. Das Bild symbolisiert den Übergang: ein mobiler Postkutschenkasten wird auf ein Eisenbahnfahrgestell gehoben (ca. 1845).

dort, die beiden für unsere Kultur getrennten Bereiche, nämlich die wissenschaftliche Medizin und die Theologie, das Wissen um die Heilung der Physis des Menschen und das Wissen um sein Seelenheil, einander wieder anzunähern. Im 19. Jahrhundert gehörte es fast schon zum Berufsethos des wissenschaftlichen Arztes, religiöse Fragen aus seinem Gebiet auszuklammern. Wissenschaft, so nahm man an, erledige die Religion, Technik schaffe das Theodizeeproblem ab, Mikroskop und Fernrohr machten sowohl mit dem metaphysischen Himmel als auch mit dem Aberglauben der Unaufgeklärten endgültig Schluß. So dachte der ehemalige Theologe David Friedrich Strauss in seinem weit verbreiteten Buch «Der alte und der neue Glaube» (1874). Der Ozeanflug Charles A. Lindberghs, so hat noch Bertolt Brecht behauptet, führe automatisch zur «Liquidierung des Jenseits», denn wer fliege, der sei «ein wirklicher Atheist».

Gotthelf hat weder die moderne Wissenschaft noch die Errungenschaften der Technik noch die moderne Wirtschaft abgelehnt. Er wollte nur ihretwegen die Religion nicht aufgeben. Seine «Bauerndichtung» ist keine rückwärtsgewandte Schwärmerei und hat nichts Nostalgisches. Vielmehr ist sie als eine Reaktion auf die «sogenannten industriellen Zeiten» (VIII:107) und auf das «Jahrhundert der Eisenbahnen» (XIII:84) entstanden. Diese sah er sehr sachlich und ökonomisch. Da er aber in der ihm eigenen aufrechten Grobheit auf der Religion bestand, war es seiner Zeit ein Leichtes, ihn in diesem Kulturkampf als «Pfaffe» oder gleich als «Kuttenstinker» einzustufen. Auf jeden Fall ist dieser grandiose Versuch, die alte Religion, die alten Lebenswerte auch in der modernen Zeit zu bewahren, von seinem einseitig fortschrittsgläubigen Jahrhundert beiseitegeworfen worden. Gotthelf gehört *nicht* zu den Siegern seiner Zeit.

Der moderne Held braucht einen Retter

Deus ex machina – Hagelhans im Blitzloch, seine Tauben und seine Vergangenheit – Der geheimnisvolle Jäger Bendicht Wehrdi – Flucht aus der Schweiz und zwanzig Jahre Batavia – Schule, Religion und Leben – Herr von Stierengrind und die sogenannten Liberalen – Uli als Parvenu, der Zeitgeist und die Strafe Gottes – Hans Joggi Tschieg und der Rechtsstaat – Lesen und Schreiben – Schulmeister Peter Käser – Wozu lernen? – Michels Brautschau

Aus der antiken Tragödie kennen wir die Erscheinung des Deus ex machina (Gott aus der Maschine): wenn die Lage in einem Drama aussichtslos, der Knoten unlösbar geworden war, wurde mit einem Kran ein Gott, eine Göttin oder ein Heros auf die Bühne heruntergelassen, welche die Lage retteten, die Parteien versöhnten oder wenigstens das tragische Ende des Helden deutend erklärten. In der «Orestie» des Aischylos vermittelt Athene zwischen Orest und den Erinnyen, im «Hippolytos» des Euripides erscheint Artemis und ermahnt den sterbenden Helden, sich mit seinem Vater auszusöhnen. Von einem Deus ex machina spricht man aber auch bei weniger großartigen Erscheinungen, sofern nur die neu hinzutretende Figur alle bisherigen überragt oder der bisherigen Handlung wie ein Schiedsrichter überlegen ist. Wichtig ist dabei auch, daß diese wie aus einer anderen Welt stammenden Figuren nur einmal oder doch nicht allzu häufig auftreten, sonst ginge ihre substantielle wie ihre theatralische Wirkung verloren. In diesem weiteren Sinne sind der Graf von Bruchsall in Lessings «Minna von Barnhelm», das Standbild des Komturs in Mozarts «Don Giovanni», der Eremit am Schluß von Webers «Freischütz» oder der «reitende Bote des Königs» in Brechts «Dreigroschenoper» derartige «Götter aus der Maschine». Brecht hat sich mit seinem «reitenden Boten» über die ganze Tradition des Deus ex machina lustig gemacht und behauptet, das bürgerliche Theater, überhaupt die ganze bürgerliche Welt, könne ohne solche «reitenden Boten» gar nicht existieren, brauche also einen – nur in der Oper erscheinenden – Retter von außen, einen Erlöser, der in Wirklichkeit nie erscheint oder sich – wie im «Guten Menschen von Sezuan» – lächelnd aus der Affäre zieht. Zum Deus-ex-machina-Modell gehören also zwei Bereiche: das normale, übliche, menschliche Gebiet und – davon getrennt – eine Instanz, etwas Absolutes oder jedenfalls sehr Mächtiges, das richtend und rettend in das erste Gebiet eingreift. Beide Bereiche können nicht mit ein und demselben Maßstab gemessen werden.

Gotthelf hat Retterfiguren in mehreren Werken auftreten lassen. So rettet am Schluß des «Geltstag» der fromme Götti die Kinder der bankrotten Wirtin Eisi; der geheimnisvolle Brandenburger in «Jakobs Wanderungen» ist eine Orientierungsfigur für den Handwerksburschen Jakob; das Geschick von Käthi der Großmutter wird von einer mächtigen Bäuerin beeinflußt, und der arme Besenbinder von Rychiswyl macht unverhofft eine große Erbschaft und wird ein reicher Mann. In diesen Fällen kann man aber kaum von einem Deus ex machina sprechen.

In drei gewichtigen Romanen hat Gotthelf aber das Zusammenspiel der Haupt- und Titelfigur mit einem dazugehörigen Retter zum Bauprinzip des gesamten Werkes gemacht, indem er Leben und Laufbahn der Titelhelden in Sackgassen, Krisen und Katastrophen führte, aus denen sie nur ihre Retter befreien können. Es handelt sich:

– um die «Leiden und Freuden eines Schulmeisters» (1838/39), wo Bendicht Wehrdi zum Retter des Schulmeisters Peter Käser wird;

– um «Uli den Knecht» (1841) und «Uli den Pächter» (1849), wo der Titelheld von seinem unerkannten Schwiegervater Hagelhans im Blitzloch vor Bankrott und sozialem Abstieg bewahrt wird;

– um das letzte Werk des Dichters, die «Erlebnisse eines Schuldenbauers» (1852), wo der Herr von Stierengrind, ein alter Patrizier und ehemaliger Landvogt, den gutgläubigen Hans Joggi Tschieg, der von betrügerischen Beamten ruiniert wurde, auf seinen Gütern anstellt und damit vor dem Bettelstab bewahrt.

Der Vergleich der drei Romane ist auch deshalb sehr aufschlußreich, weil sie aus drei verschiedenen Schaffenszeiten des Dichters stammen. Der «Schulmeister» gehört noch der Anfangsphase an, die «Uli»-Romane repräsentieren den klassischen Gotthelf, und der «Schuldenbauer» ist ein Spätwerk. An der Entwicklung des Grundmodells Romanheld–Retter wird so die dichterische, weltanschauliche und politische Entwicklung des Verfassers ablesbar.

Auffällig bei dieser vergleichenden Betrachtung ist, daß alle drei Retterfiguren etwas Archaisches an sich haben, als ob sie aus einer anderen Zeit stammen würden. Hagelhans im Blitzloch erinnert schon durch seinen Namen und durch seine Stimme, die wie «dumpfer Donner» (XI:96, 415, 435) tönt, sowie durch seine Augen, die glühen können und groß werden wie «Pflugräder» (433), an Riesen, genauer: an Wetterriesen. Gotthelf hat wahrscheinlich Anregungen zur Figur des Hagelhans aus Jacob Grimms

«Uli der Pächter», 6. Kapitel, erste Begegnung Ulis mit Hagelhans: «eine Gestalt, welche die seine fast um Kopfslänge überragte, und zwischen den grünen Blättern ein grau Gesicht, mächtig wie ein Löwengesicht ... und ein großer Hund legte seine vordern Tatzen auf den Zaun ...» (XI:95 f.). Illustration von Hans Bachmann (1895)

Hagelhans, dargestellt von Theodor Hosemann (1856), Emil Zbinden (1943), Walter Jonas (1952) und Johannes Lebek (1955).

«Deutscher Mythologie» empfangen. Und tatsächlich wird Hagelhans auch mit dem «Kindlifresser»-Riesen verglichen (416, 435), er schreitet einher «wie ein aus einem Hünengrabe erstandener Recke» (415) und sieht aus «wie ein hundertjähriger Weidenstock» (400), «wie ein alter Turm aus der Römerzeit» (412). Vreneli, die uneheliche Tochter des Alten, die ähnliche Augen und ein vergleichbares Selbstbewußtsein besitzt, erschrickt «fast vor dem Mann und seiner gewaltigen Gliedermasse. Wenn in einem Walde es ihm begegnet wäre, hätte es ihn für einen übergebliebenen Riesen gehalten» (404). So wie die alten Riesen der Sage löst auch Hagelhans bei seinem Erscheinen Furcht und Zittern aus. Als er beim Bodenbauern eintritt, «erschraken alle, selbst den Bauer überfloß ein gewisses Erschrecken» (416). Als er die Bodenbäuerin begrüßt, schlottert sie und wird bleich. Wenn er in ein Wirtshaus kommt, flieht das Stubenmädchen schreiend auf den Estrich, und «kam er in einen Stall, so schlotterte das Vieh» (95). Hagelhans ist ein «Ungeheuer, Unflat, Utüfel, Untier» (398). Er ist kirchenfeindlich oder sogar heidnisch, denn er besitzt «keine Kutte für die Kirche» (98), und auch der Pfarrer zögert, ihn als Paten für Ulis und Vrenelis Kind zu akzeptieren: ein solcher Name passe nicht in ein Kirchenbuch.

Die bisweilen monströse, bisweilen komische Riesenhaftigkeit des Hagelhans hat aber noch ganz andere Aspekte, die der Dichter dem aufmerksamen Leser schon bei der ersten Begegnung andeutet. Die allererste Beschreibung des Mannes, eine ganze Reihe außergewöhnlicher Eigenschaften, endigt mit einem kleinen, merkwürdigen Sätzchen: «Hagelhans war ein Bauer, groß von Statur und reich an Geld, hatte Knochen wie ein Ochs, ein Gesicht wie ein Löwe und Augen wie eine Katze, wenn weder Sonne, Mond noch Sterne am Himmel stehen. Lieb war er, soweit man wußte, niemanden … einen Hund hatte er, groß wie ein vierteljährig Kalb, der begleitete ihn Tritt für Tritt, und Tauben trippelten furchtlos um seine Füße» (95). Man könnte diese Tauben weitertrippeln lassen, wenn sie nicht kurz darauf wieder auftauchten. Hagelhans schreitet, von Uli gefolgt, auf seinen Hof zu: «Der Weg, fest und eben, wie man bei Schlössern sieht, führte durch einen prächtigen Baumgarten, wo die Bäume in guter Ordnung sauber und reinlich stunden, schöner als manch Regiment, wenn es zur Musterung zieht. Ungewöhnlich groß war das Haus, und still wie das Grab lag es da, kein Leben schien

dasselbe zu bergen, wenn nicht Tauben es rings umflattert hätten. Tauben saßen auf dem Dache an der Sonne, Tauben stunden auf dem Brunnen und nippten den köstlichen, süßen Trank, Tauben beinelten rund ums Haus» (97).

Das erinnert doch eher an ein verwunschenes Schloß als an einen Emmentaler Bauernhof. Hagelhans lebt «geschieden von der Welt» (98), er ist Einzelgänger bis zum Asozialen hin. Aber gerade die Worte, mit denen der Dichter das Außenseitertum des Hagelhans klar ausspricht, enden wieder mit einem Hinweis auf andere, unbekannte Seiten des geheimnisvollen Mannes. «Hagelhans war Hagelhans», heißt es, «und wegen irgendeinem Menschenkinde tat er keinen Schritt mehr oder weniger, machte eine Miene anders, er frug allen den Teufel gleich viel nach. Wer ihm am nächsten kam, war ihm am widerlichsten, gleichviel, ob Bettler oder Kaiser. So war Hagelhans, und so konnte er sein, denn er wollte nichts, bedurfte nichts, mit den Menschen hatte er ab- und ausgerechnet ein- für allemal, wie er glaubte» (99). Wie er glaubte? Es ist nicht alles so, wie es scheint, Hagelhans ist über sich selber im Irrtum!

Die schwache Stelle in seinem Selbstverständnis hängt mit seiner Jugend, seinen Liebeserfahrungen und seiner unehelichen Tochter Vreneli zusammen. In «Uli der Knecht» erfährt man nur, daß Vreneli ein uneheliches Kind sei, das von Joggeli und der Base aufgezogen wurde. Ihre Eltern müssen als gestorben gelten. Der aufmerksame Leser wird freilich merken, daß sie eine Art Aschenputtel ist, ihre Umgebung also eigentlich überragt: «seine Natur war eine echt aristokratische, sie hatte große Anlagen zum Regieren» (XI:70). Daneben heißt es aber auch, daß «das rüstige feldherrliche Vreneli nach innen getrieben» wird, «zum stillen Ergeben gezwungen, zum Schweigen und Ansichhalten, zum Sammeln und Prüfen der eigenen Gefühle und Gedanken» (273).

Als die Base, die Vreneli erzogen hat, im Sterben liegt, will sie noch etwas mitteilen, kann es aber nicht mehr artikulieren. Es muß «Hand oder Haus oder Hals» (351) gelautet haben, nahm man an, in Wirklichkeit wollte sie ihre Ziehtochter auf «Hagelhans» hinweisen, von dem sie in ihrer Jugend einst selbst umworben worden war, bevor sie den pathologisch mißtrauischen Sonderling Joggeli geheiratet hatte. «Sie ist viel schuld an dem, was ich geworden», erklärt später Hagelhans seiner Tochter, «den Hans hielt sie für nichts gut, als um ihn zum besten zu haben, die alte Blindschleiche

[Joggeli] war glatter und ihr lieber; sie hat es erfahren, wie weit man mit einer solchen kömmt.» Dann war noch eine zweite Frau, Vrenelis Mutter, im Spiel: «Deine Mutter, Gott verzeihe ihr ihre Sünde, hat es mir noch viel ärger gemacht. Möglich, daß ich es ärger nahm, als es war, als es nachher den Schein gewann, möglich, daß der Teufel seine Hände im Spiele hatte» (407). Immer wieder ist von diesen zwei Frauen die Rede, die den jungen Hagelhans zum Narren hielten. Die Bodenbäuerin erinnert sich im Gespräch mit Uli ebenfalls an die vergangenen Zeiten: «Da war nichts Schlechtes, was man ihm nicht nachredete; der Schlechteste war er, der je in einer Menschenhaut über die Erde lief. Den schönsten Mädchen lief er immer nach, und wenn sie nichts von ihm wollten, verfolgte er sie schrecklich, sie waren ihres Lebens nicht sicher vor ihm. So machte er es der Glunggenbäurin [Base], noch viel schlechter soll er es deiner Frauen Mutter gemacht haben. Man erzählt Sachen, ich darf sie nicht denken, geschweige denn aussprechen. Er quälte sein Lebtag alle Menschen; Teufel und Hagelhans sind wie Brüder, wer besser sei, weiß man nicht» (419).

Wie nun ein hübsches Mädchen, das Hagelhans zum Narren hält, durch ihn zur Mutter Vrenelis werden kann, wird vom Dichter nur in Andeutungen ausgesprochen, aber sehr christlich ist es dabei sicher nicht zugegangen. «Ich habe gegen deine Mutter gröblich gefehlt und sie ins Unglück gestürzt», bekennt der alte Hagelhans seiner Tochter. «Sie trieben es zwar auch arg mit mir; die Alte von hier [Base] hielt mich zum besten. Als ich meinte, ich hätte die Sache mit ihr richtig, ließ sie sich mit Joggeli verbinden. Einige Jahre später trieb es deine Mutter noch ärger, meinte, ich sei eigentlich nichts als ein Tanzbär, der tanzen müsse, wie sie geige. Ich hatte es mit ihr mehr als richtig, aber das Schätzeln mit andern konnte sie nicht lassen, hatte um so größere Freude, je wüster ich tat. Ich mußte glauben, ich solle nur der Deckmantel sein, sie nehme mich den Eltern und meinem Gelde zulieb... Als ich des Spiels endlich satt war, trieb ich deiner Mutter ihre Leichtfertigkeit fürchterlich ein, stellte ihr Fallen, sprengte sie hinein, gab sie der öffentlichen Schande preis. Als dein Vater galt ein hübscher, aber liederlicher Bursche, der um Geld tat, was man wollte...» (439f). Hagelhans hatte dann versucht, seine Jugenderlebnisse zu verdrängen: «dann trieb ich alles aus meinem Kopf». Er wurde zum einsamen Menschenverächter und Menschenfeind; aber eben nur «wie er glaubte!» Erst Vreneli gelingt es, die wilde Natur ihres gewaltigen Vaters zu zähmen, «ihn wiederum zu versöhnen mit den Menschen» (440).

Hagelhans im Blitzloch von Friedrich Walthard (1818–1870), der auch den «Bauernspiegel» und die «Schwarze Spinne» illustriert hat (vgl. S. 98/99).

Hagelhans im Blitzloch ist die monströseste und imposanteste Figur, die Gotthelf geschaffen hat. Nicht ganz diese Dimensionen hat der Jäger Bendicht Wehrdi in den «Leiden und Freuden eines Schulmeisters». Peter Käser, die Titelfigur, erzählt uns selber, wie er, als Sohn armer Weber, in erniedrigenden Verhältnissen aufwuchs, aus dem unerträglichen Gekeife und dem Haß seiner Familie ausbrach und Primarlehrer wurde. Als Lehrer bleibt er ein beschränkter, kleinmütiger, gedemütigter Mensch. Seine erste Begegnung mit Wehrdi erinnert an die zwischen Uli und Hagelhans.

Käser hat im Dorf Gytiwyl eine neue Stelle angetreten und macht eines Abends pflichtgemäß einen Antrittsbesuch beim Pfarrer. Auf dem Heimweg verirrt er sich im Nebel und verliert jegliche Orientierung. Da wird er vom Ton einer Flöte angezogen, die das Lied «Wohlauf, Kameraden, aufs Pferd, aufs Pferd!» spielt, ein Soldatenlied aus Schillers «Wallenstein». Zuerst denkt der ängstliche Schulmeister an den Teufel, dann an Räuber, als er aber schließlich ein finsteres Haus erkennt, singt er das Lied mit. Die Flöte verstummt, «ein Fensterladen wurde aufgestoßen, ein wilder schwarzer Kopf fuhr wild heraus und fragte zornig... was für ein Esel da Dummheiten treibe» (II:345). Der unheimliche Unbekannte, der manches Wort in fremden Sprachen ausgestoßen hatte, erscheint: eine «hohe Gestalt... nur Muskeln und Knochen bildeten seinen Leib», oben drauf ein «Räuberhaupt... unter der großen Nase sträubte sich ein fürchterlicher Schnauz, die weißen Zähne konnte ich trotz der Finsternis erkennen... und in der Hand trug er einen Stock, mit dem man einen Ochsen hätte fällen können» (346).

Wehrdi begleitet den verwirrten Käser ein Stück, um ihm den Weg zu zeigen. Als er hört, daß es sich um den neuen Schulmeister von Gytiwyl handle, beginnt er eine heftige Schimpf- und Fluchkanonade über Schulen und Schulmeister. «Er könne nicht begreifen, wie ein Mensch, der einen gesunden Blutstropfen im Leibe habe, Schulmeister werden möge.» Doch als der verschüchterte Käser ihm seine Gründe nennt – Elend und Erniedrigung im Elternhaus –, sagt Wehrdi nach langem Nachsinnen: «‹Schulmeister, sieh, dort ist Gytiwyl. Wenn du noch mehr verirrest, so komm wieder, ich will dir wieder zurechthelfen, du bist ein armer Teufel wie ich. Gut Nacht!› Und verschwunden war er im Nebel» (346f). So endet der erste Band des Romans.

Bei einer weiteren Begegnung der beiden ungleichen Figuren kündigt Wehrdi an, er wolle sich einmal erklären, «denn es wäre doch wirklich schade, wenn kein Schulmeister vernehmen würde, was ich eigentlich gegen sie habe» (III:127). Eines Wintertages erscheint er auch in Schulmeisters ärmlicher Wohnung und erzählt aus seiner Vergangenheit. «Ich war ein großer, wilder, starker, übermütiger Bauernsohn und dachte nicht von weitem daran, daß ich meine Religion außer in der Schule oder in der Kirche zum Antworten zu brauchen hätte als etwa zu beten und niemere z'mürden. Ich fluchte, daß der Boden zitterte. Ich war hinter unsern Jungfrauen her, und wenn ich eine ergreifen konnte, so griff ich, so weit ich konnte… überhaupt dachte ich gar nie an Religion, als wenn ich antworten sollte. – Da warf mich das Schicksal ins Leben hinaus» (222). Der Vater hatte eiserne Gabeln im Stall verboten, Wehrdi beim Misten ein bockendes Pferd mit einer solchen Gabel verletzt, der Vater war dazugekommen und hatte Wehrdi einen Schlag versetzt, daß er an die Stallwand flog. In «Berserkerwut» kehrte Wehrdi die Gabel gegen den Vater. Mit knapper Not kann ihn die dazwischentretende Mutter davon abhalten, Wehrdi zu töten. «Aber wie es in mir aussah, das kann sich niemand vorstellen. Eine Wut kochte in mir, heiß wie die Hölle… Lange brütete ich im Gaden über Racheplänen, Haus anzünden, Vater erstechen usw.» In der Nacht läuft Wehrdi «fort in die Welt hinein», durchquert Deutschland und heuert auf einem holländischen Schiff an, das nach Batavia bestimmt ist. Im Indischen Ozean geraten sie in einen Sturm, die Passagiere geben sich verloren und beginnen zu beten, auch Wehrdi, der ein eingetrichtertes, ihm unverständliches religiöses Volkslied immer wieder herunterhaspelt. «So schrie ich Gott an wie wütend – und es half.» Nachdem der Orkan sich gelegt hat, vergißt Wehrdi seine Angst sofort. «Ich war wieder ganz buschauf…» (223ff).

Sturm und Lebensgefahr haben bei Wehrdi also *keine* Umkehr oder Bekehrung ausgelöst. Aber er ist beim Beten von einem Schiffspassagier beobachtet worden, von dem es ausdrücklich heißt: «Der betete nicht». Ein Mensch, der sich in Gottes Hand weiß, hat magische Beschwörungsformeln nicht nötig. «Er sah ganz aus wie ein Landvogt, nur viel nobler, und fragte mich, ob ich katholisch sei… Der Mann wußte auf dem Schiff und später zu Batavia, wo er eine bedeutende Anstellung hatte und mich zu sich nahm, so gut alles anzukehren, daß ich in tausend Verlegenheiten und am Ende zur Überzeugung kam, ich könne nichts. Oh, dachte ich manchmal, nachdem ich diese Überzeugung erhalten hatte, wenn doch unsere Schulmeister alle hier wären, oder wenn es doch der Regierung in Sinn käme, sie alle nach Batavia zu schicken; da könnten sie dann merken, was sie eigentlich wären» (225f). Wehrdi sprengt den Rahmen des Dorfes Gytiwyl und des «Schulmeister»-Romans. Er war zwanzig Jahre in Indonesien und hat die große Welt kennengelernt. Deshalb sieht er die Berner Primarschulverhältnisse von außen und wird zum Sprachrohr von Gotthelfs Schulkritik: «Darum habe ich die Schulmeister so auf der Mugge, weil man nichts brauchen kann, was sie lehren… Was sie geben, ist und bleibt tot und erstickt. Sie können nichts, am allerwenigsten die Religion mit dem Leben verbinden und dadurch sie lebendig machen. Darum hat man

gewöhnlich, je mehr Religion in der Schule getrieben wird, desto weniger, wenn man aus der Schule ins Leben kömmt» (227).

Mädeli, die Frau des Schulmeisters, die ihrem Mann an Feinsinn und Einsicht überlegen ist, hat diesen Zusammenhang zwischen Schule, Religion und Leben genau verstanden: «... darauf deutet der Pfarrer auch immer hin, daß das Wort Gottes Geist und Leben sei und den Unmündigen verständlich gemacht werden könne und müsse» (278). Käser aber ist selber nicht ganz nachgekommen, und als er eines Tages Wehrdi beim Pfarrer trifft – die beiden haben sich auf der Jagd kennengelernt –, wundert er sich, «daß e sellige beim Pfarrer sei» (281). Aber gerade dieser Pfarrer spricht selber nur vom «sogenannten Religionsunterricht», der den Kindern nichts nütze: «Kämen nun diese Kinder ins Leben, so brächten sie in dasselbe Klötze toten Glaubens, Floskeln und leere Worte ohne Gedanken oder manchmal fast gar nichts. Dieser Glaube diene ihnen nicht als Richtschnur, gebe ihnen nicht Trost, wirke kein religiöses Leben in ihnen.» Und da kommt dem Schulmeister endlich auch «Wehrdi in den Sinn, der mir Ähnliches gesagt, nur nicht so ausgeführt» (336f). Wehrdi ist es, der dem Schulmeister rät, sein Leben zu beschreiben, der ihm Mut macht, an die Öffentlichkeit zu treten. Bendicht Wehrdi – Benedictus Wehre dich! – Gott gibt dir seinen Segen, sobald du dich wehrst!

Während Hagelhans und Wehrdi aus urtümlicheren Bereichen und von elementareren Erfahrungen her in die kleine, beschränkte, bisweilen kümmerliche Welt des «Uli» und des «Schulmeister» hineinragen, in das Leben Ulis und Käsers rettend eingreifen, gleicht Herr von Stierengrind am ehesten einem Deus ex machina: er erscheint nur im allerletzten Kapitel des «Schuldenbauers» und für Hans Joggi Tschieg und seine Familie auch im allerletzten Moment. Ein Deus = Gott ist Stierengrind freilich ebensowenig wie die beiden anderen Retter, vielmehr «ein kleiner zusammengeschrumpfter Herr», der freilich «noch immer eine Art von Haltung sich bewahrt hatte» (XIV:342). Als Berner Patrizier gehört er jener herrschenden Schicht an, die 1831 die Macht abgab, und wenn er wirklich vor 1798 Landvogt war, muß er zur Zeit des Romans über achtzig Jahre alt sein. Der Wirt der «Sauren Rübe» zählt ihn zu «den ganz alten Bernern» und stellt ihn als Feind jeglichen Fortschritts hin: «wenn er könnte, er machte alles wieder, wie es vor Adams Zeiten gewesen ist» (342). Auch die Wirtin des «Goldenen Krebses», die dem Alten wohlgesinnt ist, weiß von seiner Starrköpfigkeit ein Lied zu singen: «Der Junker sei ein wüster Taubbeli, von den wüstesten einer, eigensinnig wie ein beinerner Esel, der seinesgleichen nicht habe, und landwirtschafte nach seinem Kopfe, daß man längs Stück plären möchte, wenn man das herrliche Land betrachte, und wie er damit umgehe» (352).

Gotthelf hatte als Titel dieses Romans «Hans Joggi und der Rechtsstaat» im Sinne gehabt, denn der moderne liberale Rechtsstaat ist das Angriffsziel, jedenfalls dessen Auswüchse. Deshalb will ja Herr von Stierengrind das Ancien Régime wiederherstellen. Gotthelfs Frau und der Verleger hatten entschieden davon abgeraten, das Wort «Rechtsstaat» in den Titel aufzunehmen: «‹Rechtsstaat› – das ist wieder die unglückliche Politik, am Ende wieder so ein ‹Zeitgeist u. B. Geist›! Es wäre erschrecklich!... Der ‹Rechtsstaat› muß wirklich aus dem Titel fort, mag dieser sonst werden wie er wolle» (8:319). Im «Goldenen Krebs» verkehren auch «sogenannte Liberale», die Gotthelf in ihrer Bosheit und niederen Gesinnung geradezu als Karikaturen zeichnet. Als Herr von Stierengrind das Wirtshaus verlassen hat, ergießen sie sich «gegen die Wirtin über ihn auf eine Weise, als habe sie das größte Verbrechen begangen, daß sie einen solchen Patrizier beherberget, ja sogar freundlich gegen ihn gewesen sei, ja man denke, pfi Tüfel, ihn am Arme geführt, statt daß sie ihn, wenn nicht totgeschlagen und den Schweinen vorgeworfen, wenigstens mit den Hunden vom Hause weg habe jagen lassen... So einen Kerl am Arme zu führen! Man sollte sie in ein Schwefelbad schicken, wo man die Krätzigen kuriere, damit sie wieder sauber würde.» Die resolute Wirtin ergreift

Seite 122–123:
«Langnau ist ein Schoßkind der Berge, auf denen die Emmentaler Käse wachsen, ist daher der natürliche Käsehafen, in welchem die Produkte der Berge landen...» (XII:201) Links die Eisenbahn, die seit 1864 zwischen Bern und Langnau verkehrte. Im Vordergrund die Ilfis. Farblithographie von J. F. F. Lips (1825–1885) nach einer Zeichnung von Joseph Nieriker (1828–1903).

Michel, der Titelheld von «Michels Brautschau» (1850), begibt sich, zusammen mit Knecht Sami und Hund Bäri, auf die Brautschau. Illustration von Albert Anker (1831–1910). Das Gewaltige und zugleich Komische des Michel hat der Künstler nicht getroffen. Wie bei Hagelhans gehört ein riesiger Hund zum Gefolge.

aber die Partei des Patriziers und belehrt die «sogenannten Liberalen»: «er ist nicht der, der die Leute arm macht, sondern arme Leute erhält. Man muß in die Nähe gehen und hören, wie viele von ihm leben» (XIV:349f).

Im «Goldenen Krebs» findet auch die Vermittlung zwischen Herrn von Stierengrind und Hans Joggi Tschieg, den beiden Extremen der Gesellschaft, statt. Hans Joggi wird Verwalter auf den Gütern des Patriziers. Obwohl beide furchtbar starrköpfig sind, will Stierengrind den Tschieg und Tschieg den Stierengrind. «Sie wolle lieber einen Leu als eine Schlange», erklärt Tschiegs Frau Anne Marei (355). Der Vergleich mit dem Löwen leuchtet bei Hagelhans und Wehrdi ein; beim Herrn von Stierengrind, der ja «ein kleiner, zusammengeschrumpfter Herr» ist, will das Bild nicht recht pas-

Die zwei Holzschnitte von Emil Zbinden zu «Uli der Knecht» (1942) zeigen sehr schön die typischen Merkmale der Emmentaler Landschaft.

sen. Trotzdem ist der Alte hinsichtlich des Bankrotts von Tschieg überzeugt, «wenn er noch Landvogt wäre, das wäre nie begegnet, und die verfluchten Spitzbuben [die Liberalen] hätte er abschlagen lassen, daß die Haut der Wind genommen hätte. Solche sollte man hängen, das seien die Volksfeinde, die saugeten das Volk aus und machten es arm. Gerade jetzt wolle er den Hans Joggi zum Hausknecht und keinen andern, die Leute sollten doch einmal ein Exempel haben, wer arm mache, und wer aufhelfe» (345). Stierengrind und die «sogenannten Liberalen» reden in einem ganz ähnlichen Ton übereinander!

Hagelhans, Wehrdi und Stierengrind ragen wie von außen in die viel kleinere Welt Ulis, Käsers und Tschiegs hinein. Durch die drei Retterfiguren werden die drei Romane doppelschichtig, erhalten eine zweite Dimension. Und dieses Doppelschichtige ist nicht auf die jeweilige Romanhandlung beschränkt, sondern spiegelt einen epochalen Bruch wider. Das eigentlich Archaische, das sich bei Hagelhans in seiner Urweltlichkeit, bei Wehrdi in seiner elementaren Vitalität und bei Stierengrind in seiner Rückge-

wandtheit äußert, verbindet sich bei allen dreien mit dem Drang nach Neuerungen. Hagelhans will einen neuen Hof bauen (XI:414, 431), Wehrdi will Schule und Religion neu beleben; Stierengrind vertritt zwar eine rückwärtsgewandte Utopie, aber er sieht sie als Alternative zu den verfahrenen gesellschaftlichen Zuständen. Zu den Ursprüngen *zurückzugehen* kann ja durchaus etwas Progressives sein.

In ähnlicher Weise sind Alt und Neu in Uli, Käser und Tschieg gemischt und geschichtet. Verglichen mit ihren Rettern, haben sie aber etwas Modernes und Progressives an sich. «Uli der Knecht» spielt auf zwei Bauernhöfen: beim Bodenbauern wird Uli zu einem tüchtigen, aber auch frommen Knecht erzogen. Für seine Stellung als Knecht und für die damalige Zeit lernt Uli aber auch völlig neue Lebensformen kennen. Der Bodenbauer erlaubt ihm, sonntags in der Stube Bücher zu lesen, und er weist ihn nachdrücklich auf Sparkassen hin. Diese im ganzen zwar altväterische, aber für Neues offene Erziehung des jungen Mannes ermöglicht es ihm, eine Stelle als Meisterknecht auf der Glungge, einem viel größeren Hof, zu übernehmen. Es ist der erste Schritt eines

Aufstiegs. Die Glungge gehört Joggeli, einem Bauern, den der Gegensatz Alte Zeit–Neue Zeit fast zu zerreißen droht. Aus der alten Zeit stammend und an deren Lebensformen gewohnt, kokettiert er auf gefährliche Weise mit der neuen, indem er seinem Sohn Johannes, dem die Landarbeit nicht mehr zusagt, ein Wirtshaus kauft, seine Tochter Elisi zur höheren Bildung ins Waadtland schickt, wo sie zur Modenärrin wird, so daß er schließlich zusehen muß, wie der Sohn eine arbeitsscheue Frau heiratet, die Tochter einem betrügerischen Baumwollenhändler in die Netze geht und Kinder und Enkelkinder sozial absteigen.

Diesen Hof nun, der deutlich vom «Zeitgeist» angekränkelt ist, kann Uli mit seinen *alten* Tugenden zunächst eine Zeitlang ertragreich bewirtschaften und schließlich sogar als Pächter übernehmen. Daß sich ein Knecht wie Uli kraft altehrwürdiger Tugenden wie Fleiß, Sparsamkeit, Frömmigkeit, Anständigkeit und maßvolle Lebensführung langsam emporarbeitet, ist ein liberaler, ein bürgerlicher Gedanke. In den alten Agrargesellschaften ist die Aufstiegsmobilität sehr gering gewesen, der Knecht blieb dort Knecht. In «Uli der Pächter» arten diese Tugenden jedoch in moderner Weise aus, Uli verfällt dem «Zeitgeist», er richtet sein Denken und Handeln ausschließlich auf die Ökonomie aus. Es bildet sich bei ihm die «Ansicht, Geld machen sei unter allen Künsten die erste und dringlichste» (XI:81). Gotthelf spricht sogar von «der Verdunklung von Ulis Gemüt. Seine Gedanken waren bloß auf Gewinn und Gewerb gerichtet» (138). Das Leben auf der Glungge wird zu einer «Tretmühle, wo die Tage umgehen, aber das Trippeln und Trappeln alle Morgen neu angeht in gleicher Pein und gleichen Ängsten, bis am Abend die Glieder steif geworden und die Ruhe gesetzliche Notwendigkeit» (140). Als Vrenelis und Ulis zweites Kind, ein Knabe, auf die Welt kommt, da «rechnete» der Vater schon, «wie schnell er ihn brauchen könne, was er ihm ersparen werde... denn er rechnete eigentlich, wo er ging und stand, wir hätten fast sagen mögen, alle seine Gedanken hätten sich ins Rechnen aufgelöst...» (151, 166). In jener Zeit scheint es Vreneli, «als ob es kalt werde um ihns. Es war ihm, wie es dem Frühling sein muß, wenn er, in der Liebe der Sonne aufgeblüht, allmählich abnehmen fühlt der Liebe Wärme, kalte Winde um ihn wehen, eisig, tödlich der Reif sich naht...» (139f). Und Vreneli spricht ja auch das Wort aus: «Laß uns beten und arbeiten, das andere auf Gott stellen, der soll unser Rechenmeister sein» (14).

Uli hat, im Gegensatz zu seiner Frau, etwas sehr Parvenuhaftes an sich. Dabei sind beide weiter gekommen, haben mehr erreicht als andere «Emporkömmlinge» (429). Als Vreneli bei einer Taufe die Armut und das Elend einer Schulfreundin sieht, «mußte es denken, in welcher ganz andern Lage es sei als seine Freundin, welche vor zehn Jahren, gleichberechtigt an das Glück der Welt, mit ihm auf einer Bank gesessen... Es hatte gesehen nach denen, welche über ihm stunden, und nicht mit den Millionen(!) sich verglichen, welche die untern Stufen der menschlichen Gesellschaft füllen...» (238). Obwohl sie sich also ihres selbsterarbeiteten Wohlstands freuen könnten, hetzt Uli weiter dem Reichtum nach, bis er schließlich einem armen Mann in betrügerischer Absicht eine kranke Kuh verkauft. Den daraus entstehenden Gerichtsprozeß gewinnt Uli zwar mit Hilfe moderner Advokaten, in der Folge wird aber der unendliche Zuwachs und Fortschritt gebremst, indem der alte Gott durch ein Hagelwetter im Gebiet der Glungge fürchterliche Schäden anrichtet. Obwohl es nachher ausdrücklich heißt, daß Gott Uli damit «doktert» (317), nicht aber strafen wolle, hat dieses Hagelwetter als unmittelbare Reaktion des Himmels auf irdisches Unrecht etwas ganz Archaisches, Alttestamentarisches an sich. Für einen Bauern liefert das Wetter die sichtbarsten und handgreiflichsten Beweise. «Das hat der, welcher pflanzet, vor allen andern Menschen voraus, daß ihm täglich gepredigt wird, es sei Gott der Herr, der alles gemacht, und von dem jede gute Gabe komme» (XX:314).

Als einer der ersten hat Gottfried Keller darauf hingewiesen, daß der Roman «Erlebnisse eines Schuldenbauers» eigentlich ein umgekehrter «Uli» sei: «Schon ‹Uli der Knecht› und ‹Uli der Pächter› besitzt seinen Hauptreiz in diesem Schauspiele, welches uns das Entstehen, Anwachsen und Gedeihen einer Familienexistenz fast aus dem Nichts unter günstigen und schlimmen Einflüssen vorführt... Im ‹Schuldenbauer› ist wieder der ganz gleiche Vorgang, indem ein Knecht und eine Magd sich heiraten und von unten auf anfangen, jedes mit einem individuellen hinzugebrachten Charakter; allein der Verlauf ist ein verschiedener, indem der Verfasser hier zeigen wollte, wie sich die Kenntnis und Liebe der Arbeit und Ordnung – welche nichts weiter will und zu müssen glaubt, als sich selbst genügen und ehrlich durch sich selbst bestehen, welche nicht begreifen kann, wie sie dabei nicht bestehen sollte, während ein anderer, der nichts tut und eigentlich auch nichts versteht, den Gewinn davon hat durch ganz einfältig und töricht erscheinenden Schwindel – zu eben diesem Schwindel, d. h. zur Spekulation mit müßigen Händen, verhält.»

Wie Uli versucht Hans Joggi Tschieg den sozialen Aufstieg, aber im Gegensatz zu Uli scheitert er dabei, weil ihm keine Helfer zur Seite stehen und seine altväterische Bravheit dem modernen Rechtsstaat nicht gewachsen ist. Beim Kauf eines Hofes gerät er an gerissene Spekulanten, die ihn kaltblütig ruinieren. Wie Uli gehört Hans Joggi zu denen, «die der Armut sich entwinden durch Fleiß und Arbeitsamkeit, wieder nach Eigentum streben» (XIV:7). Gotthelf will diese Absicht als lobenswert darstellen. «Ists ja nicht schön, wenn mindere Leute zu Eigentum kommen, und haben sie nicht noch einmal soviel Freude, an eigenem Land zu arbeiten als an fremdem?... in diesem Gedanken liegt ja nichts Böses, sondern etwas sehr Verständiges» (16, 25). Und die Wirtin vom «Goldenen Krebs» bestätigt am Schluß diese Einschätzung: «Hätte der mit ehrlichen Leuten zu tun gehabt, der wäre ein reicher Mann geworden, und uf my Seel wäre er!» (336). Aber wer hat schon immer mit ehrlichen Leuten zu tun? Wenn man all die fragwürdigen Eigenschaften überblickt, die Gotthelf dem Hans Joggi und seiner Anne Marei verliehen hat, fragt man sich kopfschüttelnd, warum er beide doch so stark in Schutz nimmt und verteidigt...

Schon am Anfang heißt es über Hans Joggi: «Der Schlauste ist er nicht, aber arbeitsam und sparsam, daneben ein guter Schlufi...» (23). Dieses aufstrebende Knechtsehepaar ist am Abend des Vertragsabschlusses «sehr betrunken gewesen» (40). Hans Joggi kann weder lesen noch schreiben (138), und Anne Marei eifert: «sellig Briefe, wo niemere lese cha, hey gar nüt z'bidüte» (151). Die beiden verstehen «von Rechtsformen soviel als zwei Türlistöcke... Das ganze Geschäft gehörte nicht in ihren Gedankenkreis, hatte einstweilen darin keine Wurzeln... In ihren Gedanken lag ihre Arbeit, wie es eigentlich zum Teil recht ist» (155, 191).Anne Marei hat eine einfältige Religion: «man müsse an einen Gott glauben, dann werde man selig, daneben müsse man brav werchen und nichts Schlechtes machen.» Gotthelf kommentiert auch sogleich diese verdrehte «Beten und arbeiten»-Ideologie: «Diese Religion hilft ihren Trägern im Unglück hell nichts» (49). Hans Joggi hat einen beschränkten Kopf, er «war von den Menschen einer, die kein geistiges Verständnis und keinen geistigen Appetit haben, die aber den Grund dieses Mangels an Appetit nicht begreifen, ihn nicht in ihrem eigenen Gesundheitszustande, sondern in den Beschaffenheiten der Predigten, der Prediger, der Religion überhaupt suchen» (51). Aus dem Bewußtsein Anne Mareis, «durch eigene Kraft etwas geworden zu sein, aus einer Magd eine Bäurin» (264), entwickelt sich ein selbstherrlicher Aufsteigerhochmut: «Man redet den sogenannten Parvenus oder Emporkömmlingen nach, es sei kein Maß in ihrem Bewußtsein, es wachse aus, bis es lächerlich werde, es mache sich geltend als eine große Last für ihre ganze Umgebung: So kann eine hochmütige Bäurin zu einer wahren Dorfplage werden und zu gleicher Zeit ein Gegenstand des Spottes für eine ganze Umgegend. Wie weit es Anne Marei getrieben hätte, wissen wir nicht, möglicherweise weit...» (265).

Unter der Regie von Franz Schnyder (1910) wurden fünf der bekanntesten Romane Gotthelfs verfilmt. 1954 und 1955 «Uli der Knecht» und «Uli der Pächter»; 1958 «Die Käserei in der Vehfreude»; 1960–62 «Anne Bäbi Jowäger»; 1964 «Geld und Geist». Als Darsteller wirkten bekannte Schauspieler und Volksschauspieler mit wie Annemarie Düringer, Heinrich Gretler, Max Haufler, Emil Hegetschweiler, Liselotte Pulver, Margrit Rainer, Alfred Rasser, Hannes Schmidhauser, Sigfrit Steiner, Ruedi Walter, Margrit Winter und Hedda Koppé. Neben den Gotthelf-Hörspielen von Ernst Balzli (1902–1959) sind Schnyders Filme wichtige Beispiele einer volkstümlich-folkloristischen Gotthelf-Rezeption.*

Das Paar gehört eindeutig zu den «Unmündigen» (9), sein Scheitern kann also nicht nur an den Gesetzeslücken und an den Unzulänglichkeiten des Rechtsstaats liegen, sondern hängt mit dieser Unmündigkeit zusammen. Wenn Menschen mit derart antiquierten Lebensgewohnheiten, die im Ancien Régime kaum hinreichend gewesen sein können, im Zeitalter der Industrialisierung jedoch als Untugenden und Unfähigkeiten erscheinen, sich mit Wünschen verbinden und auf Machenschaften einlassen, die einer veränderten Zeit angehören, muß es zu einer Katastrophe kommen. Das macht den Schluß zwingend, daß der Dichter nicht nur den liberalen Rechtsstaat kritisiert, sondern auch die durch diesen Staat Ruinierten. Der folgende Satz ist zwar ironisch gemeint, charakterisiert aber diesen Sachverhalt ganz genau: «... so wie wir auch weder ein ackerbauender noch ein christlicher Staat mehr sind, sondern ein Rechtsstaat» (154). Im Vorwort dieses Romans sagt Gotthelf, das Buch habe er «mit Pein geschrieben, denn wohl wird es einem nicht in dieser trüben Luft» (9). Jeder Leser wird dies bestätigen.

Uli kann zwar Gedrucktes – also den Kalender, die Bibel, die Zeitung – lesen, einen handgeschriebenen Brief muß ihm der Meister aber vorlesen, er verstehe «sich nichts aufs Gschriftliche ... könne nicht Geschriebenes lese» (IV:68f). Offenbar kann er aber selber schreiben (172). Hans Joggi Tschieg steckt einen für ihn wichtigen Mahnbrief, den er nicht lesen kann, einfach unter den Deckenbalken und versäumt den Zahlungstermin. Als Christen, der Bauer von Liebiwyl im Roman «Geld und Geist», öffentliche Verwaltungen übernehmen und sich in Behörden wählen lassen muß, weist der Dichter ausdrücklich auf seinen Alphabetisierungsstand hin: «Christen, bei seiner Unkenntnis aller Gesetze, bei seiner Unfähigkeit selbst zu schreiben, wurde dies sehr beschwerlich und kostbar» (VII:27). Als er gebeten wird, für 5000 Pfund zu bürgen, weiß er sich nicht zu helfen und fällt einem Betrüger zum Opfer. «Christen redete ohnehin nicht mehr als er mußte, und von Geschäften so ungern als möglich, weil er nicht gerne verriet, daß er gar nichts kannte; denn er schämte sich seiner Unwissenheit doch, wenn er schon seine Kinder nicht begehrte geschickter zu machen. Zudem wußte er nicht, wem er trauen sollte, wenn er sich auf seinen Ratgeber nicht verlassen konnte. Wenn der ein Schelm an ihm sei, so glaube er denn gewiß, es sei kein braver Mensch mehr in der Welt, und was es ihn dann nütze, Mühe zu haben und herumzulaufen, wo man ohnehin alle Hände voll zu tun hätte; so redete er. Christen war allerdings auch mißtrauisch, aber eben deswegen suchte er nicht neue Vertraute, sondern hielt am Glauben fest, wenn der alte Ratgeber treulos sei, so sei keine Treue mehr auf Erden» (28f).

Der moderne Staat ist auf Bürger angewiesen, die lesen und schreiben können und über einige Kenntnisse der «Gesetze» verfügen. Deshalb sind allgemeine Schulpflicht, Ausbildung und Bezahlung von Lehrern, Alphabetisierung moderne Probleme. Der Schulmeister Peter Käser steht genau an der Schwelle der neuen Zeit, obschon er noch im alten Schlendrian aufgewachsen ist. Bevor er in der Gemeinde Hinterhäg in einem Winter als Hauslehrer auf einem Hof beginnt – im Sommer müssen die Kinder auf dem Feld arbeiten –, erklärt man ihm seinen Auftrag: «daß sie denn gar nicht begehrten, daß ihre Kinder zu geschickt würden, sie sollten keine Agenten oder Wirte werden, sie hätten ihnen sonst z'werchen und z'essen. Wenn sie beten lernten und gut lesen und die Fragen samt Psalmen und Historinen, was es geben möge, so seien sie zufrieden. Mit Schreiben und Rechnen solle ich die Kinder nicht plagen, sie hielten aparti nicht viel darauf, die Kinder vergäßen es nur» (II:136). Diese «Instruktion» enthält fast alle Aspekte der ländlichen Einstellung gegenüber der Schule und dem Lernen. Die Hauptsache ist Arbeit und Essen, dann kommt eine praktische Religion für die Gemüter und die Polizei, eine Art Wohlverhaltenskodex. Alles andere, das über diese Perversion des «Beten und arbeiten»-Prinzips hinausgeht, ist für diese Menschen ohne Nutzen und daher auch nicht von Interesse. Der Kirchmeier von Gytiwyl vertritt die Ansicht, «werchen müsse man, mit dem Werche verdiene man Geld. Geld sei die Hauptsache, mit Geld könne man alles machen. Er hätte noch nie gehört, daß einer mit dem Lernen reich geworden sei. Man solle ume n e Schulmeister neben einen Bauern stellen ...» (III:271 f). Der Gytiwyler Pfarrer behauptet: «Wer das meiste Land und den größten Misthaufen hat, dem wird die größte Ehre angetan, er mag nun daneben können, was er will, ja, er kann Amtsrichter werden, ohne Geschriebenes lesen zu können» (II:340).

In den Schulen, in welchen Käser unterrichtet, befindet sich oftmals eine unübersehbare Schar von Schülern: 100, 150, 200 Kinder verschiedenen Alters lernen gleichzeitig verschiedene Bücher auswendig. Die Schulmeister sind sehr schlecht bezahlt und ausgebildet. Um zu überleben, müssen manche nebenher – oder als Hauptbeschäftigung – mehrere Handwerke ausüben, oft während des Unterrichts im Schulzimmer. Die Kinder kommen oft nur im Winter in die Schule, wenn Weg und Wetter es zulassen; im Sommer werden sie als Arbeitskräfte gebraucht. Die Schulzimmer sind entweder zu kalt oder überheizt, entweder sitzt man frierend in Mänteln da, oder man schwitzt vor einem qualmenden Ofen. «So hatten die Menschen im Grunde auch nicht unrecht», schreibt der auf seine Entwicklung zurückblickende Käser, «die Schule trage eigentlich nichts ab, und die Geschicktesten würden später die Schlimmsten; wenn die Kinder einmal aus der Schule seien, so rührten sie kein Buch mehr an. Da in einer Schule fast nichts getrieben wurde als unverstandene Dinge auswendig lernen, so war mit ihrem Vergessen die ganze, langjährige Arbeit verflogen; die Schule war wie eine Mühle, in welcher nur Mehlstaub gemahlen wurde, um denselben dem Winde vorzuschütten» (II:72).

Der normale Unterricht besteht also im Auswendiglernen. Wer weiterkommen, auch noch «Schreiben und Rechnen» lernen will, der wird auf gutgemeinte oder scheinheilige Art davon abgehalten, wobei wieder das mißverstandene «Beten und arbeiten»-Prinzip eine Rolle spielt. Als Käser als Knabe seinen geliebten versoffenen Schulmeister um solchen Sonderunterricht bittet, bekommt er zur Antwort: «Peterli, das treit dr glatt nüt ab; du wirsch nie Gülti z'rechne ha, u ne Gmeinsvater wirsch o nie. Die müsse öppis Gschribnigs könne, aber je minger je besser, u wes die Manne gsächte, daß ih di das lehrti, su würde si mi balge u säge, das bruchti si nüt. Wer Tüfel wett Vorgesetzte sy, wenn e jedere Hudel öppis lehrti und schrybe u rechne chönnti; u we eine nüt heig und zviel chönni, su gäb das dr Wüstischt, und so eine heig geng ume z'räsoniere» (II:62). Käsers Mutter verschanzt sich hinter religiösen Gründen: «Rechnen und Schreiben mache nur schlechte Leute und mache, daß kein Glauben mehr sei in der Welt» (II:66). Eine Bäuerin ist der Ansicht: «das wäre afe schön, wenn die Kinder gscheuter und geschickter werden sollten als die Alten! ... Schon jetzt wäre kein Gehorsam mehr. Was selligs abtrage? Werche sei die Hauptsache. Sie könne auch nicht schreiben und rechnen, aber sie sei doch eine Bäuerin» (II:194). Die Pfarrer sind es, die sich dafür einsetzen, daß alle, Arme und Reiche, Knaben und Mädchen, rechnen und schreiben lernen. Alle drei betrachteten Werke Gotthelfs – «Schulmeister», «Uli» und «Schuldenbauer» – spielen in der Gegenwart, in den dreißiger und vierziger Jahren des 19. Jahrhunderts, kurz bevor sie geschrieben wurden. Die Erzählung «Michels Brautschau», deren Titelfigur eine Art komisch-humoristischer Hagelhans jüngeren Alters ist und deshalb in diesen Zusammenhang starker Männer gehört, verlegt der Dichter in die Zeit der Napoleonischen Kriege. «Man war damals noch nicht so gebildet wie jetzt, stand noch nicht auf der heutigen Kulturstufe ... hielt für nötig, ruhige Punkte zu haben im Weltgetümmel.» Heutzutage dagegen ist alles anders: «Unsere Staatsherren haben seit langem im Sinne und Gemüte gehabt und zu einem Ziele hingearbeitet, an die Stelle der christlichen Religion die Staatsmoral zu plazieren ...» (XX:132 f). Die Erzählung entstand 1848, als Bern eine radikale Regierung hatte.

Michel ist steinreich, bärenstark, zwei Zentner schwer und so ungehobelt wie ein Kalb. Die Erzählung wirft das selbe Problem auf – und führt es zu einer glücklichen Lösung –, das Hagelhans in seiner Jugend *nicht* lösen konnte: wie kommt so ein «Goliath ... wo breit ist wie ein Tennstor» (134) zu einer Frau, die nicht nur zu ihm, sondern auch in seine Hofgemeinschaft paßt? Michel ist nämlich einerseits «der große

Illustration von Albert Anker (1831–1910) zu «Michels Brautschau». «Für dieses Düpfen am Ostertag ist weit und breit kein Platz berühmter als Kirchberg mit der langen Brücke über die wilde Emme. Nach Kirchberg strömt weit umher das junge Volk, füllt die Brücke, füllt die weiten Plätze diesseits und jenseits der Emme...» (XX:127).

Bauer, der Gewaltige», andrerseits «doch eigentlich das Kind, welches alle als Kind behandelten» (146). In Wirtshäusern wird er ständig mit «Weggli, Kindermutter, Milchbrocken» oder «Breili» gehänselt. Auf die Idee zu heiraten, wäre er wahrscheinlich nicht gekommen, denn seine Ziehmutter Anni mästet und behütet ihn trefflich. Aber die Hänseleien kränken sein Selbstbewußtsein, und bei der jüngsten Schlägerei hat sein Hund Bäri einen Landjäger umgeworfen, der Michel droht, er werde ihn anzeigen und in die französische Armee bringen. Als Ehemann kann ihn, so glaubt Michel, niemand mehr hänseln, und in den Krieg muß er dann auch nicht. Das leuchtet vollkommen ein. Deshalb macht sich der Goliath auf die Brautschau.

Es werden mehrere Rendezvous mit Heiratsanwärterinnen arrangiert, die alle nach dem gleichen Schema ablaufen: Michel benimmt sich herrlich schlecht, läßt die Mädchen warten und geht kegeln, betrinkt sich, legt seinem Hund Bäri beim Essen zuerst vor usw. Sein Ruf wird immer schlechter, das Heiraten verleidet ihm, da keine zu ihm passen will. Aber da hört ein Mädchen, in dem sich ein wildes Temperament mit Klugheit und Schalkhaftigkeit verbindet, von der Geschichte und glaubt, Michel durchschaut zu haben: «...ich glaub, ich sei ihm über dList gekommen und wollte ihm zeigen, wer schlauer sei, ich oder er. Und wenn ich ihn hätte, wollte ich ihn schon dressieren; es ist schon manches strübere Kalb, als er ist, gelecket worden.» Mädi vom Rosebabisegg, so heißt das Mädchen, glaubt also an die Entwicklungsfähigkeit und Erziehbarkeit des verwöhnten und gehätschelten Riesenbabys: «wenn der eine rechte Frau bekommt, so gibt das einen rechten Mann ab... an dem könnte man tapfer hobeln und bliebe doch immer noch ein braver Rest» (239).

Welche fragwürdigen Mittel das schlaue Mädchen ersinnt, um Michel ins Kuttlebad zu bringen, wollen wir übergehen. «Michel war noch nie im Kuttlenbad gewesen, er kannte daher den Weg dahin so wenig, als er wußte, wo seine eigenen Kutteln waren» (249). Es ist von einer umwerfenden Komik – und Psychologie, wie Mädi zuerst das Herz des Hundes Bäri erobert, so daß er seinen Kopf in ihren Schoß legt und sich kraulen läßt, und daß Michel bei diesem Anblick denken muß, «er wollte, er wäre der Bäri, selb düchte ihm auch angenehm, wenn eine ihm am Kopf krauete» (273).

Einer Heirat steht nun natürlich nichts mehr im Wege, das Paar fährt «mit mehr als zwanzig Wagen zur Trauung», und der Dichter schließt sein Werk mit einem Blick in die Zukunft: «Michel wurde nie reuig und seine Frau noch viel weniger: es gab ein sehr glückliches Ehepaar. Michel gab aber auch einen Mann ab, als die Frau ihn nach und nach von den Kinderschuhen entwöhnte...» (286).

Eidgenossen und Jesuiten

Eidgenössische Freischießen in Chur 1842 und Aarau 1849 – Die Berner in Chur – Die «Donnstigs Weiber» – Was sind eigentlich «Eidgenossen»? – «Ma foi, Geld ist geng Geld» – Adel, Bürger, Bauern und Beamte im «Herr Esau» – Freischärler – Gotthelf hört in Luthern Jesuitenpatres predigen – Radikale und Jesuiten bedrohen die Religion

Gottfried Kellers Schützennovelle «Das Fähnlein der sieben Aufrechten» spielt im Jahre 1849, ein Jahr, nachdem sich das Schweizervolk eine neue Verfassung gegeben und den Bund unabhängiger Kantone in einen Bundesstaat verwandelt hatte. Sie gipfelt in einem Schützenfest, das im Juli 1849 in Aarau stattfand. Die sieben Aufrechten, ein kleiner Schützenverein von älteren Zürcher Handwerkern, sind stolz darauf, am Bau ihres modernen Schweizer Staates mitgewirkt zu haben. «Stück für Stück noch im vorigen Jahrhundert geboren, hatten sie als Kinder noch den Untergang der alten Zeit gesehen und dann viele Jahre lang die Stürme und Geburtswehen der neuen Zeit erlebt, bis diese gegen das Ende der Vierzigerjahre sich abklärte und die Schweiz wieder zu Kraft und Einigkeit führte.» Die sieben Aufrechten sind ihren Jahren nach etwas älter als Gotthelf, «alle waren von einem unauslöschlichen Haß gegen alle Aristokraten erfüllt», später kam «noch derjenige gegen die ‹Pfaffen› hinzu.»

Ihre politisch-ideologische Einigkeit wird nun aber durch ihre verschiedenartige Finanzlage gestört, vor allem dadurch, daß Karl Hediger, der Sohn des ärmsten Aufrechten, und Hermine Frymann, die Tochter des reichsten, sich seit ihrer Kindheit zugetan sind. Beim Schützenfest in Aarau soll Frymann eine Rede auf das Motto der Vereinsfahne – «Freundschaft in der Freiheit» – halten, mit deren Abfassung er sich schrecklich quält. Die Rede, «eine Anhäufung von Donnerworten gegen Jesuiten und Aristokraten», wird von der schönen Hermine im Jahre 1849 als anachronistisch empfunden: sie sei «sehr kräftig, doch scheine ihr dieselbe etwas verspätet, da die Jesuiten und Aristokraten für einmal besiegt seien ...». In der höchsten Not hält dann der junge Karl Hediger eine prächtige Festrede auf die sieben Aufrechten, den neuen Bundesstaat und seine «Mannigfaltigkeit in der Einheit», und er macht auf den Widerspruch aufmerksam, daß die sieben «Freiheitsliebenden», wie sie sich auch nennen, zwar «auf geistliche Dinge nicht wohl zu sprechen», mit den Anfangsworten der neuen Bundesverfassung «Im Namen Gottes des Allmächtigen ...» doch ganz zufrieden seien.

Im Juli 1842, sieben Jahre vor dem Schützenfest in Aarau, als der werdende Bundesstaat tatsächlich noch «Stürme und Geburtswehen» erlebte, hatte ein anderes Schützenfest in Chur im Bündnerland stattgefunden, für das Gotthelf – auf Anregung

Fellenbergs! – die Schrift «Eines Schweizers Wort an den Schweizerischen Schützenverein» verfaßte, die dort an den Tischen herumgeboten wurde. Es ist eine von edlem Pathos getragene Mahnung an die «Tellensöhne», die hohen Ideale, in deren Geist sie sich versammelt haben, nicht zu verraten, im Stolz, als freie Männer Waffen tragen zu dürfen, nicht übermütig zu werden, und nicht dem Irrtum zu verfallen, sie könnten familiäre Miseren durch Männerversammlungen und Kannegießereien vergessen machen. Die Schrift enthält eines der berühmtesten Worte des Dichters: «Im Hause muß beginnen, was leuchten soll im Vaterlande; aus dem Hause stammt die öffentliche Tugend...» (XV:301). Das Wort erinnert in einer Männergesellschaft an die Frauen und Kinder: «Weinen und darben sie um deinetwillen – warum kömmst du aufs Fest?» An Humanität will Gotthelf dort nicht glauben, wo die Allernächsten mißachtet werden: «Das hätte kein rechter Schweizer getan; du bist ein ungetreuer Mann, und wer im Kleinen nicht getreu ist, wie sollte der getreu im Großen sein; und wer es mit dem eigenen Hause nicht gut meint, wie sollte der es gut meinen mit dem Vaterlande...?» (301)

Trotz seines hohen Pathos enthält das kleine Werk sehr nüchterne Gedanken. Was für Sorgen sich hinter dem Pathos verbergen, äußert Gotthelf in einem Brief an den Basler Freund Hagenbach: «Mein Hauptzweck war aber der, durch mögliche Erweiterung des Festes dasselbe aus radikalen Händen zu winden; wenn die rechten Leute daran teilnehmen würden, die sich bisher davon entfernt gehalten, wie der Reine von den Krätzigen, die bisherigen Majestäten würden erbleichen. Diese Feste haben bei ihrer gegenwärtigen Gestaltung etwas Grauenerregendes. Ein kühnes Wort aus frevlem Munde, und im Taumel des Festes wäre die Schweiz in Anarchie gestürzt» (5:228).

Außerdem hat Gotthelf dieses Schützenfest in Chur in seinem Romanfragment «Der Herr Esau» satirisch dargestellt. Allein schon wegen dieser Episode – sie ist etwa doppelt so lang wie Kellers «Fähnlein» – verdiente der «Herr Esau», wiederentdeckt und gelesen zu werden. Eine Gruppe von jungen Bernern, unter ihnen Jakob, der Sohn des Herrn Esau, eines Liberalen und «Eidgenossen», fahren nach Chur. Außer Jakob sind es allesamt Großmäuler, die sich schon auf der Hinfahrt als Weiberverächter aufspielen. Ihre Ansichten über «die Donnstigs Weiber» faßt Niggi Ju wie folgt zusammen: «We me recht luegt, su ist eys wie ds anger dem Tüfel ab em Karre gheyt, die einte hingerache, die angere vorache, das ist dr ganz Ungerscheid» (1:229). In den Tischgesprächen in Chur wird dann das Thema der freien Liebe gestreift, weil die Vaterlandshelden unfähig sind, sich mit zwei hübschen Bündnerinnen höflich zu unterhalten: «...wenn die Ehe aufgehoben würde samt dem Erbrecht, da brauchte man artige Manieren nicht mehr, keine artigen Worte mehr, da griffe man sich die Weiber aus dem Haufen heraus wie Zwetschen aus den Körben oder Täfeli aus einem Papiersack» (268).

In der Schützenschrift erörtert Gotthelf die Schwierigkeiten, die in der Vielfalt der Schweiz – ihrer «Zerklüftung» (XV:315) – begründet liegen: «keiner steht zum andern, hilft dem andern, es sei dann im Bunde gegen einen dritten» (317). Und er kommt auf «die Bundesverfassung, über die man sich schon so viele Jahre lang die Köpfe zerbrochen...» (319). Der «Sonderlingsgeist (Partikularismus), welcher dem Schweizer eigen ist» (322) könne nicht durch staatliche Maßnahmen überwunden werden, und Gotthelf ruft seine Landsleute deshalb zu einem alle Selbstsucht überwindenden Brudersinn auf: «Eidsgenossen! Wo Friede werden soll zwischen Brüdern, da läßt er sich nie auf dem Gebiete des Rechts vermitteln, Recht und Unrecht wiegt keine menschliche Hand sicher ab, daß der Stachel aus allen Herzen genommen wird; im Brudersinne alleine ist der Friede zu finden... Eidsgenossen, lernt aus der Geschichte der Väter, wie es Sünde sei, zum Zorn den Bruder zu reizen...» (329).

Im «Herr Esau» sind Jakob und sein Freund Michel Affensteg bei einem Churer Handwerker einquartiert, der noch nie einen Eidgenossen gesehen hat. «‹Kurios›, hatte er manchmal gedacht, ‹gibt doch immer was Neus, erst Kuhpocken, dann Helvözler, Cholera und Dampfmaschinen, jetzt gar noch Eidgenossen›» (1:247). Als Jakob am

Eidgenössisches Freischießen in Aarau 1849. Blick aus der Festhütte auf die im Zentrum des Festplatzes stehende Fahnenburg. Die eidgenössische Bundesfahne überragt die Fahnen der einzelnen Kantone.

nächsten Morgen beim Frühstück erzählt, «sein Vater gehöre zu den Vaterlandsfreunden, zu den rechten Eidgenossen», entspinnt sich ein Gespräch über diese neue Menschensorte. «‹Nai, nai aber au!› sagte der Meister, ‹so saget Sie mir, was sind denn das auch für Leute, die Eidgenossen, keine Handwerker nit, keine Aristokraten nit, sind etwa son e Art Musikanten, wo im Land herumziehen und aufspielen wie die Böhmen, ja, sogar Prager sind schon da gewesen.›» Der Berner Jakob schließt aus der Unwissenheit des Meisters, in Graubünden lebe man hinter dem Monde, und rühmt sich: «Bei ihnen wüßte so was jedes Kind, und in den Zeitungen, wo man in allen Cafés hätte, fände sich ja das alles punktum. Aber da er es nicht wisse, so wolle er es ihm gerne sagen.» (Der Leser achte doch bei den folgenden Erklärungen Jakobs darauf, wie seine Sätze zunächst ein durchaus ernstgemeintes Ideal und politisches Ziel entwickeln, dann aber umkippen und sich in naiver Weise selber widerlegen!). «Eidgenossen nenne man die, wo es treu mit dem Lande meinten und nach dem papiernen Bunde nichts frügen, sondern einen neuen wollten im neuen Geiste, wo jeder wohl sei und jeder frei und alle gschweigget würden, wo eine andere Meinung hätten und anders dächten, einen Bund, in welchem Einigkeit, Friede sei, das Vaterland über alles, und jeder Kanton machen könne, was ihm beliebe, und helfen könne dem, mit welchem er sympathisiere. Gerade wie man auch ehedem die alten Schweizer Eidgenossen genannt hätte, weil sie einen Bund gemacht hätten, einander zur Freiheit zu verhelfen und die Adelichen runterzumachen, so nenne man wieder die aus allen Kantonen, die einen neuen Bund wollten und nichts wüßten und nichts meinten als:

Die eidgenössischen Freischießen, die es seit 1824 gab, waren wichtige Stationen der Schweiz auf dem Weg zum Bundesstaat. Gotthelf, der selber in Solothurn (1840) und Basel (1844) teilnahm, war stolz auf die «Ehrenfestigkeit» und das «Nationalgefühl» eines freien Volkes, kritisierte aber auch den «Meinungsterrorismus» (6:161) der Schützen, die sich aufführten, «als sei der Schützenverein nicht ein Verein von Eidgenossen, sondern bloß der Auswuchs einer Fraktion.» (69) Eine der schönsten Darstellungen eines solchen hochpolitischen Anlasses bietet die kolorierte Aquatinta des Zürcher Festes (1834) von Johann Jakob Sperli Vater und Sohn.

‹Nieder mit Pfaffen und Aristokraten!› ‹Dunderhagel!› sagte der Meister, ‹runter, also runter, aber wer soll dann rauf, von wem soll ds Brot kommen künftig?› ‹Wer anders›, sagte Jakob, ‹als die Eidgenossen, die, wo es treu mit dem Lande meinen; wenn wir einmal obenauf sind, dann, Meister, habt nicht Kummer um den Verdienst, dann hat jeder seine Sache; wenns recht ging, so hätte schon jetzt jeder Sachen genug ohne Hundeleben.›» (1:257f)

Der «Herr Esau» ist aber nicht nur wegen dieses Schützenfestes lesenswert. Er weicht auch von der bei Gotthelf üblichen Bauweise der Romane ab, indem er nicht nur einen Helden oder eine Heldin («Uli», «Anne Bäbi», «Käthi»), auch nicht zwei Höfe («Geld und Geist», «Zeitgeist und Berner Geist»), sondern *drei Familien* schildert: die des liberalen Eidgenossen Esau, die des aristokratischen Majors und die des Bauern Sime Sämeli. Alle drei Familien streben nach Geld und Prestige. «Ma foi, Geld ist geng Geld» (1:60), so faßt der Sohn des Majors diese Lebensinhalte zusammen, und Sime Sämelis Frau bleut ihren Töchtern ein: «... dr Reichtum ist d Hauptsach, we me rych ist, su cha alles anger eym graglych sy» (88). In der Bettagspredigt von 1839 wirft Gotthelf den «eidgenössischen Regenten» vor: «Geld, Geld, tönt es in ihren Träumen ... Geld ist das Losungsgeschrei bei der Stellenjagd, Geld der goldene Hintergrund bei der Gesetzgebung, der goldene Himmel aller Staats- und namentlich der Finanzreform» (17:117).

Alle drei Familienväter kandidieren für den Großen Rat, in den aber nur Herr Esau gewählt wird. Der Sohn Jakob, der schon das Schützenfest in Chur enttäuscht verlassen hat, distanziert sich schließlich von den Karriereplänen seines Vaters, verläßt auch seine Familie und übernimmt eine «Stelle in einer Bezirksschreiberei» (2:226). Er wird also Beamter wie der «Regierungsschreiber» und «Verwaltungsbeamte» Karl Hediger in Kellers «Fähnlein», eine Lösung, die für Gotthelf untypisch ist. Daß der neue Staat viel mehr Beamte brauchte als der alte, daß eine Bürokratie entstand, die für den einzelnen nicht mehr überschaubar war, hat er schon im «Bauernspiegel» kritisiert. Dort prügelt Mias einmal nicht weniger als 27 «Amtsschriber, Grichtschriber, Gmeindschriber, Amtsnotari, Prokerater, Agente u de no ihre Knechte u Buebe» (1:312) alleine zum Wirtshaus hinaus. Und bevor «Zeitgeist und Berner Geist» seinen Titel bekam, wurde es zwischen Dichter und Verleger als «Beamtetenbuch» bezeichnet.

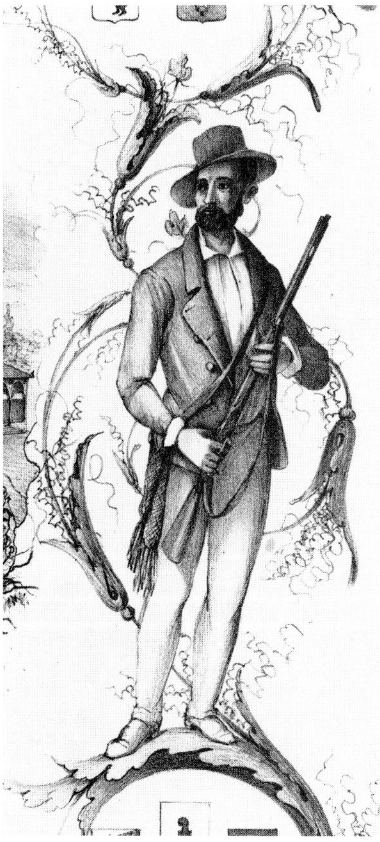

«... wo jeder Kanton machen könne, was ihm beliebe, und helfen könne dem, mit welchem er sympathisiere ...» – so hatte sich Jakob in Chur verplaudert. Zu Beginn des Jahres 1841 hatte der Große Rat des Kantons Aargau die Aufhebung sämtlicher auf seinem Gebiet stehender Klöster beschlossen, da sie für z. T. blutige Unruhen verantwortlich gemacht wurden. Die Klosteraufhebung galt ihren Urhebern als fortschrittliche Heldentat, wurde von vielen Liberalen unterstützt und vom Berner Regierungspräsidenten Karl Neuhaus ausdrücklich gutgeheißen, obwohl sie sowohl von der aargauischen Kantonsverfassung als auch vom Bundesvertrag her anfechtbar war. Im selben Jahr hatte der Luzerner Bauer und Ratsherr Joseph Leu (1800–1845, ermordet) für Jesuitenmissionen im Volk gesorgt, seit Oktober 1841 predigten die Patres Antoine Burgstahler, Joseph Ferdinand Damberger und Georg Schlosser in verschiedenen Dörfern. Als Reaktion auf die Klosteraufhebung im Aargau berief der Kanton Luzern – ebenfalls durch Parlamentsbeschluß – im Oktober 1844 die Jesuiten als Lehrer, Beichtväter und Bußprediger. In den liberalen Kantonen gewann die Meinung die Oberhand, die Jesuitenberufung sei eine reaktionäre Schandtat, die zum Gegenschlag und zur Gewaltanwendung berechtige.

Die beiden Freischarenzüge vom Dezember 1844 und vom März 1845, die den erklärten Zweck hatten, die Jesuiten zu vertreiben, Luzern eine Minderheitsregierung aufzudrängen und die Bundesreform voranzutreiben, scheiterten kläglich. Karl Neuhaus hatte die Agitation nicht nur geduldet, sondern auch gefördert. Der an der Berner Universität lehrende Jurist Wilhelm Snell und sein späterer Schwiegersohn Jakob

Der Aargau und die Klöster. Satirisches Bild zur Aufhebung der aargauischen Klöster, der «Jesuitenfrage» und den Freischarenzügen. Aus dem «Guckkasten» vom 25. März 1841.

Stämpfli taten sich als Agitatoren hervor. Ulrich Ochsenbein war der Führer des zweiten Zuges. Bern galt als «Hort des Freischarentums» (Blösch). Gotthelf hat die Freischarenzüge, ihre Agitatoren und Führer abgelehnt, weil er das Unternehmen für Landfriedensbruch und Bürgerkrieg hielt. Tatsächlich stellten die Freischarenzüge den eidgenössischen Geist auf «die schärfste Probe des Jahrhunderts; er bestand sie, der Bund löste sich nicht auf» (Blösch). Ochsenbein und Stämpfli hatten später höchste Ämter im neuen Staat inne, während Gotthelf in den schlechten Ruf geriet, er sei für die Jesuiten gewesen, weil sie wenigstens keine Radikalen waren.

Als die drei Patres Burgstahler, Damberger und Schlosser im Frühsommer 1842 – also gut zwei Jahre *vor* der großen Anti-Jesuitenbewegung – in dem nahe der Berner Grenze gelegenen Luthern predigten und Beichte hörten, wanderte der Pfarrer von Lützelflüh über Sumiswald und Wasen in den Kanton Luzern, um sich selber ein Bild von ihrer Wirkung zu machen. In dem Aufsatz «Die Jesuiten und ihre Mission im Kanton Luzern», den er in seinem «Neuen Berner Kalender» veröffentlichte, hat er darüber berichtet. Indem er zu Beginn über Disziplin und Politik des Jesuitenordens spricht, wappnet er den Leser geradezu mit einem kritischen Blick: «Sie machen Freundschaft mit allen, die ihnen zeitweise nützlich sein können, sie machen Brüderschaft mit den reformiertesten Aristokraten, mit den ungläubigsten Radikalen, ja, sie werden Duzis mit dem Teufel machen, sobald sie ihn zu ihrem Zwecke brauchen können. Im Ringen nach dem, was ihr Wille will, kennen sie keine Schranken, weder göttliche noch menschliche. ‹Der Zweck heiligt die Mittel›, das ist ihre Lehre» (XXIV:46). Wichtig neben dieser Taktik, die zur Ansicht geführt hat, ein Jesuit sei ein Mensch, «dessen Gesicht das Gegenteil von dem zeigt, was er im Herzen hat» (45), ist aber, daß die Jesuiten den Menschen kennen, «seine Kräfte, seine Schwäche, [sie] kennen ganz besonders die Stärke des katholischen Bewußtseins.» Und dann taucht zum erstenmal der Gedanke auf, daß der Jesuitismus eine Folge des Radikalismus sei, daß beide Gegner dieses Kulturkampfes miteinander zusammenhängen wie die Schalen einer Waage. «Dieses katholische Bewußtsein war im Kanton Luzern durch halbwitzige Regenten, welche sich einbildeten, der katholische Sinn lasse sich abwischen wie eine Wirtshausrechnung, und die alte katholische Kirche könne gestürzt werden durch eine wurzellose Schule und das Ansehen der Priesterschaft übergeleitet werden auf unsichere Lehrer und sehr oft schwankende Regenten, verletzt worden. Die Jesuiten flatterten, schlichen herum, da preßte die aargauische Klostergewalttat den katholischen Län-

Ulrich Ochsenbein (1811–1890). Führer des 2. Freischarenzugs im März 1845, Mitglied der Berner Regierung von 1846 bis 1850 («Freischarenregiment»), 1848 erster Berner Bundesrat. «Unsere Buben haben aber eine hübsche Schweinerei angestellt» (7:17).

Der Luzerner Arzt und Volksschriftsteller Maurus August Feierabend (1812–1887), ein Bewunderer von Gotthelfs Schriften, war als Radikaler in den Luzernerputsch von 1844 verwickelt und mußte eine Zeitlang aus Luzern flüchten. Gotthelf diskutierte mit ihm – als Gast und Briefpartner – die «Jesuitenfrage».

dern einen Notschrei aus, da waren die Jesuiten da sichtbarlich, die damaligen Luzernerischen Regenten flogen wie Spreu von ihren Stühlen, und seither haben die Jesuiten Triftig [guten Weideplatz] im Kanton Luzern und bieten alles auf, denselben zum katholischen Hauptposten in der Schweiz zu machen...» (47f)

Schauen wir kurz hinüber ins Festzelt nach Chur. Dort charakterisiert ein Schütze die Radikalen: «Die Leut wissen, was sie wollen, haben einen festen Zweck. Der Zweck soll erreicht werden mit allen möglichen Mitteln, guten oder schlechten, Lugi oder Wahrheit, und davon brächte sie selbst der Teufel nicht ab» (1:319).

Gotthelf in Luthern hört am Vormittag den Pater Schlosser, dessen Predigt ihn aber nicht beeindruckt. Beim Mittagessen im Wirtshaus kommt er mit Einheimischen ins Gespräch. Es ist ihm dabei «nicht ganz heimelig, so alleine Berner und Ketzer unter hundert und abermal hundert Luzernern und Rechtgläubigen» (51). Von diesen erfährt er aber, «daß allenthalben die Menge und nicht die Geistlichkeit die Mission erzwinge... Der Zudrang zum Beichtstuhl sei ungeheuer...» (53).

Am Nachmittag hört Gotthelf eine Predigt von Pater Antoine Burgstahler (den er «Burgstaller» schreibt) über Keuschheit. Es sei eine «Meisterpredigt» gewesen, sie «dauerte zweieinhalb Stunden am heißen Nachmittage, und trotz einem Laufe von sechs Stunden schläferte es mich nicht, und niemand schlief, so weit ich sehen mochte. Und doch brauchte der Prediger keine Künste, er heizte weder die Hölle, noch öffnete er den Himmel, er sodete [pumpte] nicht im Tränenloch, er grub nicht Gräber, er focht weder mit rührsamen noch mit schrecklichen Gebärden; er peitschte die Menge mit der Geisel der Wahrheit... er redete, wie dieses Publikum ihn verstehen konnte, so daß es seine Worte, wenn auch nicht verstand, doch fühlen mußte» (56). Der Pater war auch auf das Thema des Kiltgangs gekommen – heute würde man von Sexualität vor der Ehe reden – und hatte erzählt, daß «Mädchen im Zugergebiet freiwillig – ohne der Jesuiten Wissen – einen Bund gemacht, keine Kilter zu haben, keine nächtlichen Zusammenkünfte» (57). Gotthelf hält das offenbar für eine jesuitische Erfindung: «das glaube, wer will». Seine Eindrücke in Luthern zusammenfassend, hält er die Jesuiten aber für «viel gewaltiger und darum viel gefährlicher, als ich gedacht», weil es ihnen gelinge, auf Frauen und Mädchen und damit auf Familie und Privatleben einzuwirken. «Während der Radikalismus uns eine Art öffentlichen Lebens pflanzte in Wirtshäusern, Kneipen, Zeitungen, nehmen die Jesuiten des verwahrlosetsten häuslichen Lebens sich an; während die erstern die Männer verlocken, erbauen die andern die Weiber; während die erstern ihre Macht in papierernen Verfassungen suchen, suchen sie die andern in häuslichen Einrichtungen; während jene Männer und Jünglinge an sich ziehen, fesseln diese die Jungfrauen, welche zu freien sind, welche einst Hausmütter werden» (60). Übrigens wurde Gotthelfs «Neuer Berner Kalender», in dem der Aufsatz über die Jesuiten stand, von der Luzerner Regierung sofort verboten.

In den Tagen des ersten Freischarenzugs, Anfang Dezember 1844, hatten Luzerner Radikale einen Putschversuch gegen ihre Regierung unternommen, der aber gescheitert war. Einer der Beteiligten, der Arzt und Volksschriftsteller Maurus August Feierabend, flüchtete aus Luzern in den Kanton Appenzell. Er schätzte Gotthelfs Werke, besuchte den Dichter in Lützelflüh und korrespondierte mit ihm. Zwei Volksschriftsteller, der eine Arzt und Radikaler, der andere Pfarrer und Konservativer! Sie besprachen sich über die «Jesuitenfrage», die für Feierabend «in ihrer eidgenössischen Bedeutung auch die Schicksalsfrage der Schweiz» (6:154) war. Im Gegensatz zu Gotthelf, der ja in Luthern den Eindruck gewonnen hatte, «daß allenthalben die Menge und nicht die Geistlichen die Mission erzwinge», war Feierabend überzeugt, daß die Bewegung von oben, von der «Jesuitenclique» (6:132), ausgehe. Gotthelf blieb aber bei seiner Ansicht und erklärte sich die Feierabends aus der Unfähigkeit der Radikalen, das Volk richtig einzuschätzen, weil «der Radikalismus nichts kennt als des Teufels Kniffe und Schliche; das Höhere und Bessere im Volk leugnet er nicht bloß ab, er glaubt nicht daran, er ahnet es nicht einmal, so was scheint ihm bloß Pfaffen- und Hirngespinst» (6:205).

Im Zusammenhang mit dem sog. «Züriputsch» von 1839 hatte Gotthelf im «Berner Volksfreund» geschrieben: «Man glaube denn doch einmal: Es wurzelt im Volk ein bestimmter Glaube, den keine Regierung ungestraft verhöhnen darf. Man glaube doch, daß keine Verfassung eine Regierung schützt, welche den Volksglauben verhöhnt. Die Verfassungen bestehen nicht zum Schutz der Regierungen allein, sondern auch zum Schutz des Volkes und seiner Güter, und den Glauben betrachtet gottlob noch ein großer Teil des Volkes als hohes Gut» (13:108). Diesen Volksglauben, der jahrhundertelang zu den Lebens- und Überlebensformen des Volkes, aber auch zu seiner Kultur gehört hatte, sah Gotthelf durch die Theologie von D. F. Strauß, der alle «Dogmen» und «Glaubenslehren» mit triumphierender Aufklärerpose als «Humbug» entlarvte, aufs äußerste bedroht. In einem zweiten Artikel weist er darauf hin, der «Züriputsch» sei «denn doch nicht das erste Exempel, daß eine Regierung vom Volk ausgejagt wird; dieses hat sich ja ereignet, solange es Regierungen gibt, besonders in Republiken, aber auch in Monarchien. Es ist eine uralte Gewohnheit der Pferde: wenn die Reiter sie kujonieren, so werfen sie sie ab; es ist eine uralte Gewohnheit der Völker, die Regenten fortzujagen, sobald sie Sitten, Glauben der Völker niedertreten, das gefährden, was die Völker hoch- und werthalten...» (13:133). Hinsichtlich der ihm verhaßten radikalen Berner Regierung war Gotthelf 1846 der Gedanke gekommen: «Zweihundert entschlossene Männer werfen die Regierung in die Aare...» (6:324).

Gegenüber staatlichen Rechtsbrüchen beruft sich Gotthelf hier auf das *Widerstandsrecht* des Volkes, aber dieses Recht hat bei ihm religiöse Ursprünge. Er beruft sich darauf, «daß das Volk religiöses Leben habe» (XIII:577). In einem Brief an Burkhalter schreibt er 1846: «Es wird ein Geschrei nach Religion geben, wie an einer Feuersbrunst nach Wasser» (6:334). An Eduard Blösch, 1847: «...auf eine mir unerwartete Weise arbeitet sich das religiöse Bewußtsein wieder unter dem Gerölle der Welt hervor und will seine Geltung haben» (7:43). Ganz ähnlich äußert er sich über die «Jesuitenfrage»: «In Luzern, wo es dem Volksgeist öde zu werden begann in der Schule und namentlich in den höhern, da schrie man nach den Jesuiten wie nach einem Labsal, wie der Dürstende in der Wüste nach einem kühlen Schluck, und wie in Zürich der Volksgeist den erquickungslosen Strauß forttrieb, schrie der Volksgeist in Luzern zu

Die Berufung des deutschen Theologen D. F. Strauss (1808–1874) an die Zürcher Universität löste den «Züriputsch» gegen die radikale Regierung aus. Am 6. September 1839 zog die Landbevölkerung in die Stadt, es kam zu Kämpfen auf dem Münsterhof (hier in der Darstellung von Martin Disteli) und zum Rücktritt der Regierung.

Karikatur aus der «Wochenzeitung» vom 1. Juli 1845. Der «Jesuit» setzt den «Eidgenossen» (Dr. Robert Steiger?) schachmatt. Der schwarze König ist Jesuit, der weiße Revolutionär mit Jakobinermütze. Die beiden Königinnen (= Helvetia) sind geschlagen, die weiße wendet sich weinend ab, die schwarze ist umgeworfen.

seiner Erquickung nach Jesuiten» (15:223). Für dieses «Dürsten» hatte er ein Gespür, seine Hoffnungen, seine Diagnose, seine Zukunftsprognosen haben sich jedoch als falsch erwiesen; die Säkularisierung hat sich fortgesetzt.

Die Freischarenzüge waren eine wichtige Station auf dem Wege der Schweiz zum Bundesstaat. Da Gotthelf immer von seinem «Ländchen» und dem Kanton Bern ausgeht, nimmt er an den lokalen Ereignissen intensiv Anteil. So erregt er sich einmal: «Gestern haben sie in Höchstetten einem Luzerner Fuhrmann, der seit 30 Jahren durch den Kanton fährt, seinen Wagen mit 50 Zentnern Ware verbrannt. Viele Berner haben Land und Häuser im Luzerner Biet, nächstens müssen viele Küher auf Luzerner Alpen, wollen nun die Luzerner Gegenrecht halten, so geht es den armen Leuten übel. Doch solche Bubenstücke sollen die Lage übel machen, sollen den beabsichtigten Krieg erzwingen» (6:185f). Der letzte Satz deutet aber an, daß er die Freischarenzüge in einem europäischen Zusammenhang sah. «Ich bin überzeugt», schreibt er im Januar 1845 an Feierabend, «daß die ganze Bewegung keine eigentlich schweizerische ist, daß sie von der Propaganda ausgeht, die halb in Paris, halb in London sitzt, daß die Jesuiten nur der Vorwand waren, der Umsturz des Bundes der nächste Zweck, der Hauptzweck aber immer noch die Hoffnung, daß wo mal was angehe, vielleicht doch endlich der seit 14 Jahren sehnlichst gehoffte europäische Krieg sich entzünde. Ich bin überzeugt, daß den eigentlichen Stiftern so vielen Unglücks an den Luzernern rein nichts gelegen war... Ich muß frei bekennen, die Freischaren verabscheue ich, und daß man gegen die Luzerner so mir nichts dir nichts ausziehen kann und sie morden als ob sie Spatzen wären, kommt mir vor als eine verfluchte Barbarei, und namentlich in dem Zeitalter, wo man keine Kindsmörderin mehr richten darf und keinen Brandstifter, in dem Zeitalter der Kultur, wo die Todesstrafe aufgehoben werden soll» (6:158f).

Pfarrer und Ärzte als Brüder

Niklaus von der Flüe – Himmel und Erde in Harmonie und Disharmonie – Änneli schaut die «Einigung zwischen Himmel und Erde» – Glück und Seligkeit hängen zusammen wie Diesseits und Jenseits – «Buch der Bibel» und «Buch des Lebens» – Die Erledigung des metaphysischen Himmels in Brechts «Leben des Galilei» – Fueter (Arzt) und Hagenbach (Theologe) als Anreger Gotthelfs – Anne Bäbi Jowäger zwischen Selbstherrlichkeit und Selbstmord – Die Weisheit des alten Pfarrers von Gutmütigen

Als Gotthelf 1851 in einem Berliner Kalender eine kurze Biographie des Schweizer Nationalhelden Niklaus von der Flüe (1417–1488) veröffentlichte, schrieb er darin den bedeutenden und umfassenden Satz: «Sein Leben war im Himmel, aber klar lagen vor ihm die menschlichen Verhältnisse, Gottes Wort und die Zeitläufe kannte er ungetrübt» (10:234).

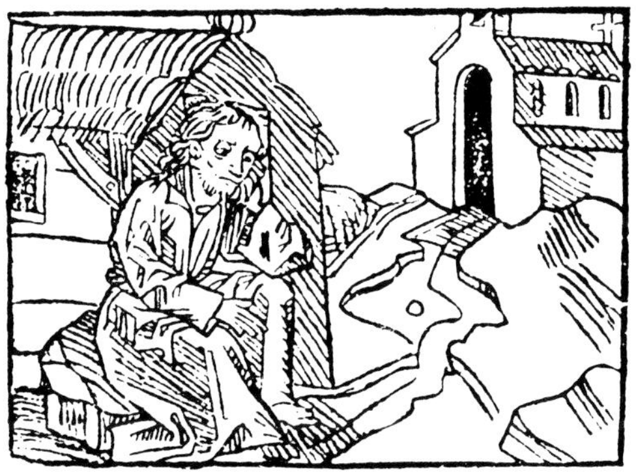

Den Schweizer Nationalheiligen Niklaus von der Flüe (1417–1487) sah Gotthelf als einen Mann, in dem Geistliches und Weltliches, Religion und Leben, Himmel und Erde sich im Einklang befanden: «Sein Leben war im Himmel, aber klar lagen vor ihm die menschlichen Verhältnisse, Gottes Wort und die Zeitläufe kannte er ungetrübt» (10:234).

Kurz vor seiner Trauung mit Vreneli macht Uli, der Knecht und künftige Pächter, einen kurzen Besuch beim Pfarrer seiner Heimatgemeinde, der ihm in ernsten Worten zu vergegenwärtigen sucht, daß das Glück des Bräutigams, nämlich seine Braut, sein Pachthof, sein Ansehen nicht durch «das blinde Glück, den Zufall, das sogenannte Gfell» verursacht wurde, sondern auch mit Ulis Frömmigkeit zusammenhänge. «Das Weltliche und das rechte Geistliche sind viel näher beieinander als die meisten Leute glauben» (XI:376). Der Leser möge auf die feine Nuance achten: «Das Weltliche» ist offenbar jedem klar, aber zu ihm gehört nicht einfach «das Geistliche», sondern «das *rechte* Geistliche».

Gotthelf kann sich diese beiden Bereiche natürlich auch sehr gut gestört oder getrennt vorstellen. Im September 1838 veröffentlichte er im «Berner Volksfreund» eine kurze Polemik gegen ein Diskussionsvotum, das der Seminardirektor von Küsnacht (ZH) Ignaz Thomas Scherr bei der Jahresversammlung der Schweizerischen Gemeinnützigen Gesellschaft in Bern abgegeben hatte. Es sei zunächst alles gut abgelaufen. «Nur als Herr Seminardirektor Scherer(!) mit witzig sein sollender Miene sprach, das Himmlische und das Irdische seien nicht gleich, ließen sich auch nicht vereinigen, und dann sprach von der ihn ergreifenden Trostlosigkeit, fand man diese Trostlosigkeit begreiflich, eben wegen seiner Unkunde, das Irdische mit dem Himmlischen zu verbinden, denn was soll wohl die ächte Bildung des Menschen anders bezwecken, als innige Verbindung des Irdischen mit dem Himmlischen?» (13:99)

Am feierlichsten, voll von religiösem Ernst und Pathos, hat Gotthelf das umfassende Bild von Himmel und Erde in einer Szene des Romans «Geld und Geist»

Obwohl im 18. Jahrhundert der renommierte Naturheilkundige Micheli Schüpbach (1707–1781) – hier als Alchimist und Magier dargestellt (ca. 1780) – ganz in Gotthelfs Nähe (Langnau) gewirkt hatte, wird er im «Anne Bäbi»-Roman mit keinem Wort erwähnt. Der noch berühmtere Paracelsus wird kritisiert. Der Dichter wehrt jeden Anschein des «Wunderdoktors» ab, plädiert aber für eine neue Zusammenarbeit zwischen Pfarrer und Arzt.

ausgeführt. Am witzigsten und schalkhaftesten, aber trotzdem nicht ohne Tiefe, hat er in «Anne Bäbi Jowäger» davon gesprochen. Beide Romane sind 1843/44 entstanden.

«Geld und Geist» trägt den Untertitel «oder die Versöhnung» und erzählt von der Überwindung eines Familienzerwürfnisses. Die wichtige Szene legt der Dichter auf einen Sonntag vor Pfingsten, wo am Morgen bereits ein wüster, gehässiger Streit die Bewohner von Liebiwyl gegeneinander aufbrachte, nach welchem sich Änneli, die Bäuerin, entschlossen hatte, in die Kirche zu gehen. Der Pfarrer predigt über das letzte Abendmahl und die Allgegenwart des Todes. Zur gleichen Zeit sitzt Christen, der Bauer, an einem Waldrand und sinnt über die Misere seiner Familie nach: «so sei nicht dabei zu sein, und das Leben erleide ihm» (VII:85). Das Schweigen beim Mittagessen kann der Leser als Bereitschaft zur Änderung deuten, denn so kann es, nach dem Empfinden aller, nicht weitergehen. Als Nachwirkung der Predigt ist es Änneli zumute, «als hätte sie eine innere Gewißheit, daß sie bald sterben müßte» (87). Sie setzt sich nach dem Essen am Rain hinter ihrem Hause nieder und überblickt ihr Anwesen: «einen schönern Hof gebe es doch nicht, dachte sie. Aber da kam schon wieder der Jammer, gerade wie in nassen Jahren nach jedem Sonnenblick ein nur um so ärgeres Regenwetter kömmt. Das alles ist unser, und wie gut Händel könnten wir nicht haben, und jetzt, wie haben wirs! Übler zweg sind wir als die ärmsten Kacheler und Häftlimacher, und nicht wegen der Armut, wir hätten genug für uns und öppe auch für unsere Kinder; aber da inwendig ists nicht gut, da hat bös Wetter alles verherget» (89). Sonne, Regen, bös Wetter – die Bäuerin erfährt Seelisches als Wetter, und so beginnt auch die entscheidende Szene in drei gewaltigen Sätzen, die als Tatsache zwar immer das gleiche aussagen, sich aber in Steigerungen übereinander erheben.

«Änneli setzte sich nieder, sah über das reiche Land hinweg, sah, wie alles im reichsten Segen prangte, vom Tale weg bis hinauf zu den Gipfeln der Vorberge, sah, so weit das Auge reichte, den Himmel rundum sich senken den Spitzen der Berge zu, sah ihn umranden den Kreis, welchen ihr Auge ermaß, sah, wie da eins ward der Himmel und die Erde, und von dieser Einigung kam der reiche Segen, kam der Sonne Licht, kam der geheimnisreiche Tau, kam die wunderbare Kraft, welche Leben schafft im Schoße der Erde. Es ward dem Änneli ganz eigen ums Herz, als sie diese Einigung zwischen Himmel und Erde erkannte, und wie eben deswegen alles so schön und herrlich sei und so wunderbar anzuschauen, weil Friede sei zwischen Himmel und Erde, der Himmel seine Fülle spende, die Erde den Himmel preise. Und sie dachte, ob denn eigentlich der Himmel nicht alles umranden sollte, nicht bloß die Erde, sondern auch der Menschen Leben, so daß, wenn die Jahre ihn drängen an der Erde äußersten Rand, vor ihm der Himmel offen liege. Darum auch alle seine Verhältnisse ein jegliches zum Berge wird, auf den der Himmel sich senket, und aus dem er in den Himmel steigen kann. Ja, jeder Tag des Lebens, ein kleines Leben für sich, sollte der nicht im Himmel beginnen, und wenn wir einen heißen Tag lang gewandert sind, der Abend kömmt und der Schlaf über die müden Augen, sollten wir nicht da Herberge halten, wo der Himmel die Erde berührt, und die Engelein auf- und niedersteigen und Wache halten über den schlafenden Pilgrim, der im Herrn entschlafen ist, damit, wenn die Sonne wiederkömmt, er wohlbewahret im Herrn erwache, gekräftigt in himmlischer Ruhe zu irdischer Geschäftigkeit?» (89).

Der erste Satz beschreibt Sinneswahrnehmungen der Bäuerin, fünf Mal kommt das «sah» vor. Himmel und Erde kann jeder Bauer so wahrnehmen, sie bilden den Horizont des Ackerbaus. Aus diesem Sehen entsteht nun im zweiten Satz eine Gemütsbewegung: «Es ward dem Änneli ganz eigen ums Herz ...» Himmel und Erde nehmen an Geistigkeit zu: Friede herrscht, der Himmel ist gnädig, die Erde dankbar. Aus der Gemütsstimmung entwickelt sich im dritten Satz ein Gedanke: «Und sie dachte ...» Für «der Menschen Leben» haben Himmel und Erde auch religiösen Sinn. Und aus dieser Erfahrung gewinnt Änneli die Kraft zu der Einsicht, «daß an ihr nun alles lag, daß sie der Angel war, um den des Hauses Schicksal sich drehte, daß sie die Hand ans Werk legen müsse sonder Zagen und Zaudern ...» (92). Obwohl diese «Einigung zwischen Himmel und Erde» an einen alten Mythos erinnert, den Hierosgamos (heilige Hochzeit), der in zahlreichen antiken Texten überliefert ist, schildert Gotthelf nicht einfach einen Mythos, sondern läßt eine Erfahrung vor uns lebendig werden, die zu ganz praktischem Handeln führt: der Versöhnung der Familie.

Schon der feierliche Eingang von «Geld und Geist» schlägt dieses doppelte, umfassende Thema wie ein Leitmotiv an. «Das wahre Glück des Menschen ist eine zarte Blume», heißt es dort, «tausenderlei Ungeziefer umschwirret sie, ein unreiner Hauch tötet sie». Wie im «Uli» ist also das Glück auch hier nicht «das blinde Glück, der Zufall, das sogenannte Gfell», der Mensch muß sich vorsehen mit der zarten Blume: «Zum Gärtner ist ihr der Mensch gesetzt, sein Lohn ist Seligkeit, aber wie wenige verstehen ihre Kunst, wie viele setzen mit eigener Hand in der Blume innersten Kelch der Blume giftigsten Feind; wie viele sehen sorglos zu, wie das Ungeziefer sich ansetzt, haben ihre Lust daran, wie dasselbe nagt und frißt, die Blume erblaßt! Wohl dem, welchem zu rechter Zeit das Auge aufgeht, welcher mit rascher Hand die Blume wahret, den Feind tötet...» Der Schluß des Gedankens verbindet Himmel und Erde: wer also ein guter Gärtner der Blume gewesen ist, der «wahret seines Herzens Frieden, er gewinnt seiner Seele Heil, und beide hängen zusammen wie Leib und Seele, wie Diesseits und Jenseits» (VII:7).

Ähnlich umfassend und eine Gesamtschau wagend geht Gotthelf in seinem «Anne Bäbi Jowäger»-Roman vor, der sich das Problem stellt, wie moderne medizinische Erkenntnis, überhaupt das wissenschaftliche Menschen- und Weltverständnis, mit älterem theologischem Wissen, aber auch mit mystischen und abergläubischen Tendenzen versöhnt und ausgeglichen werden könnte. Nach einer viele Jahrhunderte alten Vorstellung sind Wissen und Weisheit mit dem Sehen verwandt. Die Augen als Sinnesorgane, die auf Licht angewiesen sind, aber auch das Licht der Vernunft, der Aufklärung, der wissenschaftlichen Erkenntnis, das Licht der Erleuchtung und Christus als Licht der Welt, Platos Höhlengleichnis und das mystische Dunkel gehören in diesen Erfahrungsbereich. «Wohl dem, welchem zu rechter Zeit das Auge aufgeht», steht in der Einleitung zu «Geld und Geist», und Gotthelf wollte mit seinen Werken ja «den Blinden den Star stechen» (6:236). So leitet er auch in «Anne Bäbi Jowäger» seine Darstellung ein mit dem Gedanken: «So ist der Mensch glücklich zu preisen, welcher ein Auge hat, denn was ist der Mensch, wenn er kein Auge hätte! Aber schöner und besser als ein Auge sind zwei, und zwei hat Gott dem Menschen gegeben, und halbblind ist und bleibt der immer, der nur eines hat» (VI:63). Gotthelf liegt offenbar daran, das folgende als ein Problem der Erkenntnis und Einsicht darzustellen, und er reiht sich damit in die platonisch-plotinische Licht-Tradition ein. Die von den jüdischen Propheten und Augustinus herkommende Hör-Tradition wird erst am Schluß seines Gedankengangs kurz angesprochen. Wir dürfen aber ergänzen, daß Erkenntnis und Weisheit auch mit dem Hören zu tun haben kann. Gott ist ja nicht nur das Licht der Welt, sondern auch Wort, das es zu hören gilt, das der Mystiker mit geschlossenen Augen erlauscht und die Jungfrau Maria durchs Ohr empfängt.

Im nächsten langen Satz kommt der Dichter zur Hauptsache: «Und wie Gott dem Menschen zwei Augen gegeben hat, so hat er ihm auch zwei Bücher gegeben, das heilige alte Buch, das nicht bloß ein Vikari soll exegisieren können, sondern jeder Christ verstehen, aber auch das wunderbare Buch, das alt ist und doch jeden Tag neu wird, das wunderbare Buch, das aus göttlichem Quell entsprungen, wie durch unzählige Bäche ein Strom genährt wird, durch Quellen aus jedes Menschen Brust, das Gott mit lebendigem Atem durchhaucht und Blatt um Blatt beschreibt vor der Menschen selbsteigenen Augen» (63). Das «heilige alte Buch» ist ohne Zweifel die Bibel; ein paar Sätze weiter ist von der «alten, lieben Bibel» die Rede. Das zweite Buch läßt sich aus dem Zusammenhang als «Buch des Lebens» leicht erschließen, man sollte es aber nicht zu eng fassen. Auch das «Buch der Geschichte» ist damit gemeint wie das «Buch der Natur»; in der «Wassernot im Emmental» heißt es einmal, «daß die ganze Natur uns eine Gleichnisrede sei, die der Christ zu deuten habe» (XV:7). Gleichgültig, welchen Namen man bevorzugt: die beiden «Bücher» stehen für zwei Seiten und Möglichkeiten unserer Welterfahrung und Welterkenntnis. Diese sind wie ein Sehen, man braucht die Augen dazu; was aber gesehen wird, sind Worte!

Diese beiden Bücher sollen sich nun gegenseitig ergänzen: «Und wie die beiden Augen einander helfen auf unerklärliche Weise und eins ohne das andere verwaiset sich fühlt und einsam und nur noch halb so gut wie früher, so hat es auch ein Buch mit dem andern Buch; ein Buch wirft Licht auf das andere Buch, beide strömen Leben sich zu, und halbdunkel wenigstens bleibt ein Buch ohne das andere Buch.» Das Einzigartige dieses Gedankens liegt nicht nur in der Verbindung der Bibel mit dem Leben, der Religion mit der Welt, sondern vor allem in dem Gewicht, das dem «Leben» hier gegeben wird. Auch das «Leben» wirft ja Licht auf die Bibel, nicht nur die Bibel aufs «Leben». Ohne «Leben» blieben Sündenfall und Heilsbotschaft unverständlich. Im Gleichgewicht der beiden Bereiche aber, «wo der Mensch mit beiden Augen in beide Bücher sieht, da nahen sich Himmel und Erde, ist der Himmel offen, Engel Gottes steigen auf und nieder, strömende Offenbarungen Gottes verklären das Leben, heiligen die Zustände, die Bibel gibt dem Leben seine Weihe, das Leben macht die Bibel lebendig. Gott wird ihm lebendig und klar der Mensch in der eigenen Brust» (64).

Damit hat der Dichter die Hauptsache zur Sprache gebracht, und wie oft in seinen Werken, wenn er einen ernsten und bedeutenden Gegenstand dargestellt hat, entspannt er sich und den Leser mit einem leichteren Ton, bevor er zu einer Pointe

Blick auf Lützelflüh. Im Mittelgrund die Brücke über die Emme und die Kirche, darüber das 1798 zerstörte Schloß Brandis. Im Vordergrund ein Emmentaler Bauernhaus mit Garten und Spycher. Kolorierte Bleistiftzeichnung von Heinrich Rieter (1751–1818).

oder einem wieder gewichtigeren Schlußgedanken ansetzt. «Aber eben das ist das Unglück, daß die meisten nur in einem lesen, die einen in diesem, die andern in jenem, und meinen doch, sie lesen alles, was zu lesen sei, und dann hat der eine dies gelesen und der andere etwas anderes, und dann zanken sie sich fürchterlich wie Halbblinde, von denen der eine nur die Blumen links gesehen, der andere die rechts, die einen waren rosenrot, die andern himmelblau, und der eine will, alle Blumen seien himmelblau gewesen, der andere rosenrot, und einer schiltet den andern, einer legt Hand an den andern, beide wähnen sich im heiligen Recht, und keiner denkt, daß er nur links gesehen oder nur rechts» (64f). In diesem spöttischen Ton geht es weiter. Wie bei Änneli die Erfahrung der «Einigung zwischen Himmel und Erde» die Versöhnung einleitet, so kommt Gotthelf am Schluß des «Zwei Bücher»-Kapitels auf die sozialen Auswirkungen der «Halbblindheit» zu sprechen: «So entsteht eine fürchterliche Einseitigkeit, welche in die klarsten Dinge Verwirrung bringt, eine Kluft, welche unwiederbringlich die Menschen scheidet, eine babylonische Sprachverwirrung, wo keiner den andern mehr versteht, keiner dem andern mehr ein Bruder zu sein vermag» (65f). Die auf Einseitigkeit beruhende Rechthaberei hatte schon den jungen Vikar Bitzius beunruhigt, der Turmbau zu Babel taucht immer wieder beim Dichter Gotthelf auf. Daß Menschen einander wegen ihrer verschiedenen Sprachlage und Sprachkompetenz nicht verstehen, ist ein Hauptthema von «Anne Bäbi Jowäger». Eine Kluft trennt die «Gstudierten» vom «Volk», der in Exegese und Textkritik geschulte Vikar treibt Anne Bäbi in zwei Selbstmordversuche. «So kann man Deutsch zum Deutschen reden und wird nicht verstanden; es ist als ob beide direkt vom Bau zu Babel kämen» (187). Der Bogen spannt sich von der Sehfähigkeit des Menschen zu seiner Wortfähigkeit!

In diesen beiden tiefgründigen Texten aus «Geld und Geist» und «Anne Bäbi Jowäger» gipfelt der Versuch Gotthelfs, eine Einheit noch einmal glaubhaft vorzuführen, die er bedroht sah und die im 19. Jahrhundert verloren ging. Die Wurzeln dieses Bruches sind natürlich älter. Als Bertolt Brechts Galilei die Jupitermonde entdeckt und damit das ptolemäische Weltbild beweiskräftig widerlegt hat, führt er folgendes Gespräch mit seinem Freund Sagredo:

«Galilei: ‹Laß dein Auge am Rohr, Sagredo. Was du siehst, ist, daß es keinen Unterschied zwischen Himmel und Erde gibt. Heute ist der 10. Januar 1610. Die Menschheit trägt in ihr Journal ein: Himmel abgeschafft.›
Sagredo: ‹Daß also nur Gestirne sind! Und wo ist dann Gott?›
Galilei: ‹Was meinst du damit?›
Sagredo: ‹Gott! Wo ist Gott?›
Galilei *(zornig):* ‹Dort nicht! So wenig wie er hier auf der Erde zu finden ist, wenn dort Wesen sind und ihn hier suchen sollten!›
Sagredo: ‹Und wo ist also Gott?›
Galilei: ‹Bin ich Theologe? Ich bin Mathematiker!›»

Der «Anne Bäbi Jowäger»-Roman ist die Ausführung des Grundgedankens, daß Wissenschaft und Religion nicht voneinander getrennt, daß Ärzte und Pfarrer Brüder sein sollten. Als kleines Aufklärungsbändchen gegen Quacksalberei auf dem Land geplant, wuchs das Buch zu einem zweibändigen Roman an. Obwohl es derb-komische Szenen enthält, ist es voll asklepischer Weisheit, und obwohl es von allen Werken des Dichters – einige Kalendergeschichten ausgenommen – am ausgiebigsten vom Dialekt Gebrauch macht und lokal ganz an den Oberaargau gebunden ist, ist seine Problematik international, und es handelt von Jahrhundertfragen. Der Arzt, Professor für Pathologie und Großrat Eduard Fueter (1801–1855) stellte dem Dichter als Präsident der Bernischen Sanitätskommission Materialien der Regierung über medizinische Pfuscherei zur Verfügung. Die «Vorlesungen über Wesen und Geschichte der Reformation» des Basler Theologen Karl Rudolf Hagenbach (1801–1874) vermittelten ihm die Erkenntnis, daß moderne Medizin einerseits und Pfuscherei andrerseits zwei Schalen einer Waage sein könnten. «Du machtest mir klar», so schreibt er an Hagenbach, «daß der Hang des Landmanns zu Pfuschern weit tiefer liegt als man meist glaubt, daß er eine religiöse Quelle hat auf der einen Seite und durch frivole Ärzte auf der andern Seite verschuldet wird» (5:205).

Karl Rudolf Hagenbach (1801–1874), guter Freund Gotthelfs seit der Studienzeit, Professor der Theologie und Kirchengeschichte in Basel. Seine «Geschichte der Reformation» bestärkte den Dichter in der Annahme, daß Medizin und Theologie, Pfuscherei und Aberglauben zusammengehören.

Wenn ein Engel vom Himmel auf die Erde gekommen wäre, so erzählt Gotthelf schon im ersten Kapitel des Romans, und gesagt hätte: «‹Hör, Anne Bäbi, der liebe Gott läßt dich grüßen und dir sagen, die Nidle für dein Bübli sei zu mastig, das Fleisch für dein Bübli zu scharf, daher kämen seine bösen Ohren und Augen, Milch ist lange gut genug›… so hätte Anne Bäbi mit Nidle und Speck fortgefahren und bei sich selbst gedacht: auf das verstehe sich der liebe Gott nicht; was Nidle und Speck könnten, wüßte man ja im Himmel nicht, und was me nit verstang, dary söll me si in Gottes Namen nit mischle» (V:15). In dieser Weise reißt Anne Bäbi Himmel und Erde auseinander. Aber sie ist kein Sonderfall. Ihre Grundanlage ist allgemein-menschlich. Ihr Gutmeinen «uf sy Gattig» (7), ihre Egozentrik, ihre Besessenheit von wenigen Gedanken, ihre geistige Unbiegsamkeit und Unbeweglichkeit, schließlich ihre totale Weltlichkeit sind für den Dichter Charakteristika der conditio humana.

Bis hierher sieht alles noch sehr humoristisch aus, aber das vitale und despotische Anne Bäbi bricht schnell zusammen und wirft die Flinte ins Korn, wenn es auf Widerstand stößt, wenn ihm etwas mißlingt oder von andern durchkreuzt wird. Dann würde es am liebsten gleich «Feierabend mache, eine schöne Glungge oder ein batziger Hälsig...» (49). Wenn man davon ausgeht, daß es Züge in der Menschennatur gibt, die roh, primitiv und unzivilisiert sind und Verbesserungen kaum zulassen, dann stellt sich die Frage: wie kann man mit ihren Trägern umgehen, damit sie nicht gefährlich werden?

Am unfähigsten dazu erweist sich der Vikar, der sich einbildet, «ein eigenes Geisteswehen» (VI:58) zu spüren, und in der Absicht, «eine Seele zu retten» (292), Anne Bäbi in «Zerknirschung und Buße» (207) zu führen, sie in zwei Selbstmordversuche treibt. Er meint es eben auch gut, «aber uf sy Gattig». Im Gegensatz zur Titelheldin urteilt er ausschließlich vom «Himmel», d.h. einer lebensfremden Theologie her. Da er die «unglückliche Systemkrankheit» (286) hat, hätte er seinem beschränkten Glauben zuliebe über Leichen gehen können, wenn er «nämlich Papst gewesen wäre» (66). Als ihn die Pfarrerin ermahnt: «... aber man muß mit den Leuten gar zogelich umgehen in gesunden Tagen, geschweige dann in kranken, sie mögen meist alles besser ertragen als Gottes Wort», erwidert er kaltschnäuzig: «Darnach hat man gar nicht zu fragen, was sie ertragen mögen oder nicht, Gottes Wort ist Gottes Wort» (294). Von der «Eigentümlichkeit des menschlichen Kopfes» und von den «Eigentümlichkeiten der Seele» hat er keine Ahnung, «daneben war er grusam e Gschickte» (183, 195).

Abraham Maret (1783–1866), Arzt und Freund Gotthelfs, wirkte in Oberburg bei Burgdorf. Das Buch, das er in der Hand hält, trägt die Aufschrift: «Gott ist der Arzt und ich der Knecht».

Es ist ein kühnes Verfahren Gotthelfs, daß er die beiden Ärzte des Romans, Dr. Rudi und seinen verstorbenen Vater, mit ähnlichen – theologischen – Kategorien kritisiert wie den Vikar. Der Vater war ein «medizinischer Dogmatiker... Er ward in der Zeit gebildet, wo die Erkenntnis der Menschen Riesenschritte machte, der Verstand seine Grenzen unendlich erweiterte und darum in den Wahn verfiel, er hätte alle andern Gebiete verschlungen, wo der Mensch der Kräfte der Natur sich bemeisterte und sich einbildete, es gebe keine wirkenden Kräfte mehr als die, welche er in Ketten und Banden geschlagen, deren Wirkungen er erforscht und sie zu regeln imstande sei. Dem Menschen sei es gegeben, mit Zeit und Weil in seinem Wissen alles ihn Umgebende, Berührende zu umfassen, und was er noch nicht erfasset, das sei darum noch nicht erfaßt, nicht weil es nicht möglich sei, sondern weil die rechten Leute sich noch nicht damit abgegeben, die rechten Wege dazu noch nicht gefunden worden seien. Was er durch das Wissen erforscht meinte, hielt er für untrüglich, brachte es in ein System, und dieses System war sein Evangelium» (VI:234f).

Während es vom älteren Arzt heißt: «Sein Wissen war gleichsam sein Gott gewesen, seine Kunst seine Religion, mit welcher er seinem Gotte diente und zwar in seltener Treue» (245), warnt der Pfarrer dessen Sohn Rudi: «Du machst dich selbst zu deinem Gotte... In der Ausübung deiner Kunst aber bist du nicht Dogmatiker wie er, du traust weit mehr dir selbst als dem System und näherst dich darin auffallend den Sektierern, welche das Heil auch nicht im Buchstaben suchen, sondern in dem ihnen, wie sie meinen, inwohnenden Geiste» (249, 247). Beide Ärzte sterben jung dahin, Opfer ihres Berufes, ihrer heroischen Treue und ihrer Selbstüberschätzung.

Was Weisheit und Frömmigkeit betrifft, so ist der alte Pfarrer von Gutmütigen der Widerpart der allzu beschränkten und allzu irdischen Titelheldin Anne Bäbi Jowäger. Nach dem Unheil, das sein Vikar angerichtet hat, ist er der erste, der im Hof der Jowägers nach dem Rechten sieht und die durch den zweifachen Selbstmordversuch ihrer Großmutter verstörte Familie tröstet und sofort nach einem Arzt schickt. Er hat aber nichts Heldenhaftes an sich, glänzt auch nicht durch triumphierende Ideen und unwi-

Emanuel Eduard Fueter (1801–1855). Guter Freund Gotthelfs seit der Studienzeit, Arzt, Medizinprofessor, Mitglied der bernischen Medizinkommission, von der die Anregung zum «Anne Bäbi»-Roman ausging. Er beriet den Dichter in medizinischen Fragen und stellte ihm Material über Quacksalber zur Verfügung. In V:60ff. porträtiert.

derlegbare Argumente. Seine Waffen sind eigentlich keine Waffen, da er weder Sieger sein noch Feinde niederringen will. Menschenkenntnis, Güte, Warmherzigkeit, Humor leiten ihn. Zu ihm gehören seine Frau und die Tochter Sophie, «ein herzhaft Meitschi von neunzehn Jahren» (V:55), und da der Dichter statt von «Pfarrer und Pfarrerin» oft von «Papali und Mamali» spricht, verlieren die beiden alles Unnahbare.

Es ist auch auffällig, daß der Dichter es nicht zu einem Zusammenstoß zwischen dem Pfarrer und seinem ungeschickten Vikar kommen läßt, sondern die Belehrung und Zurechtweisung den beiden Damen überträgt. Dabei spricht die Pfarrerin fast durchweg in ihrem liebenswürdigen Dialekt: «Gället, Herr Vikari, Dihr weyt wieder zfriede sy und es fründlichs Gsicht wieder mache, sust erleidet mr no ds Lebe... ds Briegge ist mr scho immer z'vorderist, wenn ich es unfründlichs Gsicht am Tisch gseh» (VI:297f). Nur bei ganz bedeutenden Gedanken spricht sie Schriftdeutsch: «Ja, aber, wenn Ihr jemand bekehren wollt, so muß er doch leben und bei Verstand sein, und nimmt man ihm das eine oder das andere, so ist es mit dem Bekehren aus» (294). Obwohl die Pfarrerin «unter die Klasse der freundlichen Muesle [rundliche Frau]» (V:55) gehört und gar nicht an Heilige oder Märtyrer erinnert, hat sie etwas Franziskanisches an sich. Sie hält sich für «son e Unmündigi», wenn es ihr «vorcho will, ih syg zwenig glehrt u wüss zwenig». Ihren Mann sieht sie an, «als wenn er dWahrheit selber wäre» (VI:299). Der Pfarrer aber rühmt seinerseits seine Frau als sein Vorbild, darin nämlich, «daß gerade wo das abstoßendste Äußere ihr entgegentrat, ihr Mitleid am meisten rege ward, sie diesen Menschen am meisten bedauerte, am eifrigsten zu helfen begehrte. Gerade die Leute, sagte sie, seien am meisten zu bedauern, welche häßlich seien und an der Seele zugleich, die habe hier niemand lieb, und ob sie dort selig würden, liege im Zweifel, das sei doch so schrecklich, das Herrlichste, die Liebe Gottes und der Menschen entbehren zu sollen in der Zeit und in der Ewigkeit. Dieser Leute solle man sich annehmen... die Liebe sei ja die Wärme, in welcher das Eis der Herzen schmelze» (332).

Papali, Mamali und die Tochter Sophie gehören also zusammen, das Pfarrhaus bildet das Gegengewicht zum Jowäger-Hof. Der Geist dieses Hauses ist ruhig und unspektakulär. Der Pfarrer ist ein «gutmütiger, heiterer Mann, um Glaubensformen zankte er nicht, aber in Glaubenswerken eiferte er mit jedem; wie fromm er war, wußte Gott, die Menschen hätten es ihm nicht angesehen» (171). Kein Wunder deshalb, daß sein fanatischer Vikar der Meinung ist: «Der Alte gehört unter die Klasse der Geistlichen, welche dem Reiche Gottes am meisten Abbruch getan haben» (V:56). Seine Lebenserfahrung und Menschenkenntnis – er ist ja seit vierzig Jahren Pfarrer in Gutmütigen – haben ihn vorsichtig gemacht. Trotzdem kann er heftig werden, im Zorn zusammenzucken und sich in Erregung hineinreden, vor allem dann, wenn ihm die stagnierende und resignierende Haltung des «mi muss si dry schicke» (V:311; VI:165) oder des «u de gwohnet me si a alles» (V:311) begegnet. Die ist ihm so zuwider, daß auch er in den kräftigen Dialekt verfällt: «E jedere Totsch, e jedere Uflat, wenn er öppis vrungschicktet oder öppis Schlechts gmacht het, chunnt u seit, es wird so ha sölle sy, u da ist de nüt z'mache, mi wird si müsse dry schicke...» (VI:166).

«Körper und Seele sind gar in einem engen Zusammenhang; wenn es einem fehlet, so leidet auch das andere» (VI:203), sie sind nicht wie «zwei Schubladen, die voneinander abgesondert einander auch nichts angehen» (216). Von dieser Gesamtschau aus entwickelt der Dichter seine Kritik an der Quacksalberei, an aller Einseitigkeit des Wissens, Glaubens und Politisierens. Er muß aber gespürt haben, daß diese Einheit, die er seine Bäuerin Änneli erschauen, seinen Pfarrer von Gutmütigen predigen läßt, im Zerbrechen war. Im Vorwort zum ersten Band des Romans steht diese Einheit wie eine Hoffnung vor dem Leser: «Wie wäre es, wenn die, welche den Leib, und die, welche die Seele doktern sollen, den andern ein Beispiel gäben und wieder einig würden, Hand in Hand dokterten?» (V:415). Im Vorwort zum zweiten Band, in dem ja der Tod zweier Ärzte

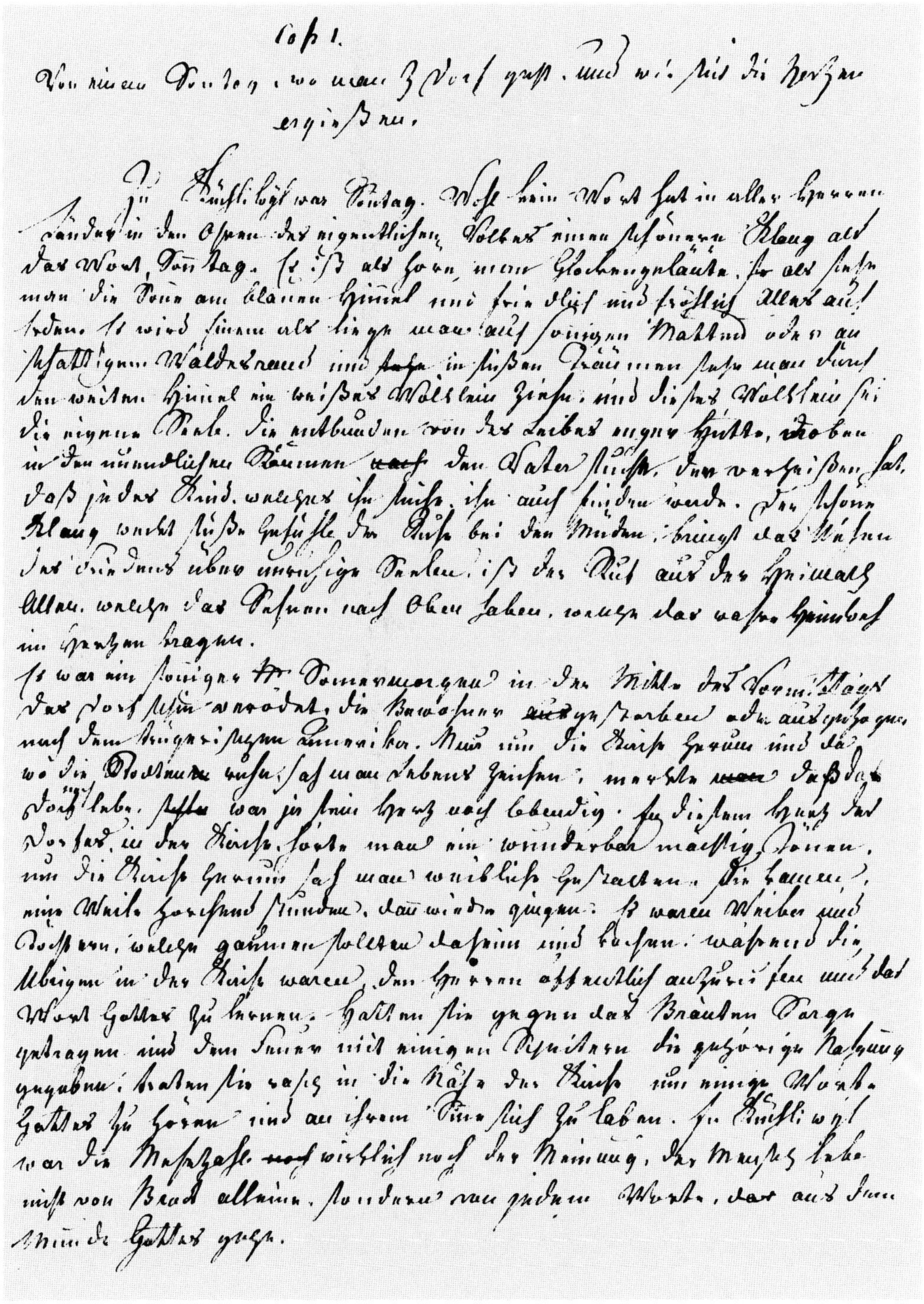

Cap. 1.

Von einem Sonntag, wo man z'Dorf geht, und wie sich die Herzen ergießen.

Zu Küchliwyl war Sonntag. Wohl kein Wort hat in allen Sprachen und Ländern in den Ohren des eigentlichen Volkes einen schönern Klang als das Wort Sonntag.

Anfang des Romans «Zeitgeist und Berner Geist» (entstanden 1849–51, erschienen 1852) in Gotthelfs Handschrift. Das Manuskript ist vollständig erhalten. Es zeigt häufig Spuren der großen inneren Erregung, die den Dichter wenige Jahre vor seinem Tod zu dieser Generalabrechnug mit seiner Zeit trieb.

Ein Spycher (Speicher) in der Nähe von Utzenstorf. Wegen des Feuerschutzes etwas abseits vom Bauernhaus gelegen, bewahrte man in solchen Gebäuden Lebensmittelvorräte, Saatgut, Kleider und Stoffe und sogar Geld auf. Nach der Überlieferung soll hier Anne Bäbi Jowäger ihrer Schwiegertochter Meyeli die Schätze gezeigt haben.

erzählt wird, deren Scheitern und Verzweiflung der Pfarrer nicht hindern konnte, klingt eine trotzige Resignation auf: «Wer an geistlichen Dingen in einem sogenannten weltlichen Buche sich ärgert, der lege es weg, oder er bedenke, daß auch Gott Irdisches und Geistliches mischt im großen Weltenbuche und im Menschen selbsten, und daß jedes weltliche Buch Geistiges enthalten muß, wenn es kein schlechtes sein soll!» (VI:431)

Um das Jahr 1848

Kommunisten in der Schweiz? – Gotthelf hat «Lust, die Handwerksbursche übers Knie zu nehmen» – Wilhelm Weitling in Zürich verhaftet – Die Ideen des deutschen Handwerksgesellen Jakob – Handwerker und Fabrikarbeiter – A.E. Fröhlichs «Junger Deutsch-Michel» – Die «Käserei in der Vehfreude» als Satire auf den Parlamentarismus – Die große Abrechnung in «Zeitgeist und Berner Geist» – Gotthelfs falsche Prognosen – Der Mißerfolg des Romans – Ob die Krise «zum Tode oder zur Gesundheit führt?»

Das gesamteuropäisch wichtige Jahr 1848 mit den Revolutionen in Paris, Wien, Berlin und München ist in Gotthelfs Werk sogar dort noch faßbar, wo er ausschließlich von Schweizer Problemen zu sprechen scheint. Umgekehrt werden Schweizer Zeitgeschichte und Politik – der Sonderbundskrieg 1847, die Bundesverfassung von 1848, die Tätigkeit der radikalen Berner Regierung von 1846 bis 1850, des sog. «Freischarenregiments» – nicht als Lokalhistorie, sondern als Ereignisse im Rahmen säkularer Umwandlungsprozesse und allgemeiner Modernisierungskrisen erfaßt. So steht z. B. in «Uli der Pächter» kein Wort vom Sonderbundskrieg, und doch nennt Gotthelf dieses Buch «ein Sonderbundskind, in Zorn und Weh geboren» (7:170).

Schon bevor Marx und Engels im Februar 1848 das «Kommunistische Manifest» herausgaben, in dem behauptet wurde, daß die Kommunistische Partei «überall jede revolutionäre Bewegung gegen die bestehenden gesellschaftlichen und politischen Zustände», in der Schweiz aber die «Radikalen» unterstütze, hatte sich Gotthelf in dem Roman «Jakobs des Handwerksgesellen Wanderungen durch die Schweiz» (1846/47) mit «Kommunisten, Sozialisten, Fourieristen und anderen Unchristen» (IX:217) auseinandergesetzt. Was kann den Dichter dazu getrieben haben, einmal keinen Bauern-, sondern einen Handwerksburschenroman zu schreiben und als Hauptfigur nicht einen Schweizer, sondern einen Deutschen zu wählen? Außer in den zwei Erzählungen «Doktor Dorbach der Wühler» und «Ein deutscher Flüchtling» hat er ja nie Ausländer zu Hauptfiguren gemacht.

Äußerlich ist die Frage leicht zu beantworten: das Buch war eine Auftragsarbeit des «Vereins zur Verbreitung guter und wohlfeiler Volksschriften» in Zwickau, dessen Leiter auch gleich vorgeschlagen hatte, «einen deutschen Handwerksburschen, der die Schweiz durchwandert» (6:16) zu schildern. Dazu kam sicher, daß im selben Jahre 1843, als Gotthelf den Auftrag übernahm, der führende Kopf des Kommunismus vor dem Auftreten von Marx und Engels, der Schneidergeselle Wilhelm Weitling, in Zürich verhaftet und wegen «Anstiftung zum Verbrechen gegen das Eigentum, Anreizung zum Auf-

Manifest
der
Kommunistischen Partei.

Veröffentlicht im Februar 1848.

Proletarier aller Länder vereinigt Euch!

London.
Gedruckt in der Office der „Bildungs-Gesellschaft für Arbeiter“
von J. E. Burghard.
46, Liverpool Street, Bishopsgate.

Titelblatt des «Kommunistischen Manifests» von Karl Marx und Friedrich Engels. Es erschien, als Gotthelf an «Uli dem Pächter» arbeitete. Mit «Kommunisten, Sozialisten, Fourieristen und anderen Unchristen» (IX:217) hatte er sich schon vorher in seinem Roman «Jakobs des Handwerksgesellen Wanderungen durch die Schweiz» auseinandergesetzt.

Der Schneidergeselle Wilhelm Weitling (1808–1871), bedeutendster Kopf des deutschen Kommunismus vor Marx und Engels, war 1843 in Zürich verhaftet und ausgewiesen worden. «Der Kommunismus ist nur ein neuer Name für eine alte Sache, es ist die Lehre, daß der Stärkere Meister sei, nehmen könne, was ihm anständig sei, und es genießen könne, wie es ihm beliebe» (XXIV:138).

ruhr, Religionsstörung» zu Gefängnis und Ausweisung verurteilt worden war. Eine von der Zürcher Regierung beauftragte Untersuchungskommission unter J.C. Bluntschli legte noch im selben Jahr ihren Bericht vor: «Die Kommunisten in der Schweiz nach den bei Weitling vorgefundenen Papieren», den Gotthelf wahrscheinlich gelesen hat. Dazu kam weiter, daß – gemäß dem ersten Satz des «Manifests»: «Ein Gespenst geht um in Europa – das Gespenst des Kommunismus» – auch in der Schweiz eine Art Kommunistenangst geherrscht haben muß. Der preußische Gesandte in der Schweiz, Rudolf von Sydow, der den «Uli» schätzte und nicht wissen konnte, daß Gotthelf 1847 gerade seinen «Jakob» fertig hatte, empfahl dem Dichter, seiner «christlichen Liebe und Treue, die armen, in der Schweiz dem Kommunismus verfallenen deutschen Handwerksburschen auf's Angelegentlichste ...» (7:71). Auch wo der Dichter sein entstehendes Werk in Briefen erwähnt, weiß er, «daß in Bern eine eigene Kommunistengesellschaft ist, welche drei Zimmer füllt, Versammlungen hält usw....» (6:30). Oder er erklärt dem Freunde Fröhlich: «Daß der Kommunismus darin eine bedeutende Stelle einnimmt, kannst Du denken» (6:236).

Es ist sehr wichtig, hier genaue Unterscheidungen zu treffen. Der «Jakob» gilt ja als Gotthelfs Antikommunismus-Schrift. Das Urteil des heutigen Lesers wird deshalb davon abhängig sein, ob er selber antikommunistisch gesonnen ist – dann wird er sich durch Jakobs Schicksal bestätigt fühlen, oder ob er mit dem Kommunismus sympathisiert oder selber Kommunist ist – dann wird er den Roman als Schwarzweiß-Malerei ablehnen, so wie ihn die große Literaturgeschichte der DDR mit keinem Wort erwähnt. Derartigen Parteinahmen muß entgegengehalten werden, daß Gotthelf nicht im geringsten über historische und politische Erfahrungen des heutigen Lesers verfügte, daß er also von der revolutionären Sozialdemokratie und vom Bolschewismus noch nichts wußte. Dafür erlebte er soziale Probleme, die nach Kommunismus und Revolution riefen, an ihrer Wurzel, unmittelbar bei ihrer Entstehung, als sie für viele noch gar nicht erkennbar waren. Gemäß der traditionellen Lebensform hätten Handwerksgesellen wie Jakob eine nach ihren Zunftvorschriften übersehbare Entwicklung durchlaufen sollen, an deren Ende ihnen eine eigene Werkstatt, eine Meisterin, eine Familie und gesicherter Lebensunterhalt – und das dazugehörige soziale Ansehen – in Aussicht standen. Dies alles war durch die Industrialisierung, durch die Gewerbefreiheit, durch das Absterben der Zünfte bedroht. Ein Geselle wie Jakob mußte befürchten, nicht Meister, sondern Fabrikarbeiter zu werden, also nicht ein angesehener Bürger, sondern ein Proletarier im Sinne von Marx und Engels.

Gotthelfs Parteinahme in «Jakobs Wanderungen» ist also eine Nebensache. Er sieht vor seinen Augen soziale Veränderungen und reagiert darauf als Dichter und Christ. Wegen seiner feinen Beobachtungen, wegen der Bedrohungen, die er spürt, ist sein Roman bedeutend. An einer der gefährlichsten und gefährdetsten Stellen der europäischen Gesellschaft, dem vierten Stand, haben sein soziales Engagement, sein politisches Sensorium, sein christliches Gewissen und Mitleid nicht versagt. Dadurch wird das Buch zu einem wichtigen Dokument der frühen deutschen Arbeiterbewegung. In diesem – unparteiischen – Sinne ist es auch ganz konsequent, daß Jakob keinem genau umrissenen – und schon gar nicht marxistischen – «Kommunismus» verfällt, sondern einem Konglomerat aus frühsozialistischen, jungdeutschen, jungeuropäischen, kommunistischen, anarchistischen und radikal-liberalen Ideen, denen oft noch ein religiöser Anstrich eigen ist. Die Gesamtheit – oder besser: das Mischmasch – solcher Ideenbrocken und der dazugehörigen Schlagwörter, die in Jakob so verheerend wirken, sind für Gotthelf allesamt Ausdruck des «Zeitgeistes». Wenn er also erklärt: «Der Kommunismus ist ganz einfach der tierische Zustand, wie er auch unter den Menschen nach Aufhebung des Eigentums und der Ehe und Einführung der sogenannten freien Liebe entstehen würde» (IX:249), oder wenn er Wilhelm Weitling vorwirft: «er wollte der Masse zu dem Recht des Stärkern verhelfen, er sagte nichts weiter, als daß, zum Heil dieser Masse zu kommen, jedes Mittel erlaubt sei» (XXIV:140) – dann sollte sich der heutige Leser zuerst fragen, was er mit «tierischem Zustand», «Recht des Stärkern» und «jedes Mittel erlaubt» gemeint hat. Pro- und Antikommunismus sind demgegenüber nebensächlich. Ein alter Waadtländer Meister, bei dem Jakob arbeitet, nennt «das Fabrikwesen... eine Sünde der Zeit» (255). Die «heiße Liebe zum engen Kreis, zur kleinen Stadt, zur lieben Zunft» (110) gehe verloren, «das Fabrikartige» setze sich durch, «wo jeder Arbeiter nichts ist als der Zahn in einem großen Rade... eine Handwerksmaschine» (31 f.34). Im «Kommunistischen Manifest» steht folgende Analyse: «Die moderne Industrie hat die kleine Webstube des patriarchalischen Meisters in die große Fabrik des industriellen Kapitalisten verwandelt. Arbeitermassen, in der Fabrik zusammengedrängt, werden soldatisch organisiert... als gemeine Industriesoldaten...»

Die Architektonik von «Jakobs Wanderungen» ist ganz genau symmetrisch und symbolisiert den Entwicklungsgang des Gesellen. Sie läßt sich am besten durch eine Skizze verdeutlichen.

1. Deutschland (1840)
   Abschied von der Großmutter
2. Wanderung:
   Basel, mit dem Ziel Genf, Paris
3. *Basel* (1840)
   Arbeit bei «modernem» Meister
4. Wanderung:
   Dornach, Rheinfelden, Brugg, Baden

5.–7. *Zürich* (1841)
   Jakob verliert seinen Glauben

8. Wanderung:
   Burgdorf, Papiermühle

9.–11. *Bern* (1842)
   Arbeit bei «altmodischem» Meister

12. Wanderung:
   Flucht aus Bern, Murten
13. *Freiburg*
   Angst vor Jesuiten
14. Wanderung:
   Vevey, Lausanne
15. *Genf* (1842)
   Tumult in Saint Gervais,
   Jakobs Selbstmordversuch

31. Deutschland (1845)
   Rückkehr zur Großmutter
30. *Basel* (1845)
   Jakob trifft auf der Rheinbrücke den Brandenburger wie im 6. und 15. Kapitel
29. Wanderung:
   Krauchthal, Burgdorf, Aarau (A.E. Fröhlich), Zürich

28.–29. *Bern* (1845)
   Vorher: Brienz, Thun, Stettlen

23.–27. *Meiringen im Haslital* (1844/45)

22. Wanderung:
   Simmental, Spiez, Interlaken, Lauterbrunnen, Grindelwald, Jakob erlebt das Berner Oberland

20.–21. *Waadtland* (1844)
   Arbeit bei «radikalem» Meister

19. Wanderung im Waadtland
18. *Waadtland* (1843)
   Arbeit bei «altmodischem» Meister
17. Wanderung im Waadtland
   Jakob gibt Paris auf und will zurück zur Großmutter

16.
Spital in Genf
«ein Schwerverwundeter auf dem
weiten Schlachtfelde des Lebens»

Im 1. Kapitel nimmt Jakob von seiner Großmutter in Deutschland Abschied, um durch die Schweiz nach Paris zu wandern. Im 31. Kapitel kehrt er zur Großmutter zurück. «Er war als ein Junge ausmarschiert, als Mann kam er wieder» (IX:494). Die Großmutter «war nicht von dem Zeitgeiste angesteckt» (7), sie ist der ruhende Pol für den Gesellen, der seine Reise durch den unruhigen «Zeitgeist» bestehen muß. Das mittlere Kapitel (16.) ist der Tiefpunkt in Jakobs Entwicklung, er liegt krank, enttäuscht und verzweifelt in einem Genfer Spital. Die ersten fünfzehn Kapitel (1.–15.) schildern diesen Niedergang. Die letzten fünfzehn (17.–31.) erzählen die Heilung und Wiedergeburt Jakobs, er erlebt «das Erwachen dessen, der tot war und wieder lebendig wird» (IX:209). In Basel hat er 1840 die Schweiz betreten, in Basel verläßt er sie 1845 wieder. In gleicher Art symmetrisch ist auch Grimmelshausens «Simplicius Simplicissimus» gebaut (69+1+69 Kapitel), das mittlere Kapitel (III,5) ist der weltliche Höhe- und zugleich der moralische Tiefpunkt des Helden. Simplicius beginnt und endet als Einsiedler. Jakob dagegen lernt *in der Welt* zu leben, für ihn gibt es kein «Adieu Welt!», er wird Meister.

Abraham Emanuel Fröhlich (1796–1865), Pfarrer in Aarau, Freund und Briefpartner Gotthelfs. Er schrieb historische Epen, Fabeln, Lieder. 1843 veröffentlichte er seinen «Jungen Deutsch-Michel», eine Sammlung von polemischen Epigrammen gegen das Treiben deutscher Emigranten und Demagogen in der Schweiz. Gotthelf läßt ihn in «Jakobs Wanderungen» persönlich auftreten (IX:469 f.).

Gotthelf läßt seinen Gesellen Jakob in Aarau einem seiner eigenen Freunde und Mitstreiter, dem Pfarrer und Schriftsteller A. E. Fröhlich auf der Straße begegnen: «eine kühne Gestalt mit einem trotzigen Gange und einem Kopfe, welchen schwer gewesen wäre zu zerstoßen, den man eher hätte gebrauchen können, um ein Stück Granit in einem Mörser zu zerstoßen» (IX:469). Ob Fröhlich von diesem Porträt geschmeichelt war, wissen wir nicht. Jakob kauft jedenfalls später in Zürich Fröhlichs «Jungen Deutsch-Michel» – Weitlings Schriften hat ihm der Dichter vorenthalten –, liest darin und kommt zur Einsicht, der Michel sei so ein Kerl wie er selber und wie sie die Großmutter nicht leiden möge. Auch wenn das Büchlein nicht jedem literarischen Geschmack und Urteil genügen mag, ist es eine Fundgrube für politische Schlagworte und Alternativen seiner Zeit. Oft erinnert es wörtlich an Gotthelfs «Jakob». Gotthelf hatte den Kommunismus mit Brandstiftung verglichen. Fröhlich:

Gastfreundschaft übst du, Schweiz, auch am Brandstifter aus?
Gewährst, daß er ansteckt dein und der Nachbarn Haus.

Gotthelf wirft den Verführern der Handwerksburschen vor, sie predigten Wasser und tränken Champagner. Fröhlich:

Du läßt, wenn um dich her Champagner-Flaschen knallen,
Auf Fürsten-Schwelgerei'n Strafpredigten erschallen.

Melanie in Bern hält Jakob für einen «verkleideten Professor». Fröhlich:

Der Herr Professor will Deutschland emanzipieren?
Das heißt, er möchte selbst ein wenig mitregieren.

Gotthelf wirft Jesuiten und Kommunisten vor, sie handelten nach einem bekannten Prinzip, das Fröhlich so ausdrückt:

Ihr und der Jesuit tragt nur verschiedne Kittel;
Im Herzen seid ihr eins: «Der Zweck heiligt die Mittel».
Sieh da, der Jesuit! er ruft *Religion!*
Und du rufst *Freiheit,* und – mit beiden treibt ihr Hohn.
Verkrüppelt wird der Baum vom *Jesuit* gezogen,
Zu geilen Ruthen schießt er unterm *Demagogen.*

Für Gotthelf ist der «Kommunismus ... ganz einfach der tierische Zustand ... ein neuer Name für eine alte Sache: daß der Stärkere Meister sei». Fröhlich:

Der Kommunismus ist so alt schon als die Welt:
Denn kommunistisch warn die Affen stets gestellt.
Der Kommunist bekämpft mit Wuth das Pfaffenthum:
Der Gipfel der Kultur ist ihm das Affenthum.
Kommun ist euer Sinn, drum heißt ihr Kommunisten,
Und eure Weisheit ist Erhaschen und Erlisten.

«Wie der deutsche Michel die Nachtmütze abwirft und sich vornimmt, ins Freie zu gehn» (1848). Links ruft der gallische Hahn zur Revolution auf. Rechts zittert die Reaktion. Michel, sonst als Dummkopf mit Nachtmütze dargestellt, wappnet sich.

Die Beispiele ließen sich beliebig vermehren, man könnte Fröhlichs Epigramm-Büchlein als Quelle für Gotthelfs «Jakob» lesen. Und doch besteht zwischen den Büchern und den Autoren ein entscheidender Unterschied. Fröhlichs Ton ist scharf, zurechtweisend, keifend, gehässig, und was die «deutschen Michel» in der Schweiz angeht, urteilt er pauschal, etwa nach dem Prinzip: ihr gehört alle aufgehängt, Deutsche raus aus der Schweiz! Gotthelf ist bei aller Entschiedenheit viel warmherziger, er wirbt um den Gegner, versucht, ihm seinen Irrtum durch handgreifliche Gegenbeweise auszureden: «Nach Gottes alter Ordnung hat alles seine Natur... Aus einer Kuh kann der Mensch keinen Hirsch machen, aus einer Kröte keinen Adler, aus einem Rosenstrauch keinen Nußbaum... Ferner kann er auf einen Felsen nicht Pappeln pflanzen, die Lüneburger Heide nicht mit Hanf besäen, die Jungfrau im Berner Oberland nicht mit Dahlien bekränzen, in Sachsen nicht Datteln ziehen, aus einem Ludimagister keinen Küher machen, einen Roßjungen nicht in ein gelehrtes Haus umwandeln, eine Katze nicht in eine Nachtigall» (IX:248).

Im Waadtland nimmt Jakob einmal an einer politischen Versammlung der Radikalen teil. Bevor man die Reden hört, verdoppelt man in einem Wirtshaus die mitgebrachten «Fahnen» und bringt sich in Stimmung. Dann «wurden feurige Reden gehalten, daß es einem dünkte, die Sterne begönnen zu hüpfen am Himmelszelt, der Sonne komme das Augenwasser, und der alten Erde gramsle es im Herzen wie einem sechzehnjährigen Mädchen. Die Reden hatten zumeist drei Teile. Zuerst Preis und Lob des Volkes, einzelner Patrioten, besonderer Zustände, dann Heulen und Zähneklappern über die Gegner, welche schuld seien, daß das tausendjährige Reich noch nicht angefangen, die Weinbeeren nicht wie Kürbisse seien und der Genfersee nicht wie Muskateller, und schließlich besondere Anträge, welche zu Beschlüssen zu erheben waren. Zwischen die Reden hinein und besonders bei gewissen Schlagwörtern donnerten die Bravos und die Hurras, die ‹A bas les jésuites, les aristocrates!›, und bei den vorgeschlagenen Beschlüssen flogen die Hände in die Höhe wie bei den Soldaten die Ladstöcke, wenn das Laden kommandiert wird. Und wenn alles beschlossen war, fühlte man eine unsägliche Befriedigung, sicherlich eine viel größere als der liebe Gott, nachdem er die Welt erschaffen und gefunden hatte, daß alles sehr gut war. Es war fast, als stelle man sich vor, solche Beschlüsse hätten Hände und Füße oder

Die «Käserei in der Vehfreude» ist eine humoristische Parabel über den Parlamentarismus. Im Jahre 1848 gab sich die Schweiz eine neue Verfassung. In Deutschland scheiterte das Frankfurter Parlament, auf das in Gotthelfs Roman, wie schon Gottfried Keller bemerkt hat, «wenigstens ein halbes dutzendmal gestichelt» wird. Illustration von Albert Anker (1904).

wenigstens vier Beine, liefen nun von selbst in die Welt hinaus und brächten sich zur Ausführung» (IX:289).

In einer witzigen Bemerkung über Gotthelfs «Käserei in der Vehfreude» hat Gottfried Keller behauptet, obwohl es in diesem Roman «nur um Liebe und Käs» gehe, werde «wenigstens ein halbes dutzendmal auf das Frankfurter Parlament gestichelt». Tatsächlich gibt es da eine wundervolle Liebesgeschichte zwischen Felix, dem Sohn des Ammanns (Gemeindepräsident), und Aenneli, einem liebenswürdigen armen Mädchen. Felix ist als Typus dem Michel in «Michels Brautschau» verwandt oder sogar Wehrdi und Hagelhans. «Es war ein großer, derber Bengel... Er machte, was ihm ankam, fragte nicht, ging es wohl oder übel... Er liebte die Prügeleien, hatte dabei förmliche Vasallen... Und obschon des Ammanns leibhaftiger Sohn, hatte er doch die größte Freude daran, Gebote und Gesetze nicht bloß zu übertreten, sondern auch zu verhöhnen, so recht zu zeigen: so einer wie er schere sich um nichts, und was für andere verboten sei, das sei ihm erlaubt. Er war ein Vorrechtler von der allerlautersten Sorte... Kenntnisse, Bildungstrieb usw. hatte Felix durchaus nicht... er war, genau genommen, die souveränste Person in der Vehfreude, denn er regierte seine Mutter, diese den Vater und dieser das ganze Dorf» (XII:101 f). Felix besitzt jene gesunde Vitalität, die auch ohne Moral das Gute tun kann; er muß aber wohl noch durch eine Frau «von den Kinderschuhen entwöhnt» werden (XX:286).

Diese Liebesgeschichte, die an Komik und Warmherzigkeit ihresgleichen sucht, ist aber nur eine – wenn auch wichtige – Nebenhandlung der «Käsgeschichte» (7:274), denn der Roman erzählt ja «Geburt und erstes Lebensjahr der Käserei in der Vehfreude». Diese Käserei ist keine Alpkäserei, wo die Sennen aus der Milch der im Sommer auf den Bergen weidenden Kühe Käse herstellen, sondern eine Talkäserei, die das ganze Jahr hindurch produzieren kann, sofern nur genug Milch vorhanden ist. Das Käsen auf der Alp ist etwas sehr Altes, Talkäsereien gab es im Kanton Bern erst seit 1820. Gotthelf setzt sich also mit einer neuen Wirtschaftsform auseinander. Er schildert in derart humoristischem Stil, wie traditionelle Machtstrukturen des Dorfes Vehfreude auf einmal mit modernen Bedürfnissen konfrontiert werden, daß bis jetzt die allgemeinen Bezüge übersehen wurden, der Roman als lustige «Dorfgeschichte» galt.

Keller hat auch darin vollkommen recht, daß das Frankfurter Parlament von 1848/49 in Anspielungen oder ganz ausdrücklich im Roman gegenwärtig ist, allerdings wird nicht nur «gestichelt» – und wenn, dann weit mehr als «ein halbes dutzendmal». Die «Käserei» ist nämlich eine komisch-humoristische Auseinandersetzung mit Parlamentarismus und Demokratie überhaupt, mit Abstimmungen, Geldinteressen, Gemeinwohl und Privategoismus. «Es ging eine große Zeit über den Vehfreudigern auf, als ein bedeutender Teil seiner Bürger zu Gesetzgebern geriet und Statuten und Reglement ersinnen sollte ... Diese Gemeinde entwirft sich ihre Statuten und ein daheriges Reglement souverän» (XII:33 f). In seiner Antrittsrede hatte Heinrich von Gagern, der Präsident der Nationalversammlung, deren Legitimität aus der «Souveränität der Nation» abgeleitet. In der Vehfreude kann dergleichen nicht lange gut gehen, denn «jeder fürchtet, vom andern betrogen zu werden» (28), d. h. jeder panscht Wasser in die Milch, ohne dabei an den gemeinsamen und damit wieder persönlichen Schaden zu denken. «Die Bauern sind in der Regel alle Sonderbündler, jeder hat zunächst das eigene Interesse im Auge, gehe es dem Ganzen, wie es wolle» (122). Nur die Bauern? «... jeder sucht nun das Gesetz so einzurichten, daß er ein Loch zum Entschlüpfen für sich behält, während er damit alle andern beschränken oder fangen, den Donners Schelmen das Betrügen verleiden will» (29).

Der wichtigste Text über das Frankfurter Parlament steht im 20. Kapitel des Romans, wo den Vehfreudigern das Heu ausgegangen ist, weil sie zu viel Kühe eingestellt haben. Um die Natur zu zwingen, d. h. mehr Heu, mehr Milch, mehr Käse, mehr Profit zu machen, würden diese Bauern auch vor Aberglauben und Magie nicht

«Unter dem Geläute der Glocken, dem Donner der Kanonen», so ein zeitgenössischer Bericht, zog am 31. März 1848 die «provisorische Reichsversammlung», das spätere «Frankfurter Parlament», in die Paulskirche ein.

zurückschrecken. «Wir sind überzeugt», so Gotthelf, «wenn jemand den Einfall gehabt hätte, Kapuziner kommen zu lassen, um die Heustöcke zu weihen, dieweil sie dann noch einmal so lang darhielten, am Glauben hätte es in der Vehfreude nicht gefehlt...» In diesem Zusammenhang weist er aber auch auf das Bewußtsein des Landsmanns von seinen eigenen Grenzen hin, «die demütige Anerkennung... daß mit aller Weisheit und Macht der Mensch nichts machen könne an Regen und Fruchtbarkeit, an guten und bösen Jahren, daß jede gute Gabe von oben komme, vom Vater der Lichter» (371 f). Das ist ein für Gotthelfs Werk und Zeit grundsätzlicher Konflikt: das Bewußtsein der Abhängigkeit von Gott einerseits und die moderne Selbstherrlichkeit andrerseits.

Und hier kommt der Dichter auf einen Beschluß des Frankfurter Parlaments zu sprechen, den er grundsätzlich für falsch hält. Als nämlich der Bischof Müller von Münster einen Eröffnungsgottesdienst vorschlug, wurde dieser Gedanke von den Führern der Linken, Venedey und Raveaux, zu Fall gebracht: «Der Geist der christlichen Kirche galt diesen neuen Männern des Diesseits als zu alt, der Geist der Nation war alt und jung zugleich; er war ihre einzige Ewigkeit» (V. Valentin). Mit der Erwähnung auch der schweizerischen «Ratsherren» verdeutlicht der folgende Text, daß der Dichter die Ablehnung des Gottesdienstes nicht als Einzelfall, sondern als Unterlassung und Versagen auf gesamteuropäischer Ebene einschätzte: «Wir lassen gar nichts mehr weihen und segnen; ich will nicht von Ochsen reden, aber nicht einmal unsere Ratsherren werden eingesegnet, darum auch werden sie selbst so unerquicklich sein und so unfruchtbar ihre Ratschläge. Ja, wir sind überzeugt, das Parlament in Frankfurt wäre ein ganz anderes geworden, der Unsegen wäre nicht so schwarz und schauerlich über ihm gelegen, die Personen nicht so lächerlich und verächtlich geworden, die Ratschläge nicht so verkehrt, wenn die christliche Weihe nicht mit solchem Hohne von der Hand gewiesen worden wäre. Gewiß kommen die Ochsen in der Provence gesegneter von ihren Bergen als so viele Parlamentsmitglieder von Frankfurt und allweg auch so viele schweizerische Räte, Brunnen ohne Wasser, Wolken ohne Regen, Räte ohne Rat, wenigstens ohne gesegneten» (372).

Gotthelf war über die Nationalversammlung in Frankfurt bestens informiert und hatte eine ganz entschiedene Meinung, die sich mit der Einschätzung der Historiker so ziemlich deckt (XX:225 f; 18:60). Daß im gleichen Jahr 1848 die Schweizer sich eine Verfassung gaben, ein Parlament und den ersten Bundesrat wählten, bestätigt die Doppelbödigkeit der «Käsgeschichte». Auch die «fast durchgängige Opposition der Weiber gegen die Käsereien» (XII:31) und Äußerungen über «Emanzipation» (417) deuten auf ein Problem des Parlamentarismus im 19. Jahrhundert hin, der ja reine Männersache war. Wir wollen noch einmal auf die Liebesgeschichte zurückkommen, deren glücklicher Ausgang zu den Raritäten der komischen Literatur gehört.

Felix hat als Kiltbube, der Erfolg gewohnt ist, bei Aenneli nachts in die Schlafkammer steigen wollen, ist aber nicht eingelassen worden. Er mußte sich mit einem Kuß begnügen, der ihm auf inständiges Bitten «Aenneli, gimm mr es Müntschi» ganz flüchtig gegeben worden ist. Müde vom nächtlichen Warten vor dem Fenster des Mädchens, schläft Felix während der sonntäglichen Predigt in der Kirche ein, träumt und seufzt laut vernehmlich vor versammelter Gemeinde: «Aenneli, gimm mr es Müntschi». Wie Gotthelf aus diesem Dorfskandal eine Heirat machte, möge der Leser selber nachsehen. Wir fügen noch die Einleitung zu einem Rendezvous der Liebenden an, die den Meister zeigt und eines Jean Paul würdig gewesen wäre: «Der Abend war eben nicht für Liebesabenteuer eingerichtet, wie man sie sonst zu beschreiben pflegt. Es flöteten keine Nachtigallen im Busche, es murmelten die Bächlein nicht, es zirpten die Grillen nicht, der Mond goß sein silbernes Licht nicht auf die Erde, die himmlische Sichel schiffte nicht im Blau der Lüfte, es säuselten keine lauen Abendwinde. Es ging eine handfeste Brise und trieb das abgefallene Laub herum; grau war der Himmel, die Erde

Im Namen Gottes des Allmächtigen!
Die schweizerische Eidgenossenschaft, in der Absicht den Bund der Eidgenossen zu befestigen, die Einheit, Kraft und Ehre der schweizerischen Nation zu erhalten und zu fördern, hat nachstehende Bundesverfassung angenommen:
Bundesverfassung der schweizerischen Eidgenossenschaft.
Erster Abschnitt.
Allgemeine Bestimmungen.
Art. 1.

Die erste Seite des Originals der Schweizerischen Bundesverfassung (deutsche Version), die am 12. September 1848 angenommen wurde.

Patriotisches Erinnerungsblatt auf die Annahme der Schweizerischen Bundesverfassung. Der «neue Bund» berief sich auf die Heldenväter: Arnold von Winkelried und Wilhelm Tell. Auch Gotthelf, der dem Bundesstaat ablehnend gegenüberstand, nennt die Schützen in Chur «Tells Söhne» (XV:298).

1.
Wachet ob der Himmelsgabe,
Steht für sie mit That und Wort;
Kämpft ob eurer Väter Grabe,
Stets den Kampf der Freiheit fort!

2.
Heil dir Tell! mit Gessler's Falle,
Fiel das Werk der Tirannei;
O! nun sind die Schweizer alle
Ewig, ewig sind sie frei.

Nationalgruss

zur

Erinnerung an die am 12 September 1848 durch die hohe Tagsatzung ausgesprochene Annahme der neuen Bundesverfassung

der

XXII Cantone der Schweiz

Ehrentag der Schweizerbrüder,
Angebrochen bist du uns;
Unsre Sonnen glänzen wieder,
Wie im Grütli und zu Truns.
Heilig ist die Stunde,
Da zum neuen Bunde
Sich die Schweiz verband,
Diesem einen, freien,
Wollen wir uns weihen
All' mit Herz und Hand.

Mörser und Kanonen knallen,
Von den freien Schweizerhöh'n,
Fremde Ketten sind gefallen,
Dieser Ehrentag ist schön.
Heilig ist die Stunde etc.

Muthig wurde er erstritten,
Schüpfheim zeugt's und Gislikon,
Die für's Vaterland gelitten,
Erndten hohen Siegeslohn.
Heilig ist die Stunde etc.

Die für's Vaterland gefallen
Schwangen sich zum Lichte auf,
Feiern mit den Helden allen
Ihren hohen Siegeslauf.
Heilig ist die Stunde etc.

Wo des Speeres lichte Spitze
Auf das Ländchen Gaster blickt,
Leuchteten die ersten Blitze,
Die den Sonderbund entrückt.
Heilig ist die Stunde etc.

Edle, biedre Männer tagten –
Ihre Losung, Ehre war;
Muthig kämpften sie und wagten,
Bis der Sieg errungen war.
Heilig ist die Stunde etc.

Nicht umsonst, o! Heldenväter,
Kämpftet ihr für's höchste Gut;
Seht es, Vaterlandesretter,
Nicht umsonst floss euer Blut.
Heilig ist die Stunde etc.

Prächtig glühen noch die Firnen,
Gross und hehr im Sonnenglanz;
Und um alle Alpenstirnen,
Windet sich ein neuer Kranz.
Heilig ist die Stunde etc.

Darum tretet in die Runde,
Hebt zum Himmel auf die Hand,
Treue schwört dem neuen Bunde,
Segen dir, o Vaterland!
Heilig ist die Stunde etc.

J. J. Leuthy.

Eine Falanx, stehet fest,
Fest und ohne Wanken,
Und an Euern Alpen messt
Euere Gedanken!

Eurer Berge Kette nur,
Ward Euch vom Geschick,
Auf die Kette schrieb Natur,
Vive la république!

Lith. v. H. Weiss u. Cie in Zug

hatte ihr Hochzeitskleid, das Blumengewand, abgelegt und machte ein Gesicht wie ein neunundneunzigjähriges, runzelhaftes Mütterchen. Einzelne melancholische Krähen hüpften bedächtig von Furche zu Furche oder steckten trübselig den Kopf zwischen die Schultern, als ob sie an den kommenden Schnee dächten und eine Predigt darüber studierten. Struppichte Spatzen bewegten sich im Busche, und hungrige Gilbrichte flatterten über den Weg, sahen sich nach etwas Eßbarem um, welches Roß oder Kuh fallen gelassen» (395).

«Zeitgeist und Berner Geist» ist Gotthelfs gewichtigstes und zugleich bitterstes Buch. Obwohl es hauptsächlich auf zwei großen Berner Bauernhöfen, der Ankenballe und dem Hunghafen, spielt, war sein Anlaß die Berufung eines deutschen Theologieprofessors an die Universität Bern. Es geht also auch hier von Anfang an nicht ausschließlich um bernische Angelegenheiten.

1846 wählte das Volk des Kantons für die nächsten vier Jahre eine radikale Regierung, die den Titel – oder Schimpfnamen – «Freischarenregiment» bekam, weil sie vom Geist und den Führern (Ochsenbein, Stämpfli) der Freischarenzüge geprägt war. Diese Regierung setzte sofort nach ihrer Wahl eine Revision jener Verfassung von 1831 durch, die vom jungen Pfarrer Bitzius so freudig begrüßt und als echt christlich gepriesen worden war. 1847 berief die Regierung den Theologen Eduard Zeller als außerordentlichen Professor für neutestamentliche Theologie an die Universität. So wie es 1839 in Zürich wegen David Friedrich Strauss zu einem «Straußenhandel» gekommen war, kam es jetzt in Bern zu einem «Zellerhandel». Der Jahrhundertstreit zwischen Kirche und Staat um größeren Einfluß auf das Leben des einzelnen Menschen entbrannte um die Berufung oder Nichtberufung Zellers. Eine Flut von Artikeln, Broschüren und Karikaturen pro und contra Zeller erschien. Gotthelf verfaßte eine kleine Erzählung: «Die Versöhnung des Ankenbenz und des Hunghans, vermittelt durch Professor Zeller», die aber wegen ihres aggressiven und verletzenden Tones nicht veröffentlicht wurde. Man befürchtete Presseprozesse und persönliche Schwierigkeiten für Gotthelf.

Eduard Zeller (1814–1908), Professor für neutestamentliche Exegese in Bern von 1847 bis 1849. Seine Berufung an die Universität löste den «Zellerhandel» aus. Gegen ihn schrieb Gotthelf das Pamphlet «Die Versöhnung des Hunghans und des Ankenbenz, vermittelt durch Professor Zeller».

Für ihn gehörten «Freischarenregiment» und Berufung Zellers so eng zusammen, daß er glaubte, das Pamphlet 1850, als sich die Regierung wieder zur Wahl stellen mußte, doch noch als Propaganda im Wahlkampf einsetzen zu können. «Ich habe nämlich Hunghans und Ankenbenz wieder vorgenommen und arbeite ihn um und aus, um das Demoralisieren des Volkes von oben herab, namentlich durch schlechte Beamtete, zu zeigen», schreibt er im Oktober 1849 an Fröhlich. «Ich muß fleißig dran sein, denn vor dem Frühjahr sollte das Buch im Volke sein. Wir müssen alles aufbieten, um im Frühjahr bei neuen Wahlen den Antichrist los zu werden. Gelingt dies nicht, dann gute Nacht, dann erst streckt das greuliche Tier seine Hörner so recht lang und teuflisch aus» (7:237).

In drei entscheidenden Punkten hat sich Gotthelf hier getäuscht. Erstens verlor der «Antichrist» die Wahlen ganz von selber, ohne Gotthelfs Mithilfe. Sieger wurde die konservative Partei unter Eduard Blösch, der zwar in Gotthelfs Haus verkehrte, aber nicht alle seine Meinungen teilte. Das geplante Buch erschien erst 1852 und hatte sich zu einem großen Roman ausgewachsen. Es ist ja überdies auch eine kuriose Idee: ein Buch, das im Oktober noch in Arbeit ist, das fertiggeschrieben, korrigiert, gedruckt, verkauft – und natürlich von vielen Wählern gelesen werden muß, soll bis zu den Wahlen im Mai schon eine Meinungsänderung der Leser bewirkt haben! Zweitens: das «Freischarenregiment» mag Fehler begangen haben – z. B. in der Finanzpolitik, insbesondere bei Steuerreformen –, es mag modernistisch, antikirchlich, tendenziell kommunistisch gewesen sein: «Antichrist» ist dafür ein zu starkes Wort. Drittens: Eduard Zeller war ein gediegener Gelehrter, seine mehrbändige «Philosophie der Griechen» steht auch heute noch in hohem Ansehen. Er war sicher ein Kind seiner Zeit. Als Hegelianer mit stark historischen Interessen mag ihm – wie D. F. Strauss – das Verständnis

Während die Gegner Zellers vor «Religionsgefahr» warnten und Gotthelf der Regierung vorwarf, sie habe «einen aus dem Schwabenland express kommen lassen, um die Religion auszurotten» (XIII:552), stellt der radikale «Guckkasten» (27. 2. 1847) die Zellergegner als Tiere dar.

für Religion als Sache des Gemüts und als alle Lebensbereiche durchdringende Substanz, so wie Gotthelf sie verstand, abhanden gekommen sein, mag ihm ein derart volksnaher Glauben gefehlt haben, aber einer «aus dem Schwabenland, den die Regierung express habe kommen lassen, um die Religion auszurotten» (XIII:552), war er mit Sicherheit nicht. Er folgte bereits 1849 einem Ruf nach Marburg, in seinem langen Leben (1814–1908) stellt die Berner Zeit nur eine Episode dar.

Der Roman «Zeitgeist und Berner Geist» ist voll von solchen Fehleinschätzungen. So läßt Gotthelf einen Pfarrer zu einem Amtsrichter – vielleicht stellt er da sich selber und seinen Freund Burkhalter dar – sagen: «Mich dünkt, ich wittere Morgenluft, aber ich kann mich täuschen, es kann noch zehnmal ärger kommen, und ich kann mich zehnmal täuschen, und doch bleibt mein Glaube fest, daß es besser komme und zwar nicht im Sinne der Radikalen, sondern in christlichem Sinne» (XIII:131 f). Im 19. Jahrhundert setzt sich die obligatorische Zivilehe durch, die Schulen werden dem Staat unterstellt, den Geistlichen wird die Einmischung in politische Angelegenheiten untersagt, die Unabhängigkeit bürgerlicher und politischer Rechte von kirchlichen Bindungen wird gesetzlich gewährleistet. 1873 wies der Bundesrat katholische Geistliche aus dem Lande und brach – bis 1920 – die diplomatischen Beziehungen zum Vatikan ab. Wenn Gotthelf es eine «dumme Rednerei» nennt, «kein christlicher, sondern ein Rechtsstaat sein zu wollen», wenn er behauptet: «trotz allem Geplapper von Rechtsstaat sind wir doch eigentlich ein Gottesstaat geblieben» (XIII:103), so sind das wieder falsche Diagnosen und noch falschere Prognosen. Schon Gottfried Keller läßt im «Martin Salander» (1886) ausgerechnet den größten Schlawiner und Betrüger, Louis Wohlwend, davon träumen, «den Gottesstaat der Neuzeit zu errichten». Der Rechtsstaat bleibt Sieger.

Gegen Jakob Stämpfli ficht der Dichter mit der Erfindung des Verbums «stämpfeln». «Das ist gelogen und zwar gestämpfelt. (So werden im Kanton Bern seit einiger Zeit die Lügen geheißen, wo der Lügner mit Bewußtsein und unnachahmlicher Frechheit der Wahrheit geradezu ins Gesicht schlägt)» (380). Daß aus Bern dann «Stämpflige» (X:402) wird, ist nur konsequent. Von Lisi, der Frau des Ankenbenz, einer der prächtigsten Frauengestalten, heißt es einmal, sie sei «konservativ» und habe keinen »verstämpfelten roten Schnauz» (309) – ein zarter Hinweis mit dem Dreschflegel auf Jakob Stämpflis Schnurrbart. Den Zürcher Industriellen, Bankier und Politiker Alfred Escher – den späteren Erbauer des Gotthard-Eisenbahntunnels – nennt Gotthelf den «zürche-

Der deutsche Revolutionär Ludwig Blenker (1812–1863), der 1849 als Emigrant in Bern weilte, und der Zürcher Industrielle Alfred Escher (1819–1882) symbolisieren für Gotthelf die zwei Gefahren «Revolution und Industrie», die alle «Throne stürzen werden im Himmel und auf Erden» (XIII:405).

rischen Diktator und Erziehungsdirektor» (390). In einem Brief an Hagenbach hält er es «für das größte Unglück, wenn die höhere Erziehung [gemeint ist die Eidgenössische Technische Hochschule] nach Zürich käme und unter das Panier des ledernen Eschers, des Feldherrn der Materie, gestellt würde. Da ist ein kamelhaariger Kerl» (8:139). So geht es weiter gegen den französischen Erfolgsromancier Eugène Sue und seine Leser, gegen die badischen Revolutionäre Struve und Blenker, gegen deutsche Demagogen in der Schweiz, gegen Eisenbahnen, Telegraphen und Zeitungen, gegen Waadtländer Radikale, Sekundarlehrer und moderne Bildung, gegen Advokaten und Beamte, gegen Frauenemanzipation – alles Ausgeburten des «Zeitgeistes».

Die damaligen Leser, die «Seelenmalerei» (601) von ihrem Dichter erwartet hatten, fanden diese Schimpfkanonaden unerträglich und wandten sich von Gotthelf ab. Hier begann endgültig sein Ruf als Reaktionär und die dementsprechende Rezeption – d. h. Fehlrezeption – seines gesamten Werkes. Fehlrezeption: «Zeitgeist und Berner Geist» lebt nämlich in der Hauptsache gar nicht von dergleichen Ausfällen und Ungerechtigkeiten, sondern von gewaltigen Spannungen. Bei der Ausarbeitung wuchs der Roman über die Grenzen und den Horizont des Kantons Bern hinaus und begann einen Zeitenumbruch widerzuspiegeln, einen Kulturkampf abzubilden. Der heutige Leser steht den beiden Gegnern «Zeitgeist»–«Berner Geist» distanzierter gegenüber und wird sich wohl kaum auf die eine oder andere Seite schlagen, d. h. er wird die Meinung des Dichters – sofern es das bei Dichtungen gibt – ganz entschieden *nicht* übernehmen, er wird sich bemühen, sowohl dem «Zeitgeist» als auch dem «Berner Geist» Gerechtigkeit widerfahren zu lassen.

Was Gotthelf unter «Berner Geist» versteht und in der Familie des Bauern Ankenbenz auf der Ankenballe, vor allem in seiner prächtigen Frau Lisi, vor Augen führt, ist eine fromme, glückliche, reiche, farbige, stolze bäuerliche Lebensform, die auch den heutigen Leser, den Menschen moderner Industriegesellschaften, beeindrucken wird. Dieses Leben erinnert ein wenig an das Goldene Zeitalter, von dem die antiken Dichter sangen, an die Landleute des Lauterbrunnentals in Albrecht von Hallers «Alpen», an die Eidgenossen in Schillers «Wilhelm Tell» oder an ausländische Touristen aus dem 18. und frühen 19. Jahrhundert, deren Berichte von ihren Schweizerreisen im phantastischen Geiste Rousseaus erlebt und niedergeschrieben wurden. Noch heute stehen im Kanton Bern einzelne Bauernhöfe, die an solch königliches Bauernleben, solche bäuerliche Aristokratie erinnern. Aber gerade Gotthelf war es ja, der vom «Bauernspiegel» an immer wieder auf die «Schatt- und nicht die Sonnseite» (I:378) des bäuerlichen Lebens unbestechlich und unmißverständlich hingewiesen hat: auf Armut, uneheliche Kinder, Alkoholismus und sittliche Verwahrlosung, Rückständigkeit in der Hygiene und unhaltbare schulische Zustände, auf Geiz, Beschränktheit des Horizonts und Großtuerei der Kleinen sowie auf Materialismus, verlogene Religiosität, zynische Gewitztheit und Machtgier der Reichen, auf Hilflosigkeit und Ausgeliefertsein bei Naturkatastrophen, Mißernten und Krankheiten. Von alledem ist die Familie auf der Ankenballe verschont.

Der «Zeitgeist», der so gut wie in jedem Werk Gotthelfs bekämpft, verhöhnt und lächerlich gemacht wird, ist im Roman auf zweierlei Weise sichtbar. Da sind einmal die wirklichen Bösewichter wie Stämpfli und weitere namentlich genannte Prominente der Schweizer Geschichte. Dann die Advokaten, Lehrer, vor allem Sekundarlehrer, die Beamten – das Buch hatte den Arbeitstitel «Beamtetenbuch», und mit Beamten bezeichnet Gotthelf die Regierung –, und schließlich die ganze Liste widerwärtiger Taten, gemeiner Gesinnungen und falscher Ideen, die wir nicht noch einmal zusammenstellen wollen. Außerdem sind da aber noch die Opfer. Der Hunghafen wird ja vom «Zeitgeist» wie von einer Krankheit befallen: «Politisches Leben ist eine Art von Krankheitszustand ... eine wüste Cholera» (38 f). Die Bäuerin Gritli kümmert dahin und stirbt, der Sohn Hans kommt im Rausch ums Leben, der Hof verlottert, der Bauer gerät in Schulden. Aber die von dieser Krankheit Verschonten, die Immunen, und die Opfer gehören zusammen. Beide Familien verbindet alte Freundschaft, die beiden Bauern Ankenbenz und Hunghans waren «vom Taufwasser an so verbrüdert, daß sie sich manches sagten, was man sonst bloß im Halse behält» (58). Am Schluß versucht Ankenbenz den verzweifelten Hunghans zu trösten und mit Geld zu unterstützen. Beide wollen «wieder Brüder sein wie vorher... wieder miteinander reden in wahren Treuen» (507). Es bedarf keiner Begründung, daß der heutige Leser auch dieser Familie sein Mitgefühl und Mitleid schenken wird. Hier kann er sich auf Gotthelfs ungewöhnliche Menschenkenntnis und seinen scharfen psychologischen Blick verlassen.

Bei den eigentlichen Feinden des «Berner Geistes» *muß* der heutige Leser anders urteilen als der Dichter. Er profitiert nämlich nicht nur von den Errungenschaften des «Zeitgeistes», er unterliegt ihm auch viel mehr, als Gotthelf es sich vorstellen konnte. Denn was der Dichter bekämpfte und rückgängig machen wollte, hat sich durchgesetzt, was er bewahren wollte, ist verloren gegangen. Sein erster Biograph, Carl Manuel, hat gerade das an ihm gerühmt, «daß er Zeiten und Zustände fixiert hat, die nicht mehr wiederkehren, die andern und neuen Erscheinungen, einem anders denkenden Geschlecht Platz machen». Und gerade das müsse «ihm besonders in den Augen seiner Heimatgenossen einen höhern Werth geben, weil doch jedes Volk sich gern im Spiegel seiner Vergangenheit besieht und gern im Geist das Bild früherer Tage zurückruft».

Aber mit dem Anwachsen des Romans war Gotthelfs Anspruch gestiegen: Er wollte der Arzt seiner Zeit sein, und in diesem Anspruch mischt sich das Lokale mit dem Europäischen – man sollte sich da durch den «*Berner* Geist» nicht irreführen lassen –, das Hängen am Alten mit dem Instinkt für die Gefahren der Zukunft.

«... die Wogen der neuen Zeit fluten übers Land, branden am Fuße der Berge; Bern ist der feste Platz, wohin zur Sammlung gerufen werden alle, welche, vom neuen Geiste beseelt, ein neues Europa wollen, von wo aus Blenkerischer Mut und Escherische Weisheit die Throne stürzen werden und zwar alle im Himmel und auf Erden» (405). So erscheint der «Zeitgeist» in Bern zur letzten Entscheidung: als badischer Revolutionär und als Eisenbahnkönig Escher. Industrie und Revolution wollen die alte Ordnung stürzen. «Wo eine Wunde ist, wächst gerne Faulfleisch, das schadet aber gar nicht, wenn nur gesundes Fleisch nachwächst; aber wenn der ganze Körper faul ist, dann ists vom Übel. Das aber ist Gottlob nicht im Kanton Bern, das alte, gesunde Bernerfleisch ist weder gründlich ausgeschnitten noch gründlich gefault, das wächst mächtig wieder nach und stößt allgemach das fremde Faulfleisch aus und ab, es wird schon noch alles wieder besser werden, wenn auch langsam. Um aber Hoffnung zu fassen und aus der Hoffnung Mut und aus dem Mute Trost, muß man die Sachlage kennen, wie sie wirklich ist, muß man die Wunde offenlegen, nicht sie verheimlichen, nicht die Augen zutun und sie nicht sehen dürfen, dann erkennt man, ob sie tödlich ist oder zu heilen, zum Tode oder zur Gesundheit führt» (406).

Wird hier nicht unserer modernen Zivilisation die Frage gestellt, «ob sie tödlich ist oder zu heilen, zum Tode oder zur Gesundheit führt»?

Jahre des Schaffens, Jahre des Kämpfens 1836–1854

Gotthelfs «Schaffen kein Schreiben, sondern ein Fechten» – Der Republikaner ist für das Ganze verantwortlich – Wie der Dichter aussah – Sein Hauptleiden: Struma und Jod – Das Leben im Pfarrhaus – Die drei «Großmächte»: Vater, Mutter, Tante Marie – Die Kinder – Das «materielle Leben» – Gotthelfs Frau – Wie er mit Emilie Graf schäkert – Der Tageslauf des Dichters – Zehn Jahre Schulkommissär – Die schmähliche Entlassung – Despoten und Republikaner – Der «Kamelbrief»

Gotthelfs Lebenszeit läßt sich ohne Zwang in drei Phasen gliedern. Die erste umfaßt Kindheit, Jugend, Schulzeit, Studium und Auslandsjahr und dauert von 1797 bis 1822. In der folgenden zweiten und mittleren entfaltet Bitzius eine rege Tätigkeit als Vikar, Pfarrer, Feldprediger und politischer Journalist, im Schul- und Armenwesen. Die dritte und letzte beginnt mit der Niederschrift des «Bauernspiegels» (1836/37); es ist die eigentliche Schaffenszeit des Dichters, die erst mit seinem Tode 1854 endet. «Ich habe alt angefangen», schreibt der Achtundvierzigjährige an den Freund Fröhlich, «der Weiher lief eigentlich über. Das Schaffen ist mir keine schwere Arbeit, es ist mir fast Bedürfnis, es ist nicht bloß das Schaffen Bedürfnis, sondern zu schreien in die Zeit hinein, zu wekken die Schläfer, den Blinden den Star zu stechen» (6:236). In einem Brief an Prinzessin Augusta von Preußen nennt er seine Feder eine «Waffe... als ob es die beste Lanze wäre». Es komme ihm immer vor, als sei sein «Schaffen kein Schreiben, sondern ein Fechten» (8:49).

Schon vom Vikar Bitzius in Herzogenbuchsee berichtet der ältere Freund Burkhalter: «Wenn er zwei oder drei Male in einem Hause war, so hatte er die ganze Haushaltung los bis ins Kuchigenterli und die sämtlichen Familienverhältnisse bis in den hintersten Winkel. Auf diese Art erwarb er sich die gründliche Kenntnis des Volkslebens, wie sie vor ihm kein Volksschriftsteller hatte. Er war überhaupt unermüdlich tätig, bei den Schulen, bei den Gemeindeverhältnissen und dem Armenwesen, sogar bei den Gesangvereinen, obschon er selbst kein Sänger war. Kurz, er mischte sich in alle Angelegenheiten...» Um diesen letzten Satz nicht mißzuverstehen, muß man sich vergegenwärtigen, daß es für Gotthelf ja gerade zum «Wesen des Republikaners» gehört, «daß er mehr oder weniger in jedes Lebensgebiet hinübergezogen wird» (6:247).

Was wissen wir über diesen Menschen und sein Leben zur Zeit, als die Werke geschrieben wurden, in den Jahren immer heftigerer politischer und weltanschaulicher Erschütterungen?

Burgdorf, Ausblick auf das Emmental und die Alpenkette. Lithographie von Rudolf Huber, um 1836. Links das Schloß, rechts Hotel Emmenhof (heute Stadtbibliothek).

In einem Brief aus dem Jahre 1840 bedankt sich Lina Lindt, eine Cousine des Dichters: «Dieser freundliche Ausflug nach Burgdorf und Ihre liebe Erscheinung war für uns wie ein lieber Traum, aus dem man nicht so bald erwachen möchte, und bei der schönen Heimfahrt waren Sie der Stoff unserer Unterhaltung; und wenn wir andern Menschenkindern von Heu, Kartoffeln und Bergen sprachen, so fuhr uns dann unsere Gefährtin darein, ‹nei so geistrichi Auge! und so ne fründliche Mönsch!› usw. usw.; sonst werden Sie doch gar zu eitel, mein lieber Herr, und das muß man Eurer lieben Frau und Schwester nicht zu leide tun, aber von etwas andrem als von Jeremias konnte man nicht reden» (5:53). Die Tochter Henriette erinnert sich ebenfalls: «Mehr als mit Worten strafte er mit dem flammenden Blicke seiner Augen, die bei jeder Gemütsbewegung die Farbe wechselten.»

Der Tochter verdanken wir eine Beschreibung von Gotthelfs äußerer Erscheinung, die freilich eine idealisierende Absicht erkennen läßt: «Bitzius war eine gedrungene Gestalt von Mittelgröße, braunes krauses Haar umgab die breite Denkerstirne, seine Augen waren leuchtend und durchdringend, die Gesichtsfarbe von Luft und Sonne gebräunt. Seine kleine, zierliche Hand verriet nicht, welch große körperliche Stärke ihm innewohnte. Im Reiten, Fahren, Turnen, Schwimmen war er Meister und veranstaltete einmal scherzweise mit seinem heranwachsenden Sohne Albert einen Wettlauf, worin er Sieger blieb.» Diesen Wettlauf, falls er wirklich stattgefunden hat, empfinden wir heute wohl als ziemlich peinlich, einen Scherz können wir darin nicht sehen. Als der Verleger Julius Springer Ende Juli 1854, drei Monate vor Gotthelfs Tod, endlich jene Reise nach Lützelflüh machte, die er jahrelang immer wieder verschoben hatte und nun wegen der geplanten Gesamtausgabe nicht länger hinauszögern wollte, schrieb er seiner Frau nach Berlin: «Bitzius ist kleiner, untersetzter Gestalt: *sehr* störend für den ersten Moment ist sein *dicker*, von Krankheit zeugender Hals, der seine an sich durch den rein Berner Dialekt schwer verständliche Sprache noch unverständlicher macht: *Du* würdest nicht ein Wort von ihm verstehen. Was ich nicht so geglaubt: Bitzius ist sehr gesprächiger Natur: er hat ein sehr einfaches Wesen: giebt sich wie er ist und es ist mir noch bis diesen Moment unerklärlich, wie er mit diesem Naturel die feine Menschenkenntnis erlangt, die wir so oft an ihm bewundert. Sein Wesen ist gemessen... es ist über sein ganzes Thun und Leben eine natürliche Harmonie gegossen, die mir ungemein zusagt...» Manuel, der

Henriette Rüetschi-Bitzius (1834–1890), Gotthelfs älteste Tochter, in späteren Jahren. Ihr Ehemann, Pfarrer Karl Ludwig Rüetschi, starb 1867 und hinterließ ihr sechs Kinder. Unter dem Pseudonym Marie Walden trat sie als Erzählerin in die Fußstapfen ihres Vaters.

Albert Bitzius (1835–1882), der Sohn Gotthelfs, in späteren Jahren. Er wurde selber Pfarrer, berühmter Prediger und Berner Regierungsrat.

erste Biograph, wirft die Frage auf, warum ein so robuster Mann wie Gotthelf nicht sehr alt wurde, und berichtet: «Schon der Gebrauch des Jodins, welches angreifende Mittel er gegen ein Halsübel, einen dicken Hals, gebrauchte, wirkte nachtheilig auf seine Constitution.» Seit der Untersuchung von Carl und Käti Müller-Jost über «Gotthelfs Konstitution und Krankheit» darf als sicher gelten, daß der Dichter ein Kropfleiden hatte, das ihn zu manchen Zeiten sehr belastete und behinderte und gegen welches er mit Überdosen Jod, das er sich laienhaft selber verordnete, anzukämpfen versuchte.

Die Familie Bitzius im Pfarrhaus bestand aus drei Erwachsenen und drei Kindern, denn im Sommer kam auch Gotthelfs ältere Schwester Marie nach Lützelflüh. «So gehörten wir also drei verschiedenen Mächten an», berichtet die Tochter Henriette in einem liebenswürdigen Lebensbild ihrer Mutter, «ich der Tante Bitzius, Albert der Mutter und die Schwester vom Vater. Eine so eigentümliche Teilung mußte auch eigentümliche Folgen haben, und wenn dieselben für uns nicht verderblich wurden, so hatten wir es zunächst der Obhut Gottes, dann aber auch der takt- und einsichtsvollen Erziehung unsrer lieben Mutter zu danken.» Und in anderem Zusammenhang: «Unser Haushalt in Lützelflüh gestaltete sich überhaupt ganz eigentümlich dadurch, daß drei Großmächte regierten, Vater, Mutter und Tante. Jedes Departement stand unter besonderem Schutz und Berücksichtigung einer der Großmächte, die um die andern Departemente sich wenig kümmerte, und Übergriffe und Verdrießlichkeiten konnten nicht ausbleiben, indes beugte sich schließlich alles vor dem Machtanspruch des Großherrn, selbst die Tante, wenn auch seufzend und protestierend. Das Schlimmste bei der Sache war, daß diese Teilung des Regiments und der Arbeit das Gehorchen der Untergebenen zu einer Art von Balanzieren machte, um allen gerecht werden zu können und es mit keiner der Großmächte zu verderben. Brauchte die Tante die Mägde notwendig im Garten, so ordnete ein Ukas des Vaters plötzlich eine ‹Obstschüttlete› an, oder es kamen Gäste, und die sämtlichen dienstbaren Geister wurden in die Küche entboten. Hatte die sehr fegelustige Mutter einmal alles unter Wasser gesetzt, so jammerte die Tante, daß niemand die Rübli jäte; dann erhielt sie gewöhnlich Vollmacht, eine Taglöhnerin einzustellen, welche wieder, wenn Not an Mann kam, alles liegen lassen mußte, um des Vaters Dahlien setzen oder begießen zu helfen. So hatten wir selten gute Mägde und wechselten fast alljährlich, weil niemand recht wußte, wer eigentlich zu befehlen hatte. Diese Not mit den Dienstboten bildete einen Schatten über dem sonst so sonnigen Leben von Lützelflüh.»

Wenn Gotthelf in Briefen von seinen drei Kindern spricht, so fällt bei den Töchtern (Jetti geb. 1834; Cécile geb. 1837) ein humorvoller Ton, beim Sohn Albert (geb. 1835) ein stolzer, pathetischer Ernst auf. «... Cécile schreitet vor im Bajass und Jetti in gelehrten Bahnen, besucht für Guggers Gewalt meine Unterweisung und beginnt unaufgefordert das große Wort zu führen. Am Samstag war Albert da und machte uns Angst. Dem schlechten Wetter ztrotz zwängte er es herauf [von Burgdorf, wo er im Waisenhaus erzogen wurde], um nur sein Zeugnis zu bringen, da er wieder der Erste geworden. Abends kriegte er aber fürchterlich Fieber, so daß man nicht wußte, was es werden sollte. Am Sonntag war er etwas besser, doch bei weitem nicht gut, allein er wollte nicht bleiben aus Angst wegen Auslagen oder zurückbleiben, und ich mußte ihn hinunterführen, ich mochte wollen oder nicht» (6:135). Was muß in diesem neunjährigen Knaben vorgegangen sein? Ob es vor oder nach dem Wettlauf mit dem berühmten Vater gewesen ist?

Cécile nennt der Vater einmal den «kleinen Drachen» und weist auf ihre Spannungen mit Tante Marie hin: «Lustig ist es aber, wenn die Tante über die Nichte klagt: ‹es ist eine unerträgliche Schwätze›, und die Nichte über die Tante: ‹sie schwätzt geng nume, sie schwätzt geng nume.› Was soll man da sagen?» Ist es wirklich «lustig», wenn «Tante

Gotthelfs Pfarrhaus, links die Pfrundscheuer. Lithographie von Maria Stähli (1799–1875), die als Gast in Lützelflüh 1849 das Bild «nach der Natur aufgenommen» hat: «meinen Erstling in Steindruck» (7:249).

Marie... den ganzen Tag mit der schlagfertigen Nichte keift?» (6:297, 126). Die ältere Jetti hatte als Kind offenbar mehr hausmütterliche Züge als die lebhafte Cécile. Sie «lebt in 3 Hühnern und 3 Güggeln... nur geht es ihnen wie allen verhätschelten Personen, sie sind voll Klagen gegen Jetti, und wenn es ihnen Erdäpfel gibt, so hätten sie lieber Brot etc.» (6:211, 216). Einen Satz über Jetti beginnt der Vater ganz romantisch: «Als diesen Morgen alle Bäume erfroren schienen, da weinte mein älter Meitschi gar bitterlich um die erfrorenen Blüten...» Aber Jetti ist keine sentimentale Pfarrerstochter, denn sie weint um «die verschwundene Aussicht auf einen freßreichen Herbst» (9:98). Überhaupt ist sie «stark mit Essen beschäftigt, hat sie ein Stück Brot unter, so sehnt sie sich nach einem neuen» (7:96), weshalb der Vater auch behauptet: «Jetti wird ein dicker Maudi und fleischlich gesinnt...» (6:254).

Seinem Sohn Albert schreibt Gotthelf im Januar 1851 einen Brief zur Konfirmation, in dem er sich zuerst entschuldigt, es sei seine Eigenart, «von wichtigen Dingen nicht viel zu reden», er suche daher «schriftlich gut zu machen, was möglich». Der folgende Aufruf an den Sohn hat bei allem edlen Pathos auch etwas Floskelhaftes und verbirgt vielleicht eine Enttäuschung, die einen tragisch anmutet: «... ich hoffe, Du werdest ein tüchtiger Kämpfer werden, im Streit, den auch ich kämpfe; Du werdest einst, – wenn ich die Fahne, die ich trage, fallen lassen muß – sie ergreifen mit starker Hand und hoch flattern lassen überm Kampfplatz... auf daß, wenn Du einmal die Jünglingsjahre überwunden hast und als Mann ins Leben trittest, Du gefestigt bist in Dir und gereift, Früchte zu tragen, Dein Licht leuchten zu lassen und den Kampf gegen das Böse auch außerhalb Dir aufnehmen könntest, als ein rechter Kämpfer... Ich erlebe es kaum mehr, aber wenn Du ein Mann geworden bist und meinen Segen in kindlichem Gemüte bewahrt hast, so wirst Du ein tüchtiges Glied am Leibe Christi sein, Gnade haben bei Gott und Wohlgefallen bei den Menschen» (8:124 ff). Der martialische Ton des Briefes wirkt erst recht nicht überzeugend, wenn man liest, daß der Vater den Sohn zwei Monate vorher «ein hübsches, liebes Bübchen» nennt, «welches 15 Jahre alt in Bern auf der Schule ist» (8:96).

Springer schrieb an seine Frau nach Berlin: «Das materielle Leben geht sehr aus dem Vollen: Bitzius hat in der That einen Weinkeller, wie er in Berlin selten sein dürfte: im Laufe des gestrigen Tages gab's vom Champagner bis zum Tockaier 8 verschiedene Weine und Likörsorten. Der Mittagstisch ist ein ausgezeichneter...» Anfangs des Jah-

Wir Schultheiß und Regierungsrath
der Republik Bern,

thun kund hiermit:

Daß Wir den Herrn Bitzius, Pfarrer in Lützelflüh,

zum Feldprediger des III.ten Landwehr-

Bataillons;

erwählt und verordnet haben; mit Befehl an alle diejenigen, die es betreffen mag, ihn in dieser Eigenschaft anzuerkennen, und an die Untergebenen, ihm den schuldigen Gehorsam zu leisten.

Gegeben de 25.ten Januar 1841.

Der Schultheiß,

C. Neuhaus

Namens des Regierungsrathes,

Der Staatsschreiber:

Hünerwadel.

Ernennung Gotthelfs zum Feldprediger 1841. Die Urkunde ist vom Regierungspräsidenten Carl Neuhaus und Staatsschreiber Gottlieb Hünerwadel unterzeichnet.

res 1844 schrieb Gotthelf an Emilie Graf: «Wir haben das Neujahr verbraucht mit Husten und Pfnüsel, daneben wohl auf und mit Essen und Trinken trieben wir es stark» (6:13). Daß das Pfarrhaus auch eine «fast patriarchalische Gastfreiheit» kannte und «Gastfreundschaft in fast orientalischer Weise» pflegte, bestätigen alle Besucher, von denen das Haus selten leer gewesen sein soll. Tante Marie soll freilich die fremden Gäste als «hergelaufene Subjekte» bezeichnet haben.

Gotthelf ist als «Frauenlob» in die Literaturgeschichte eingegangen; so verschiedene Geister wie Gottfried Keller, Ricarda Huch und Ernst Bloch waren sich darin einig. Die Leser des Dichters schlossen daraus, er müsse seine Frauenfiguren nach dem Modell seiner eigenen Frau gestaltet haben. Nichts wäre falscher als diese Annahme! Henriette Bitzius läßt sich weder mit den urvitalen, zweizentnerigen, vor Selbstbewußtsein strotzenden Bäuerinnnen, noch mit den aschenbrödelartigen jungen Mädchen vergleichen – von weniger noblen Damen ganz zu schweigen. Die Tochter berichtet: «Den Unterricht von uns Mädchen übernahm sie größtenteils selbst. Wir hätten sicher unter ihrer guten Leitung große Fortschritte gemacht, wenn der Unterbrechungen nicht gar so viele gewesen wären. Selten verstrich eine Woche, ohne daß sie wegen Kopfschmerzen den Unterricht aussetzen mußte; häufig kamen Besuche und nicht selten unterbrach der Vater selbst unsre Lektionen, indem er hinter dem Stuhle der Mutter stehend, uns durch komische Grimassen aus dem Konzept brachte ... Niemand verstand wie die Mutter die Kunst des Zuhörens, die nur der zur Vollendung bringen kann, dem sein eigenes Ich nicht die Hauptsache ist; nie sah sie gelangweilt aus und jeder mußte glauben, gerade er und sein Gespräch errege ihr volles Interesse. Oft wenn sie einen Gast auf die freundlichste Weise empfangen und unterhalten hatte, kam sie in ihr Zimmer, stöhnend vor Kopf- oder Zahnschmerz.»

Wie mit einer Formel nennt Gotthelf seine Frau: «mein erster und schärfster Rezensent» (7:61) oder «mein erster Zensor und Rezensent» (8:96). Springer hatte bei seinem Besuch sogar den Eindruck: «Die Frau Pfarrerin übt auf Bitzius einen bedeutenden Einfluß: Bitzius würde ohne seine Frau nicht Jeremias Gotthelf geworden sein.» Das «feine Liebenswürdigkeit, Wahrheit und Stolz vereinigende Wesen der Frau Pfarrerin» bestimme den harmonischen Geist des Hauses. Und die Tochter stellt das sensible Gemüt der Mutter dem des Vaters geradezu entgegen: «... sie war eine so empfindsame, fein besaitete Natur und all ihre Lebensfasern waren mit dem Gatten verwachsen... Seine oft bei geringen Anlässen ausbrechende Heftigkeit, vor der wir alle zitterten, betrübte sie zwar augenblicklich tief und sie weinte schmerzlich, aber wie ein Gewitter ließ sie dieselbe über sich ergehen, ihr beiderseitiges Verhältnis blieb dadurch ungetrübt.»

Wie sehr der Dichter seinerseits mit seinen Damen jonglierte, zeigt ein ganz alltägliches Beispiel aus einem Brief an Emilie Graf: «Meine Frau hat ihren schwarzen Hut seit zirka 18 Jahren und nun meint meine Schwester, wenn Henriette wieder einen wolle, der andere 18 Jahre daure, so müsse es notwendig einen schwarzen nehmen, meine Frau äußerte dagegen, nach 18 schwarzen Jahren gefiele ihr ein brauner zur Abwechslung nicht übel. Das schien aber Maries Billigung nicht recht zu haben – kurz man war verschiedener Meinung, und Marie hat dabei die Unart, daß sobald man seiner Meinung nicht ist, es die Sache als unausgemacht betrachtet und immer wieder von vornen anfängt, bis man endlich sagt, meinethalb. Nun möchte ich Sie bitten, Marie zu sagen, es sei vergessen worden, ihm zu melden, Henriette ziehe braun vor. Zweitens möchte ich Sie bitten, so ganz indirekt und unter der Hand nachzusehen, daß der Hut so recht staatsmäßig aufgedonnert werde und sollte es Federn mangeln dazu, so bin ich zu allem zweg, zu Kolibris oder von Löffelgänsen. Nein Spaß apart, nichts Narrochtiges, Auffallendes, aber doch was Lustiges, das ins Mäß mag. Der Auftrag ist zwar nicht leicht, besonders bei einer Person wie Marie, die eigentlich nie recht hört, was andere

Gotthelfs Cousine Emilie Graf (1800–1884) war häufig zu Gast im Pfarrhaus zu Lützelflüh. In Briefen plaudert er mit ihr über sich und seine Familie und macht ihr den Hof: «Wenn Sie uns nur mit einem kleinen Wörtchen Nachricht geben wollten, so würden Sie uns noch lieber als Sie es bereits sind, wenns nämlich möglich wäre...» (5:242).

sagen, sobald sie was Bestimmtes im Grind hat, indessen stelle ich mir Ihre diplomatische Klugheit so groß vor...» (6:134f).

Die Briefe an Emilie Graf ragen durch ihren liebenswürdig-schäkernden Ton und ihre Familienplaudereien aus der gesamten Korrespondenz des Dichters heraus. Wenn man sich vergegenwärtigt, daß er der Cousine gegenüber sehr oft die Ansichten seiner Frau und seiner Schwester Marie vorträgt und dann in humorvollem Ton um ihre – «diplomatische» – Lösung bittet, darf man wohl schließen, daß diese Frau nicht nur seiner Familie, in der sie ein gern gesehener Gast war, sondern auch seinem Herzen näher stand als viele andere Menschen: «Wenn ich jünger wäre und immer noch meinte, es müsse alles gemacht sein, was mir durch den Kopf fährt, wissen Sie was ich mieche?» fragt der Sechsundvierzigjährige die Vierundvierzigjährige. «Wenn Sie einmal spazieren täten, so paßte ich Ihnen auf, entführte Sie und hielte Sie einige Wochen hier in strengem Gewahrsam und ließe im Intelligenzblatt bekannt machen, daß man nicht immer im Kummer sei Ihretwegen. Sie hätten sich halt entführen lassen und befänden sich einstweilen wohl. Was meinen Sie, was täte das Publikum sagen...?» (6:14)

Im Pfarrgarten von Lützelflüh. Die Laube beim Brunnen war Gotthelfs Lieblingsplatz und hieß das «vordere Cabinettli».

Die Tochter Henriette berichtet über Gotthelfs Tageslauf: «Sommer und Winter frühstückte er um sechs Uhr und bereitete sich seinen Kaffee selbst, den er fast schwarz, ohne weitere Zutat genoß. Dann ging er sofort an die Arbeit, und benutzte diese ersten Morgenstunden zu geistigem Schaffen... Im Laufe des Morgens nahm er gewöhnlich eine leichte Mahlzeit zu sich und fütterte seine Fische, Hühner und all die Schmarotzer, die sich um ihn drängten. Seine Lieblingskatze folgte ihm dann wieder auf sein Studierzimmer... Zur Sommerszeit widmete Gotthelf die Nachmittage seinen Gästen oder machte Schulbesuche und Ausflüge nach der Armenanstalt, im Winter schrieb oder las er. Die Sommerabende brachte er meist in einem kleinen bretternen Gartenhäuschen zu, von wo er dem Spiel der Fische zusah, auf das Tun und Treiben seiner Kinder achtete und mit seiner Gattin und Schwester, die im freundlichen Haushalte der hülfreiche Genius war, gemütlich plauderte. Ein großer Freund von Baumzucht, überwachte er die Pflege seines Obstgartens, das Einsetzen der jungen Stämmchen selbst... Die früher etwas vernachlässigte Umgebung des Pfarrhauses wurde unter seiner Anordnung zu einem kleinen Paradiese umgewandelt, in dem seine Lieblingsblumen, die Dahlien oder Georginen, eine große Rolle spielten.»

Wir müssen diese gemütliche Darstellung der Tochter durch einige Bemerkungen aus Gotthelfs Briefen ergänzen. «Ich komme mir manchmal vor wie in einer Tretmühle, wo es rundum geht und kein Ende kommt» (5:81); «... es lagen der Geschäfte so viele auf mir, daß ich mich keinen Augenblick unter der Last hervor zu einem freien Aufschnappen winden konnte» (93). Die Klagen über Arbeitsüberlastung nehmen mit den Jahren eher zu als ab. Er werde «Tage, Wochen durch Geschäfte genotzüchtigt, die nichts nützen, nichts als peinlich sind» (213). Er vergleicht sich mit Sisyphus (312), er sei «ein armer gerittener Teufel» (6:269) und komme «alle Jahre tiefer ins Joch» (8:298). Beide Seiten seines Tageslaufs faßt er selber einmal in dem Satz zusammen: «Wir Pastoren sind zuweilen glückliche Leute, können wochenlang leben wie wir wollen, zuweilen aber wieder hartbedrängte Seelen, gegen die der Teufel hetzt, was er auftreiben kann, sittenrichterliche Dirnen, eidbegehrende Lumpenhunde, Erziehungsdepartementer, kurz Sappermenter aller Art» (6:43).

«Es ist ein eigenes Ding, Pfarrer, Schulkommmissär sein und schriftstellern» (5:99). Wir wissen, daß diese drei Bereiche für Gotthelf untrennbar zusammengehörten. Nach dem Erscheinen der «Leiden und Freuden eines Schulmeisters» schreibt er an Burkhalter: «Die Schulmeister gehören auch unter die Leute, welche nie darüber kommen, wer es eigentlich gut mit ihnen meint; sie sehen halt gar selten über ihre eigene Nase hin-

«Das Erdbeeri Mareili», eine von Gotthelfs liebenswürdigsten Erzählungen (1850), schildert das völlig unspektakuläre, aber doch würdevolle und sinnerfüllte Leben eines Landmädchens, «das so still und schön wirkte für das Reich Gottes» (XXI:52). Das kleine Werk erinnert an «Käthi die Großmutter», wurde aber auch schon mit Flauberts «Un cœur simple» verglichen. Im Rahmen der «Illustrierten Prachtausgabe» hat Albert Anker (1831–1910) die Erzählung illustriert und später die Titelfigur auch als Gemälde gestaltet. Der Künstler, dessen malerische Welt oft allzu schnell mit Gotthelfs dichterischer gleichgesetzt wurde, sollte nach dem Wunsch seines Vaters Pfarrer werden, studierte auch bis zu den Abschlußexamina, hatte aber grundsätzliche Zweifel an seiner Berufung. Gegen den Auftrag, Gotthelf zu illustrieren, der sogar von Bundesrat Carl Schenk unterstützt wurde, hat Anker sich lange intensiv gewehrt, da er sich dem Dichter nicht gewachsen fühle. Trotzdem machte er zehn Jahre lang Studien im Emmental.

aus. Und es ist keine Menschenklasse, um der willen ich seit zwanzig Jahren so viel über mich ergehen ließ. Freilich lachte ich auch oft über sie; aber lache ich nicht auch über mich und meine Frau?» (5:30). Wie nahe muß ihm das Schulproblem gewesen sein! An das Erziehungsdepartement schreibt er 1842: «Seit zweiundzwanzig Jahren und vorher als Pfarrerssohn habe ich weit mehr als hundert Schulmeisterexamen beigewohnt...» (238). Gotthelf wurde 1832 in die Große Landesschulkommission gewählt, die das neue Schulgesetz beraten sollte und aus 48 Mitgliedern bestand; er soll dort durch besonderen Eifer aufgefallen sein (4:321 f).

Im August 1835 wurde Gotthelf Schulkommissär der Gemeinden Lützelflüh, Rüegsau, Hasle und Oberburg. Der Schulkreis hatte beim Amtsantritt des Kommissärs 18 Schulen, bei seiner Entlassung 1845 waren es 28 (4:332; 6:157). Er war verpflichtet, «die Schulen so oft als möglich zu besuchen, für Zucht und Ordnung zu sorgen, Moral, Fleiß und die Eignung der Lehrer und die Zweckmäßigkeit ihrer Lehrmethode zu überprüfen, auf Übelstände aufmerksam zu machen, die Handhabung des Schulgesetzes und die Führung der Rödel zu überwachen, eine Statistik über die Schulen, die Personalien der Lehrer, die Lehrfächer und Lehrmittel, die Schulhäuser, das Schulgut und das Einkommen des Lehrers zu führen, den Schulkommissionen Weisungen zu geben, die Ausschreibung erledigter Schulstellen zu veranlassen, die Examina der sich um eine Stelle bewerbenden Lehrer abzunehmen, zwischen Gemeinden und Lehrern als erste Instanz in Streitfällen zu schlichten und dem Erziehungsdepartement über alles Bericht zu erstatten, was das Schulwesen seines Kreises hemmen oder fördern könnte» (4:332 f). Wer wundert sich da noch, daß der Pfarrer, Schulkommissär und Schriftsteller darüber klagt, daß der Tag nicht 48 Stunden, er selber nicht vier Köpfe und acht Hände hat? (5:205; 6:211)

Johann Jakob Reithard (1805–1857), Journalist, Schriftsteller, Mitarbeiter des «Berner Volksfreunds». Er setzte sich entschieden für Gotthelfs erste Werke ein und begleitete sein Schaffen wohlwollend-kritisch. Möglicherweise war er Verbindungsmann zwischen Gotthelf und G. Keller, die sich persönlich nie begegnet sind.

Die Entlassung Gotthelfs als Schulkommissär im Jahre 1845 fällt genau in die Mitte seiner Schaffenszeit. Sie muß eine herbe Enttäuschung für ihn gewesen sein und ist von heute her gesehen nicht recht verständlich. Sie zeigt aber, wie unbequem, mißliebig, ja verhaßt der Dichter seinen Zeitgenossen war, wie sehr sie ihn fürchteten und für wie gefährlich sie ihn hielten. Wir wollen die greifbaren Dokumente in Kürze vorführen.

Im Jahre 1842 schrieb der Regierungsstatthalter von Trachselwald in seinem Amtsbericht: «Was die im Amtsbezirke stationierten Geistlichen betrifft, habe ich weiter keine Klage gegen sie vernommen als die: es befasse sich der Herr Pfarrer von Lützelflüh oft auf eine Weise mit weltlichen Sachen, die auf das Zutrauen seiner Pfarrgenossen gegen ihn nachteilig wirken, indem er, wie vielseitig angegeben wird, am Kalendermachen und an verläumderischen anonymen Zeitungsinseraten Anteil nehme. Was daran wahr oder unwahr sein mag, in das kann ich nicht ganz bestimmt eintreten; so viel jedoch ist richtig, daß von seinen Pfarrgenossen nur sehr wenige seine Predigten besuchen, daß die Kirche während derselben sich oft fast leer befinde und daß dieses, wie die allgemeine Sage geht, dem Mangel an Vertrauen beizumessen sei.» Dieser Bericht, der sich ja nur auf Gerüchte beruft, wurde am 26. April 1843 an das Erziehungsdepartement, dem Gotthelf als Pfarrer unterstand, weitergeleitet. Am Rande bemerkt: 1838 hatte die Gemeinde Lützelfüh 3345 Seelen, davon sollen (1833) nur 10 bis 12 die Predigt besucht haben; allerdings wird das von einem Gegner Gotthelfs behauptet (6:387 f; 13:46, 344).

Im April 1844 wurde in der Stuttgarter «Pädagogischen Revue» ein längerer Aufsatz «Zur Geschichte des Primarschulwesens im regenerierten Kanton Bern» veröffentlicht, der in scharfem, höhnischem Ton das Erziehungsdepartement und dessen Vorsteher, Carl Neuhaus, kritisierte. Der Verfasser blieb anonym. Nachdem schon im Mai der ganze Artikel in der «Berner Schulzeitung» nachgedruckt worden war, setzten Entgegnungen ein, von denen eine auf die dem Jeremias Gotthelf verwandte Schreibart des Verfassers hinwies. Die Arbeit lasse «auf ein heftig erbittertes Gemüt schließen... das in seiner Gereiztheit so weit gehen konnte, daß es die vaterländischen Bildungsanstalten und die ihnen vorgesetzten Behörden vor dem gesamten Auslande ... kompromittiert» habe. Wir wissen heute mit Sicherheit, daß der Aufsatz von Gotthelf stammte (11:383 f; 6:48), und es ist durchaus möglich, daß es auch Carl Neuhaus wußte. Trotzdem kann der Aufsatz höchstens den letzten Ausschlag für das Vorgehen gegen den Schulkommissär gegeben haben.

Am 10. August 1844 erschien im «Schweizerischen Beobachter» ein Leserbrief, der wissen wollte, daß Gotthelf «vor wenigen Wochen wegen Amtsvernachlässigungen mit Abberufung gedroht worden sein soll» und daß er «bald nur noch seinen nur leeren Wänden predigen wird, da die braven Lützelflüher nicht länger riskieren wollen, von ihrem Seelsorger lächerlich gemacht zu werden» (6:386).

Am 24. August 1844 schrieb Johann Jakob Reithard als Berichterstatter für schweizerische Angelegenheiten in der «Allgemeinen Augsburger Zeitung»: «Die herrschende Gewalt zu Bern, erbittert über die scharfe und bündige Opposition, die ihr durch Pfarrer Bitzius im ‹Volksfreund› gemacht wird, hat diesem geistreichen Volksschriftsteller ‹wegen Amtsvernachlässigung› mit Absetzung gedroht» (7:306). Von wem die Absetzungsdrohung ausging, können wir aus Briefen Reithards vom Jahre 1847 schließen. Als Gotthelf das Manuskript der «Versöhnung des Ankenbenz und des Hunghans, vermittelt durch Professor Zeller» für die «Neuen Alpenrosen» nach Zürich sandte, befürchtete Reithard «einen wütenden Pressprozeß ... ja ich wollte selbst nicht bürgen, daß nicht eine Regierung von solchen Antezedentien und solcher Gesinnung wie die Ihrige, nach einem solchen Angriff Ihrer amtlichen Existenz zu Leibe ginge» (7:61). Einen knappen Monat später wiederholte Reithard noch einmal, daß das Pamphlet gegen Zeller «gewiß nicht gedruckt werden dürfte, wenn nicht Ihre Stellung im Kanton Bern dadurch im höchsten Grade gefährdet werden soll» (63). Inzwischen hatte Gotthelf auf die Zurückweisung seines Manuskripts zornig und beleidigt reagiert, so daß Reithard vorzog, bei der Frau Pfarrerin Bitzius um Vermittlung und Unterstützung zu bitten. «Wollen Sie diese Novelle selber lesen», schreibt er, «um sich zu überzeugen, daß dieselbe, wenn sie, so wie sie ist, gedruckt würde, *jedenfalls* dem Verfasser einen Pressprozeß von Seiten des in durchaus unverhüllter Weise und heftig angegriffenen gegenwärtigen Bernerregiments zur Folge haben *müßte*. Mit welchem Akt dieser Prozeß vermutlich enden würde, läßt sich aus dem Neuhausischen Procedere schließen, das auf Entfernung des Gefürchteten und Gehaßten in Lützelflüh ausging. Nur wenige Stimmen fehlten *damals; jetzt* würde vermutlich keine mehr fehlen, denn man lauert ihm schon längst auf den Dienst» (66 f). Carl Neuhaus hat also 1845 versucht, Gotthelf durch Amtsenthebung kaltzustellen, war dabei nicht erfolgreich und hat ihm dann wenigstens als Schulkommissär das Handwerk legen wollen.

«Wie die gesunden Elemente beider Parteien im Kanton Bern sich vereinigen». Der konservative Bär und der radikale Löwe zerfleischen sich gegenseitig. Karikatur des «Postheiri», 1851. Erst nach den Wahlen von 1854 kam es zu einer «Fusion» der beiden Parteien.

Die Mitteilung seiner Nicht-Wiederwahl wurde Gotthelf am 13. Januar 1845 zugestellt. Eine Begründung enthielt das Schreiben nicht (6:157). Als Nachfolger wurde ein Vikar Carl Jäggi aus Oberburg ernannt, der das Amt zuerst gar nicht übernehmen wollte, weil er sich selber für zu jung und unerfahren hielt (401). «... an meinen Platz hat man ein Kind angestellt, welches von allem nichts versteht» (159). In einem höhnischen Brief an das Erziehungsdepartement bedankte sich Gotthelf für seine Entlassung: «Dieselbe gibt mir eine Zeit zurück, von deren treuer Anwendung ich Freude und Segen erwarte, und die mir ein Wirken gewähren wird, das nicht ohne Frucht bleiben und hoffentlich manch Treiben dieser Zeit überdauern soll» (158).

Wenn wir Gotthelfs Kämpfe gegen seine drei prominentesten Gegner der letzten zwanzig Jahre – gegen R. E. von Effinger, Ph. E. von Fellenberg und Carl Neuhaus – miteinander vergleichen, springen Ähnlichkeiten in die Augen. Der Oberamtmann von Effinger ließ den Vikar Bitzius durch Versetzung aus Herzogenbuchsee entfernen. «Wo ich Freude hatte an der Arbeit, da muß ich weg», schrieb der so Gemaßregelte darauf an Baggesen, «aber zum ruhigen Ertragen der despotischen Teufelsucht, die kein Mittel, sogar Lügen nicht scheut, um den zu verderben, der sich ihr gehässig macht, werde ich

Wie der bernerische Staatswagen in seinem Laufe auf Hindernisse stößt.

«Wie der bernerische Staatswagen auf Hindernisse stößt». Den Wagen ziehen wieder Löwe und Bär, gelenkt wird er von Ochsenbein und Stämpfli. Gotthelf steht ganz rechts in der imposanten Kleidung und Gestik des Propheten, der dem «Staatswagen» Halt gebietet. Wider Willen des Zeichners wird die Isolierung des Dichters sichtbar. Karikatur des «Postheiri», 1850.

es nicht bringen» (4:89f). Umgekehrt schrieb von Effinger einmal an seinen Sohn: «Bitzi, gegenwärtig noch Vikar in Lützelflüh, ist einer der ärgsten Liberalen oder Radikalen» (318). Um von Fellenberg zu charakterisieren, spricht Gotthelf vom «furchtbaren Despotismus unseres kleinen Napoleon», der unterdrücke, was «nur in vernünftiger Freiheit gedeiht» (124f). An Theodor Müller, einen Mitarbeiter Fellenbergs und Bewunderer Gotthelfs, schreibt er rückblickend über seine Fehde: «Die einen lachten mich aus, daß ich unbedeutender Mensch gegen solche Persönlichkeit mich stemme; und Herr Fellenberg trat nieder und glaubte mich niedergetreten. Doch Herr Fellenberg irrte sich in mir; ich war ein anderer als er glaubte. Mir fehlt es nicht an kühnem Berner Mut und an der bernischen Selbständigkeit (die auch Herr Fellenberg in sich trägt und die er auch in andern anerkennen sollte), die vor Autoritäten nicht unbegrenzten Respekt hat… Und so mag es in Hofwyl wirklich herrlich und großartig sein, so recht heimelig, so recht anziehend ist es nicht, namentlich nicht für ächte Republikaner» (5:15f). Auch Carl Neuhaus wirft der Dichter despotisches Gehaben vor: «Unser Neuhaus macht immer mehr den König…» (311). Oder im Spottstil des Kalenders: «Herr Neuhaus sagt der Tagsatzung nicht nur, was sie tun muß, sondern auch dem lieben Gott, was er hätte tun sollen. Schade, daß er nicht beim Turmbau von Babel war, es wäre anders gegangen» (XXIV:346).

Während sich in den drei Fehden Gotthelfs mit Effinger, Fellenberg und Neuhaus der «geborene Republikaner» (XIII:7) gegen – seiner Meinung nach – aristokratisch-despotische Allüren der Gegner zur Wehr setzte, hat die letzte Feindschaft des Dichters, die wir noch skizzieren wollen, von beiden Seiten her etwas Verständnisloses und

Gehässiges. Man gewinnt den Eindruck, es gehe den beiden Hauptbeteiligten – Albert Bitzius und Jakob Stämpfli – gar nicht um eine gegnerische Persönlichkeit – obwohl sie sich gerade als Personen antaten, was sie nur konnten –, sondern um archetypische Feindbilder: jeder hält den andern für eine Ausgeburt des Verruchten und Bösen schlechthin und ist bereit, ihm – ohne störendes Nachdenken – jede Hinterlist, Niedertracht und Gemeinheit zuzutrauen. Wir wollen deshalb versuchen, keinerlei Partei zu ergreifen, und nur einige instruktive Tatsachen auswählen. Es bietet sich dazu eine Affäre an, die unter dem Stichwort «Kamelbrief» anfangs des Jahres 1852 die Gemüter im Kanton Bern und über ihn hinaus erregte.

Nachdem Stämpfli als erst Sechsundzwanzigjähriger Finanzdirektor der 1846 (für vier Jahre) gewählten (radikalen) Berner Regierung geworden war, setzte er sich unermüdlich für eine umfassende Steuerreform ein. Die Schwierigkeiten, die sich dabei ergaben, gehen nicht alle zu Lasten Stämpflis, trugen ihm aber den Ruf ein, er habe das reiche Bern finanziell ruiniert. Im Zusammenhang mit einem Gesetz über den teilweisen Verkauf der Pfrundgüter der Pfarrhäuser, durch den das Loch in der Staatskasse verkleinert werden sollte, fand im Jahre 1849 ein schriftlicher Meinungsaustausch zwischen Pfarrer Albrecht Bähler in Neuenegg und Pfarrer Bitzius in Lützelflüh statt, wie und durch wen die Geistlichkeit gegen dieses Gesetz Einspruch erheben könne. Dabei schrieb Bähler an Gotthelf, man müsse schon ein *Kamel* sein, in dieser Sache auf Eduard Blösch – das Haupt der Konservativen – zu verfallen. Darauf antwortete Gotthelf mit einem kurzen Brief, der gespickt voll ist mit zeitgeschichtlichen und politischen Andeutungen, zugleich aber in einem derart burschikosen und polternden Ton daherkommt, daß ihn außer Absender und Adressat – beide waren Studienfreunde und schätzten sich – kaum jemand richtig verstehen konnte. Gotthelf redete Bähler an mit «Ich *Kamel* an dich *Kamel!*» und grüßt am Schluß mit «Adio dein *Kamel*» (7:158 f). Aus dem Brief selbst zitieren wir die wichtigsten und zugleich umstrittensten Sätze: «Die Gemeinden werden aufmerksam ... Sage ihnen, Stämpfli wolle uns katholisch machen, spiele das Geld Stockmar in die Hände ... Die Radikalen haben schon so viel gelogen und die Konservativen in die Hosen ge ... Versuch's mal, sag nicht, lüg nicht, aber sag den Leuten, Hohen und Niedern, der Staat wolle nach und nach die Pfaffen abschüsseln, versoffene Professoren pensionieren und durch Schulmeister ihre Seelen verwursten lassen ...»

Gotthelf vergaß diese Zeilen, die ja nur schnell als Antwort hingeworfen waren – mehr ein Zettel als ein Brief. Pfarrer Bähler starb im folgenden Jahr 1850. Im Mai desselben Jahres verlor die radikale Regierung bei den Wahlen die Mehrheit, Stämpfli gehörte jetzt der Opposition an, und Eduard Blösch übernahm mit seiner konservativen Partei die Regierungsgeschäfte.

Am 8. Mai des darauffolgenden Jahres 1851 starb Stämpflis Universitätslehrer und Schwiegervater Wilhelm Snell. Der Gelehrte war 1834 erster Rektor der neugegründeten Berner Universität gewesen und hatte als Professor auf die junge Juristen- und Politikergeneration Berns stark gewirkt. Obwohl aus Deutschland stammend, war er als Agitator der Radikalen öffentlich aufgetreten. Nicht deswegen, sondern wegen Trunksucht war er 1845 entlassen und des Landes verwiesen, von der radikalen Regierung aber 1849 wieder zurückgerufen worden. Da Wilhelm Snell – wie sein Bruder Ludwig, der ebenfalls als Jurist in der Schweiz wirkte – aus Nassau stammte, wurde «Nassau» in den vierziger Jahren zum Schimpfwort für alles, was von diesen beiden Rechtslehrern ausging oder mit ihrem Wirken in Zusammenhang gebracht wurde. Für den Wahlkampf 1850 hatte Carl Bitzius ein «Bernerlied» gedichtet, in dem eine Strophe so lautet:

Ja, der Mai, der Mai soll leben!
Stolz wird sich das Volk erheben.
«Berner hoch!» und «Nassau fort!»
Donnert's dann von Ort zu Ort ...

Jakob Stämpfli (1820–1879). Eine der wichtigsten Persönlichkeiten sowohl der Berner als auch der Schweizer Politik seiner Zeit. Vermutlich der von Gotthelf am meisten gehaßte Zeitgenosse: «Der verlogene Jakob in Bern» (XIV:384). Nach ihm nennt er Bern «Stämpflige» und erfindet das Wort «stämpfeln» für «wissentlich lügen» (XIII:380).

Eduard Blösch (1807–1866), Haupt der konservativen Partei in Bern, Gegenspieler Stämpflis. «Am meisten verspreche ich mir von ihm, wenn er als Professor auf unsere Hochschule geht und da uns eine neue Rechtsschule, eine würdigere Pflanzschule künftiger Regenten gründet» (6:76). Gotthelf hielt Blösch für zu gemäßigt, und seine Hoffnung auf Bröschs Professur wurde von Neuhaus durchkreuzt.

Wilhelm Snell hatte öffentlich und ausdrücklich Gotthelf zu seinen Feinden gerechnet. Der Dichter seinerseits bezeichnet Snell als «fremden Schlingel» (VIII:379, 412), «versoffenen Professor» (XI:136), «Revoluzer von der ersten Sorte» (15:287), «Brönzludi» (XXIV:126) usw. In den «Erlebnissen eines Schuldenbauers» wird er als «Singludi» (XIV:76 u. ö.) verhöhnt. «Doktor Dorbach der Wühler», ebenfalls ein Deutscher, der sich als Demagoge in die Schweizer Politik mischt, erzählt, sein Freund, «der große S. in B.», habe gesagt, «das Volk werde nie gesund, solange man noch Kuttenstinker habe, welche dem Volk alle Tage frisch die Augen verkleisterten. Diese müsse man ausrotten wie die Wanzen...» Was die Fremden – d. h. «Nassau» – nicht schafften, das machten die «Tochtermänner» (XX:9, 31). Eine zweite Tochter von Wilhelm Snell war mit Niklaus Niggeler verheiratet, dem Schöpfer des Zivilgesetzbuches von 1847. Gotthelf nennt ihn einen «Generalspitzbuben» (XIV:177).

Wilhelm Snell (1789–1851) kam als politischer Emigrant 1821 in die Schweiz und war Professor der Jurisprudenz in Basel, Zürich und Bern. Einer der Haupturheber des Freischarenzuges von 1845. Gotthelf nannte ihn einen «Revoluzer von der ersten Sorte» (15:287).

Wilhelm Snell war also im Mai 1851 gestorben. Knapp acht Monate später, am 23. Januar 1852, erschien im erzkonservativen «Oberländer Anzeiger» ein Artikel mit dem Titel «Der Apfel fällt nie weit vom Stamm». «Jedermann weiß», so war da zu lesen, «daß das Regiment von 1846 eine Frucht der Revolutionsschule von Wilhelm Snell war, der eine Anzahl junger Leute abrichtete, den Kanton in ihre Gewalt zu bringen, und seinen Tochtermännern bei dieser Gelegenheit auf die Präsidentenstühle zu helfen». Dann werden die «Grundsätze» Snells genannt: «... in Bezug auf das Überweltliche der ausgesprochenste Unglaube, eine gänzliche Leugnung und Lästerung des Christentums, die offen dargelegte Absicht, dem Gebet, der Frömmigkeit einen tötlichen Krieg zu machen, die Kirche mit Hohn und Schimpf zu vertilgen ... und in Bezug auf das Weltliche, den Sinnengenuß an die Stelle von Tugend und Recht zu setzen vermittelst des ausgesprochensten Sozialismus und Kommunismus.» Schließlich: Snell habe diese Lehren «mit blutiger Gewalt, mit Hinrichtung aller Widerstrebenden durch Guillotine und Generalgalgen» (14:214) durchsetzen wollen.

Wir wissen nicht, ob dieser Artikel aus Gotthelfs Feder stammt; seiner Tendenz nach wäre es möglich. Snell wollte zwar Religion und Privateigentum nicht so abschaffen, wie es hier behauptet wird, aber Gotthelf hat «Nassau» diese Absichten unterstellt. Stämpfli jedenfalls hielt den Artikel für einen Versuch Gotthelfs, dem Ruf seines verstorbenen Schwiegervaters und damit seinem eigenen zu schaden. Der Dichter galt ja als Verfasser anonymer Zeitungsartikel. Dazu kam noch das Erscheinen der beiden Bände von «Zeitgeist und Berner Geist» im Dezember 1851 und im Januar 1852, wo Snell «der alte, wilde Unglücksvogel» genannt wird, der eine neue Ordnung «in die Schweiz verschleppte samt heidnischen Weibern und sie in Bern einzuniggerlen und zu verstämpfeln suchte» (XIII:309). Dort wird das Verbum «stämpfeln = lügen» kreiert: «... man weiß wohl, wieviel man sagt (vide die Nassauer Reden), ja sogar schreibt (vide die Stämpfli-Zeitung), was nicht bloß nicht wahr, sondern rein erlogen ist» (418).

Der «Kamelbrief», der den für Außenstehende absurden Satz enthielt: «Sag ihnen, Stämpfli wolle uns katholisch machen...», war anfangs Januar 1852, also etwa eine bis zwei Wochen vor dem Anti-Snell bzw. Anti-Stämpfli-Artikel «Der Apfel (Stämpfli) fällt nie weit vom Stamm (Snell)» in die Hände von Stämpfli selber gelangt. Stämpfli soll eine – handgeschriebene! – Schmähschrift gegen seinen Schwiegervater Snell für ein Werk Gotthelfs gehalten, und Albert Bähler, einer der Söhne des verstorbenen Pfarrers Bähler, soll als – handgeschriebenen! – Gegenbeweis den «Kamelbrief» aus dem Nachlaß seines Vaters Stämpfli ausgehändigt haben. (So wird es in den «Lebenserinnerungen» von Eduard Bähler, unserer einzigen Quelle, dargestellt.)

Stämpfli las den «Kamelbrief» mit den Augen des Feindes und sah in ihm nur eine Sammlung gemeiner Lügen. Es sei «bei Gott im Himmel Bürgerpflicht», so schreibt er an Albert Bähler, «solche geheime Triebfedern zur Kenntnis des Publikums zu bringen. ‹Sag ihnen, Stämpfli wolle sie (!) katholisch machen› – da liegt die schwarze Seele von Bitzius offen da. Es ist das gleiche wie heute: ‹Sag ihnen, Stämpfli wolle uns den Kom-

Flugblatt von 1850 gegen den Einfluß der «Nassauer» Wilhelm und Ludwig Snell und ihrer Anhänger. Der Berner Bär stößt Stämpfli mit einem Fußtritt davon.

munismus bringen› – Bitzius glaubt selbst nicht daran; aber die Verleumdung muß halt ins Volk gespielt werden» (zitiert nach der Biographie Stämpflis von Th. Weiss, S. 427).

Gegen den ausdrücklichen Willen der Familie Bähler veröffentlichte Stämpfli den «Kamelbrief» am 27. Januar 1852 in seiner «Berner Zeitung», zusammen mit dem Kommentar «Eine Entlarvung». Am folgenden 28. Januar erschien der Brief gleich noch einmal, wobei einige Lesefehler berichtigt waren, und dann vom 30. Januar bis zum 7. Februar auszugsweise jeden Tag am Kopf des Blattes. Er wurde am 30. Januar noch vom «Vaterländischen Pilger» und vom «Emmenthaler Wochenblatt» abgedruckt sowie als Plakat lithographiert und öffentlich verteilt und in Wirtshäusern aufgehängt – um die Perfidie und Demagogie, das «Heuchelspiel» und die «Bitzius-Moral» des Pfarrers von Lützelflüh anzuprangern.

Kaum war der «Kamelbrief» an der Öffentlichkeit, bat Carl Bitzius Gotthelf um Aufklärung. Der antwortete in Eile am 28. Januar, daß er den Brief «wahrscheinlich geschrieben... Jedenfalls ist er spaßweise geschrieben, wie ich dummerweise oft tue, bei denen, welche mich verstehen» (8:253). Einen Tag später (29. 1.) gab der Dichter weitere Auskünfte: «Der Brief ist an Bähler geschrieben... Der Inhalt ist so, daß ich noch heute dazu stehen kann.» Zwei Tage später (31. 1.): «Bähler wußte auch gar wohl, wenn ich ihm sagte, lüg nicht, sag nicht Stämpfli wolle uns katholisch machen, ich meinte Stämpfli wolle die Kirche ganz zerstören, soweit aber bringe er es nicht, er fördere nur Stockmars Sache, den ich eben damals im Beobachter bekämpfte... So kann ich ganz fest dazu stehen» (255). Anfangs Februar hatte Karl Wilhelm Bähler, ein zweiter Sohn des verstorbenen Adressaten, Gotthelf mitgeteilt, wie sein Brief aus dem Jahre 1849 zu Jakob Stämpfli gelangt war. Der Dichter bedankte sich am 6. Februar für diese Erklärung. Damit scheint für ihn die Sache erledigt gewesen zu sein.

Nicht so für die Presse. Der «Vaterländische Pilger» machte sich über das «Seelen verwursten» her. Damit spielt Gotthelf auf die Sprachlehrbücher des deutschen Pädagogen Raimund Jakob Wurst (1800–1845) an, die er ablehnte und in seinen Werken immer wieder mit Seitenhieben bedachte. Der «Vaterländische Pilger» nimmt «verwursten» wörtlich: «Nach diesem Satze betrachtet also der fromme Pfarrer Bitzius die Funktionen des Geistlichen, die Seelsorge, als ein *Verwursten* der Seelen, und sich und seine Amtsbrüder folglich als *Seelenverwurster*. Gewiß noch keinen Schweinetreiber hörte man auf so gemeine Weise von der Seelsorge sprechen... Uns dünkt jedenfalls, der Schreiber sei *unwürdig*, länger das Amt eines Geistlichen zu verwalten...» (8:413). Stämpflis «Berner Zeitung» warf dem Dichter vor, er schildere «die sittlichen Zustände des Bernervolkes in einer Weise... die jeden Volksmann entrüsten muß. Der Herr Pfarrer wälzt sich mit sichtlicher Lust in den gemeinsten Gemeinheiten und erzählt und malt Züge aus dem Volksleben, die entweder nie vorkamen oder über die man in höchstem Grade erstaunen muß, wie ein Herr *Pfarrer* sie wissen kann!. In den Salons der vornehmen Welt in und außer dem Kanton werden diese Bücher sehr amüsant und pikant gefunden; aber jede Achtung für den sittlichen und moralischen Zustand unseres Volkes geht an den *verläumderischen, gemeinen* Schilderungen des Herrn ‹Gotthelf› zu Grunde. Der Herr Pfarrer verschachert den moralischen Ruf des Bernervolkes um Schriftstellergeld, verleumdet ein ganzes Volk und eine ganze Volkspartei und predigt Religionsgefahr, um dafür nach der *Bogenzahl* bezahlt zu werden. Das rächende Verhängnis wollte: daß auch hier die große *politische und religiöse Heuchelei und Betrügerei* an den Tag komme» (8:414 f).

Es geht beim «Kamelbrief» nicht darum, daß Stämpfli ein persönliches Schreiben eines andern zuerst mißverstand und dann mißbrauchte. Vielmehr geht es darum, daß Stämpfli für Gotthelf «der verlogene Jakob in Bern» (XIV:384) war und Stämpfli den Pfarrer von Lützelflüh für einen «politischen Gauner und Betrüger» («Berner Zeitung» vom 8. 2. 1852) hielt. Wo sich Gegner derart unter Ideologieverdacht stellen, jeder vom andern annimmt, die Motive seiner Handlungen seien niederträchtig, jeder den andern für grundsätzlich verwerflich hält, jeder vom andern elementare Bedrohungen ausgehen fühlt, da gibt es keine Vermittlung mehr. Hinter allem Persönlichen wird ein epochaler Bruch erkennbar, den der Dichter in «Zeitgeist und Berner Geist» gestaltet hat.

Bei den Großratswahlen von 1854 errangen die Radikalen wieder eine knappe Mehrheit, so daß Stämpfli wieder ein Regierungsamt hätte übernehmen können. Die beiden Parteien waren aber des langen Haders müde. Konservative und Radikale beschlossen, vorläufig gemeinsam zu regieren und «mit vereinten Kräften dahin zu wirken, daß Friede, Ruhe und Eintracht wieder in das öffentliche... Leben zurückkehren» (9:274). Eduard Blösch wurde Präsident, Jakob Stämpfli Vizepräsident der neuen Regierung. «Da wurde eine sehr merkwürdige Fusion gemacht», schrieb Gotthelf an Springer. «Weiß Gott, wie das geht!» (9:110)

«Die Tage reiten wie Geister vorüber»

In einer Erklärung an seine Leser, warum er nicht beabsichtige, die drei Teile von «Geld und Geist» fortzusetzen, gibt Bitzius neben anderen Gründen auch diesen an: «die Zeit des Ausführens wird kaum mehr lange dauern, denn spät ward der Acker aufgebrochen» (VII:397). Das schrieb er 1844, zehn Jahre vor seinem Tod und mitten in seinen schaffensreichsten Jahren. Im Dezember 1845 weist er Fröhlich einmal auf diese außerordentliche Produktivität jener Zeit hin: «man werde ordentlich müde schon ob den Titeln», die er zutage fördere. Dann fährt er fort: «... ich erschrecke oft selbst darob. Aber man hat einen Tag zur Arbeit, es kömmt eine Nacht, wo niemand mehr wirken kann. Ich habe alt angefangen ... es ist eine gewisse Hast in mir, welche immer glaubt, morgen sei kein Tag mehr, und was die andern nicht täten, das liege alles an mir» (6:236). Sein erster Biograph überliefert eine Äußerung gegenüber seiner Frau: «Die Bitzius werden nicht alt, ich muß schaffen so lange es Tag ist. Vielleicht, daß mir die Vorsehung deswegen erhöhte Kraft zum Produzieren gab, weil ich in kürzerer Frist, als man glaubt, nicht mehr da sein werde.» Derart gestelzt wird er sich kaum ausgedrückt, das Wort «Vorsehung» kaum gebraucht haben, und weshalb «*die* Bitzius» nicht alt werden sollen, da er doch alle Vorfahren und Nachkommen weit überragt und wegen seiner Einmaligkeit einen Sonderfall darstellt, ist auch nicht einzusehen. Tatsache ist aber zweifellos sein klarer Instinkt, daß er weniger Zeit haben könnte als andere. Auch zu Fröhlich soll er wiederholt gesagt haben: «Ich werde nicht alt.» An seinen fünfzehnjährigen Sohn schreibt er 1851: «Ich erlebe es kaum mehr, aber wenn Du ein Mann geworden bist ...» (8:126). Ein halbes Jahr später schreibt er an seine sechzehnjährige Tochter Jetti: «Die Tage reiten wie Geister vorüber» (18:26).

Stock und Strohzylinder des Dichters.

Im Oktober 1852 klagt er gegenüber Hagenbach: «Ich weiß nicht, woher es kommt, ob es schon das Alter ist oder sonst Abspannung auf die große Aufregung, aber das Arbeiten wollte mir nicht von der Hand wie sonst, ich schaffte diesen Sommer fast nichts, und habe wie die rechten Faulenzer gerade nicht Zeit zu dem was ich tun soll und will» (8:305). Im Februar 1853 teilt er Fröhlich mit: «Seit einiger Zeit tat ich wenig oder nichts; eine Art vis inertiae [Verdrossenheit, Trägheit, Unlust zur Arbeit] lag wie eine schwarze Wolke über mir; möglich, daß eine Masse unerquicklicher Geschäfte einigermaßen daran schuld war» (9:20). Er will es offenbar nicht wahrhaben, daß er krank ist, mindestens sehr erschöpft; ausgehend von «Bergsee», «Weiher», «Meer» und seiner Vorliebe für Wassermetaphern wie «aufwallen», «hervorsprudeln», «quellen», könnte man auch sagen, er habe sich *aus*geschöpft. Bei seiner Arbeitslast wird dies niemanden verwundern.

Bitzius litt an Herzschmerzen, hartnäckigen Hustenanfällen, geschwollenen

Füßen, Atemnot, Wassersucht. Am erschütterndsten sind die Berichte über seine «Schlafsucht»: er soll während des Essens oder mitten in Gesprächen plötzlich eingeschlafen sein. Gegen eine Kur im bekannten Gurnigel-Bad, das er im 21. Kapitel von «Uli der Knecht» zum Schauplatz einer komischen Handlung gewählt hatte, scheint er sich lange gesträubt zu haben. «... ich soll in den Gurnigel und habe kaum Zeit dazu und gar nicht Lust», schreibt er Mitte Juli 1853 an Fröhlich. «Ich war allerdings durch dieses Frühjahr öfter unwohl, indessen nicht ernstlich... Da wuchs man so ernstlich an mich, etwas zu tun für mich, daß ich es halb und halb versprechen mußte und es am Ende trotz aller Widerhaarigkeit auch werde halten müssen...» (9:26 f). Sein Urlaubsgesuch beginnt er: «Durch Befehle des Arztes bin ich zu einer Gurnigelkur beordert...» (17:313). Carl und Käti Müller-Jost vermuten allerdings, daß Bitzius sich nur deshalb auf den Gurnigel begab, weil ihm jedes andere Bad zuwider war. Denn: «Selbst nach dem Wissensstand der damaligen Medizin ist es unverständlich, ja unverzeihlich, diesen schwerkranken, kreislaufdekompensierten Mann ausgerechnet in das hochgelegene Gurnigelbad zu schicken. Allein schon die Trinkkur – acht Gläser um vier Uhr morgens! – ist für den bereits von Wasser aufgeschwemmten Körper und das schwer geschädigte Herz eine unverantwortliche Belastung» (Müller-Jost, S. 103). Vielleicht hat der Hausarzt Maret nur nachgegeben, um den Widerspenstigen für drei Wochen – vom 1.–20. August 1853 – von seinen Amtsgeschäften wegzubringen. Er soll kränker heimgekommen sein, als er wegging. Er selber will davon nichts wissen: «Mit meiner Gesundheit steht es Gottlob nicht so schlimm als man es machte», schreibt er verharmlosend im Dezember 1853 an Fröhlich. «Es stellt sich heraus als eine vaterländische Verschleimung, die doch weichen zu wollen scheint. Mein Unwohlsein fiel darum auf, weil ich sonst immer gesund war, mehr als 25 Jahre nie einen Tag im Bett zubrachte etc.» (9:81).

Abschied vom Pfarrherrn (Zeichnung von F. Walthard, 1867).

Über das letzte Lebensjahr berichtet die Tochter: «... sein Zustand brachte eine Reizbarkeit mit sich, die den Verkehr mit ihm äußerst schwierig machte und gerade der treuen Gattin am fühlbarsten wurde, da sie suchte, das hereinbrechende Übel durch Ruhe und zweckmäßige Diät aufzuhalten, wovon aber der Patient nichts wissen wollte. Zudem löste in diesem letzten Sommer ein Besuch und eine Aufregung die andere ab...» Trotzdem soll der Sommer die Kräfte des Kranken wieder belebt und gestärkt haben. «Allein eine Erkältung, die er sich bei einem Krankenbesuche zuzog, führte Blutspeien herbei und veranlaßte ihn, seinem ärztlichen Freunde [Maret] zu schreiben, doch im Geheimen, niemand sollte wissen, wie sehr er leide. Als der Arzt aber den Patienten gesehen, war es mit dem Geheimnis vorbei. Er verordnete die größte Ruhe und Sorgfalt, aber es hielt schwer, den Kranken zu bewegen, sich zu Bette zu legen, er gab erst nach, als das mit Macht zunehmende Fieber ihn dazu zwang.»

In der Folge einer Lungenentzündung erlitt Bitzius eine Lungenembolie, die sein Leben in den frühen Morgenstunden des 22. Oktober 1854 beendete. «Während der zehn Tage der Krankheit», so berichtet die Tochter, «wich die Mutter kaum von dem Lager des Kranken, und als in der letzten Nacht die Tante und wir Mädchen ratlos und jammernd den röchelnden Sterbenden umstanden, während der Bruder den Arzt herbeiholte, weinte und klagte sie wenig; aber als der letzte Atemzug des Gatten verhaucht war, als die unumstößliche Gewißheit seines Todes sich ihr aufdrängte, da fiel sie in furchtbare Krämpfe und der zu spät gekommene Arzt sagte uns weinenden Kindern: ‹Heit Sorg, süsch stirbt Ech d'Mutter o no.›» Später hat die Witwe einmal an Fröhlich geschrieben: «Mir ist unheimlich in der Welt ohne ihn...» (9:152).

Das Begräbnis fand am 25. Oktober 1854 statt. Die Grabrede hielt Gotthelfs Freund, Pfarrer Farschon aus Wynigen. Wir wollen aus ihr eine einzige Stelle herausgreifen, durch welche die widersprüchlichen Reaktionen auf die Todesnachricht verständlich werden. «Im Jahre 1849», so Farschon, «schlugen wir ihn zum Decan vor in erster Linie, und gewiß: wären die wählenden Machthaber nicht von unwürdiger Staatsklugheit oder giftigem Hasse oder wohl gar panischem Schrecken vor dem allerdings Gewaltigen erfüllt gewesen», so hätten sie dem Wahlvorschlag zugestimmt. (Gewählt wurde Farschon.)

Die Tochter berichtet: «Unglaublich schnell verbreitete die Trauerkunde sich über Berg und Tal, durch Stadt und Land; das Volk fühlte, was für einen unersetzlichen Verlust es erlitten, und folgte in großer Menge dem Sarge nach». Auch bei Manuel lesen wir: «Eine große Menge Volkes folgte dem Sarge. Die Amtsgenossen waren zahlreich vertreten, eben so die Gemeinde, die Armenanstalt von Trachselwald... Auch die studierende Jugend Berns fehlte nicht. Viele Freunde des jungen Bitzius fanden sich ein...» Der Sohn Albert hatte seiner Schwester als Ratschlag für ihren Lebensbericht des Vaters die Notiz geschrieben: «Die Kunde durch das Emmenthal am Sonntagmorgen. Die Anerkennung und der Friede über seinem Grabe trotz heftigen und schroffen Wesens.»

Das Arbeitszimmer in Lützelflüh (Zeichnung von Charlotte Manuel, 1810–1860).

Diesen Reaktionen aus dem Familien- und Freundeskreis stehen – man kann es nicht anders sagen – hämische und kaltschnäuzige Zeitungsmeldungen gegenüber. Die «Schweizerische Dorfzeitung» brachte am 25. Oktober folgende Notiz: «Lützelflüh. Pfarrer Bitzius ist Sonntags den 22. diess gestorben. Nach dem Grundsatze: De mortuis nil nisi bene, schweigen wir über den Dahingeschiedenen.» Das «Emmenthaler Wochenblatt» brachte am 26. Oktober: «Soeben erfahren wir, daß Herr Pfarrer Bitzius in Lützelflüh letzten Samstag Nacht gestorben sei. – Ruhe seiner Asche!»

Unter den Nachrufen ragen die von Gottfried Keller und von Johann Jakob Reithard hervor. Keller hatte den Dichter ja «ohne alle Ausnahme das größte epische Genie» genannt, «welches seit langer Zeit und vielleicht für lange Zeit lebte». Und er hatte auf die Möglichkeit hingewiesen, «durch zweckmäßige Anwendung und Übertragung» könne das Werk des Berner Dichters «auch für die weitesten Grenzen» fruchtbar gemacht werden. Aus Reithards Nachruf, der am 2. und 3. November 1854 in der «Eidgenössischen Zeitung» erschien, wollen wir ein längeres Stück einer verständnisvollen Charakteristik anführen: «Die Schweizer sind seit ein paar Jahren stark geworden in der Kunst, große Männer zu – erfinden. Wie Pilze schießen bei uns große Staatsmänner, große Kriegshelden, große Pädagogen, große Künstler und Gelehrte auf; absonderlich zahlreich Exemplare der drei ersten Sorten. Man gestatte uns zur Abwechslung, der Welt das Bild eines Mannes vorzuführen, der seinen Ruhm keiner Koterie zu danken hat, sondern ihn selber errang, trotz der systematischen und grimmigen Befehdung, welche die Donnergötter der Neuzeit wider ihn verhängten. Das Stillschweigen über dem Grabe, das die Hülle eines unserer geistig bedeutendsten Schweizer birgt, dieser dumpfe, knurrende Bann einer bis in die Tiefen der Gruft grollenden Partei beginnt uns mit Unbehagen und schmerzlicher Entrüstung zu erfüllen. Unserem großen Volksschriftsteller werden bloß dürftige Todesanzeigen und schielende Nachblicke zuteil, nur hie und da wagt es ein persönlicher Bekannter des Geschiedenen, ein Wort der Rührung und Anerkennung an seinem Grabe zu sprechen. – Der Mann, von dem wir sprechen, war allerdings ein Konservativer, aber keiner jener lammfrommen, welche sich und ihre Partei geduldig durch die Hecken der Zeit ziehen lassen. Jeremias Gotthelf trug und führte ein scharf und gewaltig Schwert in der einen, duftende Feldblumen in der andern Hand. Den andringenden Gegnern alter Ehrenfestigkeit und Gläubigkeit gab er das Schwert, den Trägern frommer und kräftiger Gesinnung seine Maien zu kosten, und hierin ist der Grund zu suchen, warum er sich so viele Feinde und so viele Freunde schuf. – Bitzius war eine überaus kräftige und selbständige Natur, welche weder dieser Anerkennung noch jener Feindseligkeit bedurfte, um zum Schaffen angeregt zu werden. Neben seiner ausnehmenden Tätigkeit lag etwas Ehernes, Massenhaftes und doch wieder eine unendliche Zartheit und Innigkeit in seinem Geiste. Wo er eines der vielen Zeitgebrechen zeigen wollte, da ergriff er mit unwiderstehlicher Macht das Publikum und nötigte es, auf das Bild hinzuschauen, das er mit scharfen Strichen gezeichnet. Und wo er eine seiner lieblichen oder mannlichen Gestalten schuf –

da war die Anziehung so groß, daß selbst der erbitterte Gegner Gotthelfs immer und immer wieder darauf hinblicken mußte ... Ihn irrten weder Schlagwörter noch Schlagphrasen, weder der künstlich erzeugte Jesuitenschauder der Menge noch der Bannfluch, den der Radikalismus auf jeden schleuderte, der eine eigene Meinung zu haben wagte. Ihn irrte nicht die Heiligsprechung der Freischarenzüge, nicht die kindlich-puissancierende Eisenfresserei, nicht all die galvanische Courage, die jeglicher Großmacht abwechselnd den Fehdehandschuh ins Gesicht warf. Ihn irrten auch weder die Siegeshymnen der Neuschweiz noch die Hoffnungsarien goldener Zukunft. Er hob die bestechenden Hüllen von den Gebresten und Wunden der Zeit und dachte: Nur ein treues, gläubiges Volk kann ein freies, glückliches Volk sein. Mit der Treue geht der Mut, mit dem Glauben die Weisheit, mit der Weisheit die Freiheit verloren, und was noch übrig bleibt, ist tönend Erz und klingende Schelle.»

Gotthelfs Tochter Henriette hat am Schluß der kurzen Biographie ihres Vaters die Bemerkung gemacht, er sei an der «Markscheide» einer «neuen Entwicklungsperiode seines Vaterlandes» gestorben. Sie spricht dort von einem «gewaltigen Umschwung», «neuen Verkehrsmitteln» und «neuen Lebensgewohnheiten», die sich seit seinem Tode rasch durchgesetzt hätten. Der Kampf zwischen Alt und Neu prägt das gesamte Werk des Dichters. In «Zeitgeist und Berner Geist» stellt er die Frage, ob dieser Kampf «zum Tode oder zur Gesundheit führt» (XIII:406). Schon in seinem Visitationsbericht über die Gemeinde Lützelflüh vom Jahre 1843 hatte er die Frage gestellt: «Die Dämmerung unserer Zeit gehört sie dem Tage an oder der Nacht, kömmt der Tag, oder muß noch eine Nacht überstanden werden, ehe die Morgensonne sich erhebt?» (11:72 f). Und schon 1836 läßt er seinen ersten Romanhelden, dem er und der ihm den Namen Jeremias Gotthelf gegeben hatte, seinen «Bauernspiegel» mit den Worten schließen: «Gehe es zum Leben oder zum Tode, Herr, so befehle ich meinen Geist in deine Hände!» (I:377)

Gotthelfs Grab an der Südseite der Kirche in Lützelflüh. Der Grabstein trägt folgende Inschriften: «Hier ruht im Frieden Gottes Albert Bitzius/ Jeremias Gotthelf von Bern, während 22 Jahren Pfarrer dieser Gemeinde.
Geb. den 4. Oct. 1797 Gest. den 22. Oct. 1854
1. Cor. XV 54,55: Der Tod ist verschlungen in den Sieg. Tod, wo ist dein Stachel? Grab, wo ist dein Sieg?
Sprüchw. XII 17,19: Wer wahrhaftig ist, der saget frei, was recht ist, und ein wahrhaftiger Mund bestehet ewiglich.

Anhang

Leben im Zeitalter der Revolutionen

1758 Der Luzerner Patrizier Franz Urs Balthasar läßt seine Schrift «Patriotische Träume eines Eidgenossen von einem Mittel, die veraltete Eidgenossenschaft wieder zu verjüngen» anonym erscheinen.

1762 «Contrat social» von Jean Jacques Rousseau.

1765 James Watt baut die Niederdruckdampfmaschine (XV:169). Kartoffel wird wichtiges Nahrungsmittel (I:299).

1767 James Hargreaves erfindet die erste Spinnmaschine (X:188).

1776 Erklärung der Menschenrechte in den USA. Adam Smith: «Der Wohlstand der Nationen.»

1785 Kanalüberquerung im Freiballon.

1786 Edmund Cartwright konstruiert den ersten brauchbaren mechanischen Webstuhl.

1789 Beginn der Französischen Revolution (s. 1830 und 1848).

1792 Mary Wollstonecraft: »Die Verteidigung der Rechte der Frau.»

1797 4. 10.: Albert Bitzius in Murten geboren als Sohn des Pfarrers Sigmund Bitzius (1757–1824) und seiner 3. Ehefrau Elisabeth Bitzius-Kohler (1767–1836). Aus der ersten Ehe des Vaters mit Maria Magdalena Bitzius-Studer (gest. 1788) stammt die Halbschwester Marie Bitzius (1788–1860). – Die Schweiz hat 1,68 Mill. Einwohner, die aktive Bevölkerung wird auf 760 000 geschätzt, davon arbeiten noch 66 % auf dem Land. Heute: 6,4 Mill. Einwohner, in der Landwirtschaft arbeiten weniger als 5 % der aktiven Bevölkerung. – Annette von Droste-Hülshoff, Heinrich Heine und Franz Schubert geboren.

1798 Zusammenbruch der alten Ordnung in der Schweiz. 5. 3.: Einzug der Franzosen in Bern, Plünderung der Staatskasse. Die Schweiz wird zur «Helvetischen Republik» (bis 1803) mit Verfassung nach französischem Vorbild.

1799 Friedrich Carl (Fritz) Bitzius, Gotthelfs einziger Bruder, geboren. – Friedrich Schleiermacher: «Über die Religion. Reden an die Gebildeten unter ihren Verächtern» (4:11).

1802 28./29. 9.: Helvetische Soldaten plündern während des Stecklikriegs in Murten. Der kleine Albert ballt seine Fäustchen gegen sie.

1803–1814 Mediationsverfassung; die Schweiz ein Staatenbund mit schwacher Zentralgewalt. Pestalozzi in Yverdon. Fellenberg in Hofwil. Vaterländische Tendenzen in Wissenschaft und Literatur. Johannes von Müllers «Geschichten schweizerischer Eidgenossenschaft.» Erstes Wörterbuch der Mundarten von Stalder. Der Berner Joh. Rud. Wyss dichtet die spätere Nationalhymne «Rufst du, mein Vaterland».

1804 Bonaparte wird erblicher französischer Kaiser Napoleon I. – Probefahrt mit Straßendampfwagen in Philadelphia von Oliver Evans. – Alexander von Humboldt bringt die Dahlie nach Berlin. (Lieblingsblume Gotthelfs)

1805 Versetzung von Sigmund Bitzius nach Utzenstorf. Die Brüder Albert und Fritz werden vom Vater unterrichtet.

1806 J. M. Jacquard baut Webmaschine mit Lochstreifensteuerung.

1807 Robert Fulton fährt mit dem ersten Dampfschiff von New York nach Albany.

1808 Konversationslexikon von F. A. Brockhaus erscheint (bis 1811); in späteren Auflagen steht auch ein Artikel «Albert Bitzius». Sohn und Enkel des Verlagsgründers besuchen Gotthelf 1849 in Lützelflüh.

1809 Albrecht Thaer: «Grundsätze der rationellen Landwirtschaft».

1811 Albrecht Berblinger, der «Schneider von Ulm», stürzt bei einem Flugversuch in die Donau. – Aufstände der Maschinenstürmer («Ludditen») in England. Als «soziale Frage» gilt zunächst die der Handwerker, erst ab Jahrhundertmitte die der Industriearbeiter. *(Jakobs Wanderungen)* – Erster Turnplatz von F. L. Jahn auf der Hasenheide bei Berlin.

1812 Frühjahr. Der 14½jährige Albert Bitzius kommt nach Bern ins «Pädagogium» (Literarschule) und wohnt bei seinem Onkel Professor Samuel Studer. – Die Schweiz muß Napoleon 12 000 Söldner stellen. *(Michels Brautschau)*, Rußlandfeldzug; die etwa 7–9000 Schweizer zeichnen sich an der Beresina aus, nur 700 kehren zurück. *(Bauernspiegel, Jakobs Wanderungen)*

1814 Frühjahr. Bitzius tritt vom Pädagogium in die untere Stufe der Akademie, die sog. Philosophie, über; wird Mitbegründer der Literarischen Gesellschaft in Bern, einer Studentenorganisation (12:247,250).

1814/15 Wiener Kongreß der Alliierten zur Neuordnung Europas nach Napoleons Sturz.

1815 Napoleon landet in Frankreich und vertreibt Ludwig XVIII. aus Paris. Die nach Bern zurückkehrenden bourbonentreuen Schweizersoldaten werden am 19. 5. im Sommerleist gefeiert. Bitzius ist dabei (12:247). Bundesvertrag der XXII souveränen Kantone, erste selbstgeschaffene Gesamtordnung der Schweiz. – 20. 3.: Bitzius tritt der mathemat.-physikal. Klasse der Literarischen Gesellschaft bei; Mitglied der deklamatorischen Klasse. Teilnahme am Preisausschreiben der philosophischen Fakultät: «Ist sich das Wesen der Poesie der Alten und Neuern gleich?» Erhält am 26. 4. 1816 einen zweiten Preis (12:248 f). Um den 21. 7. Ausflug mit Freunden, darunter Bernhard Studer und Karl Baggesen, ins Oberland. Eintragung im «Wildenmann» in Meiringen (12:274). – Der Berner Karl Ludwig von Haller bekämpft in seiner «Restauration der Staatswissenschaft» die aufklärerische Lehre vom Staat als «Contrat social». Als alter Mann läßt er sich aus Gotthelfs Werk vorlesen (7:280).

1816 4. 2.: Bitzius wird das Fädmingerstipendium verweigert (11:357). 22. 2.: Er unterbreitet der Literar. Gesellschaft *Gedanken beim Eintritt in ein langweiliges Kollegium* (12:270). 28. 3.: Er liest *Über das Jammerwürdige des menschlichen Lebens* in der Gesellschaft vor. (12:55, 272).

1816/17 waren Hungerjahre (XIX:136; 3:391). Bitzius ist Präsident der Literar. Gesellschaft (Rede am 21. 12.). Von Januar 1816 bis Juni 1817 Sekretär und Vizepräsident der deutschen Klasse (12:59 ff, 267 f). – Karl August von Sachsen-Weimar gibt seinem Land als erstem in Deutschland eine Verfassung.

1817 Bitzius kann wegen Sprachfehlers den Melchthal im «Wilhelm Tell» nicht spielen (4:300). «Ich will das Predigerfach wählen, wozu ich aber nicht die besten Organe besitze» (4:13). Frühjahr: er rückt von der «Philosophie» in die «Theologie» weiter (12:251). Bibliothekar der Studentenbibliothek (4:11 f). Soll im Sommer ins Waadtland, bleibt aber in Utzenstorf, um Griechisch nachzuholen (4:13, 201). – Robert Owen fordert den Achtstundentag.

1818 Zubilligung des Mushafenstipendiums. Besonderes Interesse für Geschichte und Kirchengeschichte (12:250–52). 28. 6.: Teilnahme an der Schlachtfeier in Laupen. 16. 9.: Teilnahme an der Studentendemonstration gegen die Wahl von Professor Stapfer (12:253 f). Winter: tritt nach Auflösung (Mai 1818) der Literar. Gesellschaft dem neugegründeten Montagsleist bei (12:268 f). – Karl Marx geboren.

1819 Neujahr (bis Sommer 1820): Bitzius besucht keine Vorlesungen mehr, sondern unterrichtet in der Elementarschule des Gymnasiums (4:301; 12:252). Mitbegründer der Studentenverbindung Zofingia (XXIV:143; 5:98; 6:90). 13. 4.: liest im Montagsleist *Über den freien Willen* vor (12:65 ff). – Géricault malt «Das Floß der Medusa». – Das Dampfschiff «Savannah» überquert in 26 Tagen den Atlantik.

1820 Professoren beurteilen den Studenten Bitzius (12:253). 17. 6.: Besteigung des Gurtens (12:71 ff, 274 ff). 19. 6.: Theologisches Examen, Candidat des Predigeramtes. 26. 6.: Konsekration (12:281). Ab Juli Vikar bei seinem Vater in Utzenstorf. – Das Turnen wird in Preußen verboten.

1821 Der Vikar Bitzius hält den Utzenstorfern in einer Predigt vor, sie seien zu arm, um ein Schulhaus zu bauen (3:7 ff). Die Schule wird 1824 eingeweiht (17:11 ff). April: Reise nach Göttingen zur weiteren Ausbildung (Route: 12:281). 26. 4.: Immatrikulation in Göttingen (4:304). Anfangs August: Ausflug zu Pferd nach Bad Pyrmont (4:31 ff). September/Oktober: Fünfwöchige Reise in Norddeutschland (*Reisebericht:* 12:93 ff). – Karl Ludwig von Haller tritt in Paris zur röm.-kath. Kirche über; großes Aufsehen in Bern. – Saint-Simon: «Du système industriel». – Napoleon auf St. Helena gestorben. – «Der Freischütz» von C. M. von Weber in Berlin uraufgeführt (4:76).

1822 Frühjahr: Rückreise von Göttingen nach Utzenstorf (Route: 12:284). Ende April: Wiederaufnahme des Vikariats. 9. 6.: Erste Predigt nach der Rückkehr (11:329 f).

1824 9. 2.: Der Vater Sigmund Bitzius stirbt nach kurzer Krankheit. 12. 2.: Beerdigung (4:315; 11:330). 9. 5.: Abschiedspredigt in Utzenstorf (3:338). Der Vikar bekommt von den Utzenstorfern zum Abschied eine goldene Repetieruhr. Versetzung nach Herzogenbuchsee; dort erste Predigt am 23. 5.
Vikar in Herzogenbuchsee bis Mai 1829. Freundschaft mit dem Bauern Joseph Burkhalter. Beziehung zu Sophie Hemmann, der Tochter seines Prinzipals Pfarrer Bernhard Hemmann. – Justus von Liebig wird Professor in Gießen (VI:136).

1825 9. 7.: Eingabe an den Kirchenrat zugunsten des Lehrers Johannes Steiger (4:84 ff). Streit mit Oberamtmann R. E. von Effinger. Bollodinger Schulstreit (11:250).

1826 26. 4.: Jahresversammlung der Helvetischen Gesellschaft in Langenthal. Der über achtzigjährige Pestalozzi läßt seine Rede «Über Vaterland und Erziehung» verlesen. Bitzius ist unter den Anwesenden. – Friedrich Fröbel: «Die Menschenerziehung».

1828 *Zum Reformationsjubiläum von 1828.* (11:196 ff). *Gespräch der Reformatoren im Himmel* (12:181 ff).

1829 3. 5.: Versetzung nach Amsoldingen (4:81). 10. 5.: Versetzung an die Heiliggeistkirche in Bern; Wohnung bei Pfarrer Samuel Wyttenbach an der Spitalgasse (4:88; 11:379; 13:315). Bewerbungen um Pfarrstellen (16:301). Teilnahme an der Jahresversammlung der Schweiz. Gemeinnützigen Gesellschaft; Bitzius wird Mitglied, tritt aber 1842 wieder aus (13:341; XXIV:358).

1830/31 Die Juli-Revolution in Paris (I:248 ff; 3:186, 194) strahlt auf die Schweiz aus und bringt die Erneuerungsbewegungen zum Durchbruch. Volksversammlungen und Volkstage, so am 10. 1. 31 in Münsingen, wo ein Verfassungsrat gefordert wird. Vom Volk gewählte Verfassungsräte arbeiten neue liberale Kantonsverfassungen aus. In Bern: 7. 7. 31 Annahme der neuen Verfassung; am 21. 10. 31 übernimmt die neue Regierung ihre Geschäfte. Vikar Bitzius, «durch die großen Zeitereignisse von der Theologie zur Politik gerissen» (4:94), unterstützt die liberale Bewegung und setzt sie mit dem Christentum gleich (3:319). Korporal der Bürgergarde (4:97). Bewerbungen um die Pfarrstellen Langenthal und Wynau, ohne Erfolg. 5. 12.: letzte Predigt in der Heiliggeistkirche in Bern (12:209). 1. 1. 31: Ritt nach Lützelflüh, dort Vikar bei Pfarrer Fasnacht. 27. 9.–27. 10.: Feldprediger in Baselland (3:194–225; 13:327). – Erste Eisenbahn zwischen Liverpool und Manchester. – Ludwig Feuerbach: «Gedanken über Tod und Unsterblichkeit». – Darwin beginnt seine Weltreise, Goethe vermutet Abstammung des Menschen vom Tier. – Eugène Delacroix malt «Die Freiheit führt das Volk».

1832 Spaltung der Schweiz in ein liberales und ein konservatives Lager. – Bitzius in der Großen Landschulkommission (4:321; 13:343). Bewerbung um die Pfarrstelle Lützelflüh (4:115 f), am 9. 3. zum Pfarrer gewählt (12:316). Mitglied des emmentalischen Pfarrvereins (bis 1854), von 138 Sitzungen nimmt Bitzius an 106 teil (12:366; Protokolle: 17:239 ff). Im November: Verlobung mit Henriette Zeender. – Goethe gestorben.

1833 8. 1.: Trauung mit Henriette Zeender in Wynigen durch den befreundeten Pfarrer Farschon (4:323), Hochzeitsessen im Pfarrhaus Wynigen. Juli bis Dezember: Streit mit Fellenberg (13:37–44). Vermutlich wieder als Feldprediger in Baselland. – Friedrich List: «Über ein sächsisches Eisenbahnsystem als Grundlage eines allgemeinen deutschen Eisenbahnsystems».

1834 G. Mazzini gründet in Bern das «Junge Europa»; politische Flüchtlinge in der Schweiz aus Deutschland, Italien, Polen; Demonstration des Deutschen Arbeitervereins im Steinhölzli bei Bern zugunsten der deutschen Einheit. – Pfarrer Bitzius wird Mitglied der Verwaltungskommission der Armenanstalt Trachselwald. 9.6.: Brand von Huttwil, Bitzius hilft löschen (4:169f). 1834–36, jeweils im Sommer, unterrichtet er an den Wiederholungskursen in Burgdorf Schweizergeschichte (4:168, 172ff), geht 35mal nach Burgdorf, davon nur achtmal mit einem Wagen (4:174f). 31.7.: Rede an die Schullehrer im Hof des Burgdorfer Schlosses (erster Druck eines Gotthelf-Titels, 17:38ff). 23./24.9.: zusammen mit Karl Rickli Reise nach Willisau, um für das Erziehungsdepartement ein Gutachten über Friedrich Fröbel zu verfassen (4:175). 10.11.: Geburt der Tochter Henriette. – Ferdinand Raimund: «Der Verschwender».

1835 1.6.: Eröffnung der Armenerziehungsanstalt Trachselwald. 18.7.: Bitzius übernimmt das Schulkommissariat von Lützelflüh, Rüegsau, Hasle und Oberburg (4:82f, 332f), jährliche Entschädigung 100 Frs. Präsident des Vereins für christliche Volksbildung 3.11.35–20.11.38 und 14.2.48–22.10.54; Vizepräsident 20.11.38–9.1.44 und 19.1.47–14.2.48. 5.11.: Entwurf zum Sekundarschulgesetz. 6.11.: Geburt des Sohnes Albert. – David Friedrich Strauß: «Das Leben Jesu, kritisch bearbeitet» (5:90 «Daher glaube ich Strauß durchaus auf dem Holzweg»). – Erste deutsche Eisenbahn zwischen Nürnberg und Fürth.

1836 Friedrich Bitzius, der jüngere Bruder Gotthelfs, fällt in neapolitanischen Diensten. 20.7.: Tod der Mutter. 23./24.8.: an der Jahresversammlung der Schweizerischen Gemeinnützigen Gesellschaft in Zürich, mit Dampferfahrt auf die Au (5:77). *Der Bauernspiegel* erscheint im Spätsommer bei Langlois in Burgdorf (datiert auf 1837).

1837 16.5.: Geburt der Tochter Cécile. 12./13.8.: Hochwasser; *Die Wassernot im Emmental* erscheint 1838. Bis Mitte November: Arbeit an *Leiden und Freuden eines Schulmeisters* (erschien im Oktober 1838 und Januar 1839 bei Wagner in Bern; 4:257, 288) – Georg Büchner gestorben. – Ch. Dickens: «Oliver Twist». – Telegraph von Samuel Morse.

1838 An der Forderung Frankreichs, Louis Napoleon (später Napoleon III.) aus dem Thurgau auszuweisen, teilen sich die Meinungen in der Schweiz. Die Brüder Schnell treten, wie Bitzius, für die Ausweisung ein und werden von Carl Neuhaus und seinen Anhängern überstimmt (5:151; 13:100f). 11.2.38: Eidgenössische Militärübung in Sursee, an der Bitzius als Feldprediger teilnimmt. 18./19.9.: Teilnahme an der Jahresversammlung der Schweizerischen Gemeinnützigen Gesellschaft in Bern. 8.10.: Wiederwahl als Schulkommissär. Antwortbrief ans Erziehungsdepartement (4:265). – Geschrieben: Erstfassung von *Dursli der Branntweinsäufer, Die Wassernot im Emmental, Wie fünf Mädchen im Branntwein jämmerlich umkommen.*

1839 «Straußenhandel» und «Züriputsch» in Zürich. – 11.–13.6.: Bitzius an der Generalsynode in Bern; seit 1839 war er einer der sieben Abgeordneten der Klasse Burgdorf. 21.6.: Teilnahme an der Laupenfeier. – Geschrieben: *Bettagspredigt für die eidgenössischen Regenten, Die Armennot,* Kalender für 1840.

1840 Januar: Protest im «Volksfreund» gegen das übertriebene Holzschlagen; *Über Ein- und Ausfuhr, Flachsanbau und Spinnerei* (13:162ff,171f). 10.6.: Kapitelpredigt in Burgdorf (3:234ff,341). Juli: am eidgenössischen Freischießen in Solothurn (XV:293; 5:228). – Geschrieben: *Der letzte Thorberger, Silvestertraum, Bettagspredigt an die Gottlosen im eidgenössischen Volke, Uli der Knecht,* Kalender für 1841. – P. J. Proudhon: «Qu'est-ce que la propriété» – Justus von Liebig erfindet die künstliche Düngung (VI:136). – Wochenarbeitszeiten: Deutschland 83, Frankreich 78, England 69 Stunden.

1841 Unruhen im Aargau; das Parlament des Kantons beschließt mit 115 gegen 19 Stimmen die Aufhebung aller aargauischen Klöster. – Bitzius wird zum Feldprediger ernannt (4:328). 7.7.: am Sumiswalder Schiesset (13:210; XXIV:377f; 5:299). 28./29.9.: an der Jahresversammlung der Schweizerischen Gemeinnützigen Gesellschaft in Basel; Eisenbahnfahrt; wohnt bei Hagenbach. – Geschrieben: *Der Druide, Die Schwarze Spinne, Die drei Brüder, Sintram und Bertram, Die Rotentaler Herren,* Kalender für 1842. – E. A. Poe: «Der Mord in der Rue Morgue». – Ludwig Feuerbach: «Das Wesen des Christentums».

1842 Der Verlag Jent und Gassmann in Solothurn eröffnet Lesezirkel mit bedeutenden Zeitschriften; Bitzius wird Abonnent, daher seine auffallende Kenntnis wichtiger Journale. Frühsommer: Besuch der Jesuitenmission in Luthern (XXIV:44 ff). Juli: Eidgenössisches Freischießen in Chur, das Bitzius nicht besucht, aber im *Herr Esau* gestaltet. 18. 7.: Feuersbrunst in Lützelflüh (13:211). – Geschrieben: *Anne Bäbi I, Die Jesuiten und ihre Mission im Kanton Luzern, Eines Schweizers Wort an den Schweizerischen Schützenverein* (für das Churer Schützenfest), *Hans Berner und seine Söhne, Geld und Geist I,* Kalender für 1843. – Julius Robert Mayer: «Bemerkungen über die Kräfte der unbelebten Natur». – Gogol: «Die toten Seelen».

1843 Erneute Spaltung der Eidgenossenschaft in ein radikales und ein konservatives Lager. Anfang des Sonderbundes. Wilhelm Weitling in Zürich verhaftet. – Bitzius' Sohn Albert kommt als 7½jähriger zur Erziehung ins Burgdorfer Waisenhaus (5:308). 15./16. 8.: Teilnahme an der Jahresversammlung der Schweizerischen reformierten Predigergesellschaft in Aarau; trifft dort Hagenbach (5:357) und besucht Fröhlich (5:371). 28. 8.: Erste Kontaktnahme des Berliner Verlegers Julius Springer mit Gotthelf (5:328). – Geschrieben: *Servaz und Pankraz, Anne Bäbi II, Der letzte Thorberger* (neue Fassung), *Geld und Geist II, III, Der Herr Esau, Geschichte des Primarschulwesens im regenerierten Kanton Bern, Elsi die seltsame Magd,* Kalender für 1844. – S. Kierkegaard: «Entweder-Oder».

1844 Berufung der Jesuiten nach Luzern. Im Dezember erster Freischarenzug. Jesuitenfrage. – Aufstand der Weber in Schlesien. – Bitzius wird Ehrenmitglied der Aargauischen landwirtschaftlichen Gesellschaft (6:28). Juli: Besuch des Eidgenössischen Schützenfestes in Basel (6:52, 67). 10. 8.: Abberufungsdrohung im «Schweizerischen Beobachter» (6:386 f). Einquartierung im Pfarrhaus (6:103). Besuch von Pfarrer Michel (6:144,150), von M. A. Feierabend (6:95, 131 f). November: Bitzius will den Großen Rat besuchen (6:128). – Geschrieben: *Kurt von Koppigen, Anne Bäbi II* (fertig), *Der Herr Esau, Jakobs Wanderungen* (Anfang), *Wie Christen eine Frau gewinnt,* Pläne zu *Adrian von Bubenberg* und Fortsetzung des *Schulmeisters.* – Friedrich Nietzsche geboren.

1845 Zweiter Freischarenzug im März. Gründung des Sonderbundes. Kartoffelfehljahr (X:117). – 12. 1.: Bitzius bei der von Radikalen einberufenen Volksversammlung in Sumiswald (6:156; 15:54 f). 13. 1.: Entlassung als Schulkommissär (6:157). Inspiziert trotzdem noch Schulen (17:308 f). 26. 4.: Einquartierung im Pfarrhaus (6:182). 3. 6.: Liest der Generalsynode im großen Hörsaal der Berner Hochschule sein *Referat über die Visitationsberichte 1845* vor (11:82, 349). 12. 9.: Unwetter im Emmental (X:9). – Geschrieben: *Der Knabe des Tell, Der Geltstag, Jakobs Wanderungen* (1. Teil), *Die Gründung Burgdorfs,* Entschluß zur Abfassung von *Uli der Pächter.* – Friedrich Engels: «Die Lage der arbeitenden Klasse in England». – Karl Marx: «Thesen über Feuerbach». – Max Stirner: «Der Einzige und sein Eigentum». – Alexander von Humboldt: «Kosmos» (XX:249).

1846 Wahlsieg der Radikalen in Bern unter Ochsenbein und Stämpfli («Freischarenregiment»). Revision der Verfassung von 1831 (6:424). – 13. 5.: Bitzius will einen Tag in den Verfassungsrat (6:296). Gründe für die Ablehnung der neuen Verfassung (6:306). 26. 7.–9. 8.: Urlaub für die Predigerversammlung in Herisau (6:428). 23. 8.: Hochwasser der Emme (X:321). – Geschrieben: *Jakobs Wanderungen, Käthi die Großmutter, Hans Joggeli der Erbvetter, Ein Wort zur Pestalozzifeier,* «Verdeutschung» von *Uli der Knecht, Dursli* und *Geld und Geist.* – George Sand: «Der Teufelssumpf». – Adolf Kolping gründet in Elberfeld den ersten katholischen Gesellenverein.

1847 Auflösung des Sonderbundes: Sonderbundskrieg. «Zellerhandel» in Bern. – Genaue Angaben über die Pfrund von Lützelflüh (17:311; vgl. auch «Gotthelfkalender für das Jahr 1954», S. 56 f). Besuche in Lützelflüh im August: Hagenbach (7:33), Turnlehrer Spieß (7:74), der preußische Gesandte von Sydow (7:83), August Stöber aus Mülhausen, Daniel Michel (7:85). – Geschrieben: *Harzer Hans, Die Wege Gottes und der Menschen Gedanken, Versöhnung des Ankenbenz und des Hunghans,* Anfang von *Die Käserei in der Vehfreude, Der Notar in der Falle, Michels Brautschau, Uli der Pächter, Jakobs Wanderungen* (Schluß). – I. Ph. Semmelweis entdeckt die Ursachen des Kindbettfiebers. – Der 1836 gegründete «Bund der Gerechten» nennt sich «Bund der Kommunisten», sein Programm wird das «Kommunistische Manifest», das im Februar 1848 in London erscheint.

1848 Revolutionen in Paris, Berlin, Wien, München. Die Schweiz wird Bundesstaat. Annahme der Bundesverfassung am 12. 9. Bern wird Bundeshauptstadt. – Deutsche Nationalversammlung in der Frankfurter Paulskirche. – 31. 5.: Spitalbrand in Lützelflüh. Bitzius hilft beim Löschen und organisiert Sammlung für die Betroffenen (14:65 ff). Wahl zum Präsidenten des Kantonalen Pfarrvereins (7:146). – Geschrieben: an der *Käserei, Eine alte Geschichte zu neuer Erbauung, Wahlängsten und Nöten des Herrn Böhneler,* Bearbeitung des *Schulmeister.* – Johann Nestroy: «Freiheit in Krähwinkel».

1849 Nach der Niederschlagung des badischen Aufstands strömen zahlreiche Flüchtlinge in die Schweiz. (s. *Ein deutscher Flüchtling, Dr. Dorbach der Wühler*) – 23. 1.: Alle Dekane reichen dem Großen Rat eine Verwahrung gegen den Verkauf der Pfrundgüter ein (17:254). 19. 9.: Eröffnungsrede an der kantonalen Pfarrerversammlung in Burgdorf, die Bitzius präsidiert (17:263). 12. 11. *Kamelbrief* (zur Datierung s. 8:423). Pfarrer Farschon erinnert in seiner Grabrede auf Gotthelf 1854 an das Jahr 1849: «Im Jahre 1849 schlugen wir ihn zum Decan vor in erster Linie, und gewiß: wären die wählenden Machthaber nicht von unwürdiger Staatsklugheit oder giftigem Hasse oder wohl gar panischem Schrecken vor dem allerdings Gewaltigen erfüllt gewesen», so hätten sie ihn gewählt. – Geschrieben: an der *Käserei, Die Erbbase,* an *Zeitgeist und Berner Geist, Segen und Unsegen.*

1850 25. 3.: Versammlung der konservativen Opposition auf der Leuenmatte in Münsingen, gleichzeitig Gegenversammlung der Radikalen auf der Bärenmatte (8:349). 5. 5.: Wahltag. Sieg der Konservativen. 11. 6.: Eduard Blösch wird mit 117 von 220 Stimmen zum Regierungspräsidenten gewählt. Frankreich, Preußen und Österreich wollen durch eine militärische Intervention die Ausweisung aller Flüchtlinge aus der Schweiz erzwingen. Auflösung der deutschen Arbeitervereine und Ausweisung ihrer nichtschweizerischen Mitglieder durch den Bundesrat. – Frau Pfarrer Bitzius bringt Jetti ins Pensionat nach Neuenburg (8:50). Fritz Walthard verbringt zwei Sommermonate in Lützelflüh, «teils um Studien zu machen, teils um meine Frau zu malen» (18:56). Anfangs August: Teilnahme an der Tagung der Schweizerischen Predigergesellschaft in Neuenburg, Übernachtung im Hotel des Alpes, anschließend Reise durch die Waadt nach Genf (8:70). November/Dezember: Bitzius greift das Benehmen liberaler Parlamentarier in Bern an (14:206 ff, 312 ff). Das «Wochenblatt des Emmenthals» bringt verleumderische Angriffe gegen Gotthelf (8:366 f). – Geschrieben: Schluß der *Käserei, Ein deutscher Flüchtling, Hans Jakob und Heiri, Das Erdbeeri Mareili, Der Besenbinder von Rychiswyl, Zeitgeist und Berner Geist.* – Balzac gestorben.

1851 2. 12.: Staatsstreich Louis Napoleons in Paris (8:237). – 13. 1.: Konfirmationsbrief an den Sohn Albert (8:126 ff). 28. 6.–5. 7.: Besuch von Fröhlich in Lützelflüh, gemeinsamer Besuch des Musikfestes in Bern (8:174 f). Ende Juli/anfangs August: Reise nach Straßburg und Eckwersheim (8:242; 9:22). In Langenbruck, dann an der Predigerversammlung in Liestal (8:183). 30. 9.: Wahl zum Präsidenten der kantonalen Predigergesellschaft (17:285 f). – Geschrieben: Schluß von *Zeitgeist und Berner Geist, Der Oberamtmann und der Amtsrichter, Niggi Ju, Der Sonntag des Großvaters, Barthli der Korber* angefangen, *Herbstgespräch aus Anlaß der Nationalratswahlen.* Zahlreiche ältere Werke müssen für Neuauflagen vorbereitet werden. – Erste Weltausstellung in London. – Herman Melville: «Moby Dick».

1852 18. 4.: Volksabstimmung über die Abberufung des Großen Rats; 45 131 Nein, 38 422 Ja, Dankgottesdienst der Konservativen im Berner Münster (8:281, 432). – Januar: Aufregung wegen des *Kamelbriefs* (8:422 ff). 10./11. 2.: Teilnahme an der Generalsynode in Bern. März: auch Cécile geht ins Pensionat nach Neuenburg, wo schon Jetti ist (8:237). Jetti kehrt im April zurück (8:272). Anfangs August: Besuch Fröhlichs in Lützelflüh, gemeinsamer Ausflug nach Unterwalden, wegen Regen in Seelisberg abgebrochen (8:304 f). 21. 9.: Kantonale Predigerversammlung unter Vorsitz von Kammerer Albert Bitzius. – Geschrieben: Anfang von *Erlebnisse eines Schuldenbauers,* Schluß von *Barthli der Korber, Der Ball, Ein Bild aus dem Übergang, Der Besuch.*

1853 14. 2.: Ernennung zum Ehrenmitglied des Literarischen Vereins in Bern (9:21). Frühjahr: als Kirchenvisitator in Langnau (11:340). 12. 7.: Gesuch um Urlaub für eine Kur im Gurnigel (17:313). 1.–21. 8.: Kur im Gurnigel; ca. 15. 8.: Besuch des Sohnes Albert im Gurnigel. Ende Oktober/anfangs November: Leemann zeichnet Gotthelfs Porträt in Lützelflüh (9:58 f, 69). Geschrieben: Schluß von *Der Besuch* und *Erlebnisse eines Schuldenbauers,* Anfang von *Die Frau Pfarrerin.* – Beginn des Krimkriegs, der durch Gotthelfs letzte Stunden geistern wird.

1854 7.5.: Großratswahlen in Bern, Fusion zwischen Konservativen und Radikalen (9:110). 22.4.: Sohn Albert hat die Matura bestanden und weilt zum Studium in Lausanne; dagegen ist Cécile aus Neuenburg zurück (9:98). 16.7.: J. A. Scheppach, ein katholischer Geistlicher aus Deutschland, hört Gotthelf in Lützelflüh predigen und wird zum Mittagessen eingeladen. Gotthelf schläft beim Essen mehrmals ein. Ende Juli/anfangs August: Julius Springer in Lützelflüh. Anfangs September: Verlobung Jettis mit Pfarrer Karl Ludwig Rüetschi in Sumiswald (9:125). – Geschrieben: Schluß von *Die Frau Pfarrerin*, das Romanfragment *Hans Berner und seine Söhne*.
22. Oktober, 5 Uhr morgens: Albert Bitzius stirbt im Pfarrhaus in Lützelflüh. Begräbnis am 25. 10. durch Pfarrer Farschon. Acht Zöglinge der Anstalt Trachselwald tragen den Sarg.

1855 Juni: Julius Springer mit Frau in Bern und Saanen, um mit den Hinterbliebenen über die Gesamtausgabe zu verhandeln (9:183).
1856–1858 Die Ausgabe erscheint in 24 Bänden, wird aber kein Erfolg.
1856 Heinrich Heine gestorben.
1857 Baudelaire: «Les Fleurs du Mal». Flaubert: «Madame Bovary».
Stifter: «Der Nachsommer». Joseph von Eichendorff gestorben.

Verweise auf Gotthelf-Texte in dieser Zeittafel (wie z. B. 9:183) beziehen sich auf die Werke, Schriften und Briefe, hg. von R. Hunziker, H. Blösch, K. Guggisberg, W. und B. Juker, Erlenbach–Zürich 1911–1977. Die Verweise bestehen jeweils aus Bandnummer und Seitenzahl. Mit römischen Ziffern sind die XXIV Bände der Werke, mit arabischen die 18 Bände der Schriften und Briefe bezeichnet.

Dank

Der Autor des vorliegenden Buches hat sich des umfangreichen Materials bedient, das von den Herausgebern der «Sämtlichen Werke», Rudolf Hunziker, Hans Blösch, Kurt Guggisberg, Werner und Bee Juker über einen Zeitraum von mehr als zwei Generationen zusammengetragen wurde (1911–1977) und in den Anmerkungsapparaten der einzelnen Bände niedergelegt ist. Die letzte Herausgeberin des Werkes, Frau Bee Juker (Bern), hat nicht nur den Auftrag des Artemis Verlags vermittelt, sondern dem Autor auch wichtige Materialien zur Biographie Gotthelfs überlassen. – Herr Dr. Hans Häberli und Herr Mathias Bäbler haben den Autor bei der Arbeit im Gotthelf-Archiv der Berner Burgerbibliothek freundlich beraten und unterstützt. – Herr Privatdozent Dr. Franz Bächtiger (Historisches Museum und Universität Bern) hat eine Auswahl von Bildern und Karikaturen zur Schweizer Geschichte und Politik in Gotthelfs Zeit bereitgestellt. – Herr Peter Kaiser (Solothurn) gab dem Autor wichtige Ratschläge und Hinweise zur Geschichte und Ikonographie der Schweizer Schützenfeste im 19. Jahrhundert. – Frau A. E. Gattlen (Schweizerische Landesbibliothek, Bern) half bei der Suche nach Porträts. – Herr Heinz Fankhauser (Burgdorf) gewährte Einblicke in wichtige Dokumente des Fankhauserschen Familienarchivs und stellte bereitwillig Fotokopien zur Verfügung. Ihnen allen dankt der Autor herzlich für ihre unentbehrliche Hilfe und Unterstützung.

Besonderer Dank aber geht an den Artemis Verlag, der das Buch angeregt hat, vor allem an Herrn Dr. Martin Müller für die anregende, fruchtbare und angenehme Zusammenarbeit sowie an Frau Tatiana Wagenbach-Stephan, welche den Band gestaltete. Ein besonderer Dank gilt Frau Agnes Rutz (Graphische Sammlung der Zentralbibliothek Zürich) für mancherlei Hilfe und Ratschläge.

Hanns Peter Holl

Literaturverzeichnis

Die *Werke, Schriften und Briefe Gotthelfs* werden zitiert nach: Sämtliche Werke in 24 Bänden (I–XXIV) und 18 Ergänzungsbänden (1–18), hg. von Rudolf Hunziker, Hans Blösch, Kurt Guggisberg, Werner und Bee Juker. Erlenbach–Zürich 1911–1977

Bibliographie:

Bee Juker und Gisela Martorelli: Bibliographie 1830–1975. Gotthelfs Werk, Literatur über Gotthelf. Kataloge der Berner Burgerbibliothek. Bern 1983

Hilfsmittel zur Sprache:

Albert von Rütte: Erklärung der schwierigern dialektischen Ausdrücke. In: Jeremias Gotthelf: Gesammelte Schriften Bd. 24. Berlin 1858 (Springer)

Emanuel Friedli: Bärndütsch als Spiegel bernischen Volkstums. Bd. 1. Lützelflüh. Bern 1905

Bee Juker: Wörterbuch zu den Werken von Jeremias Gotthelf. Erlenbach–Zürich 1972.

Einführungen:

Herbert M. Waidson: Jeremias Gotthelf. An introduction to the Swiss Novelist. Oxford 1953

Walter Laedrach (Hg.): Führer zu Gotthelf und Gotthelfstätten. Bern 1954

Walter Muschg: Jeremias Gotthelf. Eine Einführung in seine Werke. Bern 1954

Karl Fehr: Jeremias Gotthelf (Albert Bitzius) Stuttgart 1967, 1985 (neu bearbeitet), Sammlung Metzler Nr. 60

Gesamtdarstellungen von Leben und Werk:

Carl Manuel: Albert Bitzius. In: Jeremias Gotthelf: Gesammelte Schriften Bd. 24. Berlin 1858 (Springer)

Gabriel Muret: Jérémie Gotthelf. Sa vie et ses œuvres. Paris 1913

Rudolf Hunziker: Jeremias Gotthelf. Frauenfeld und Leipzig 1927

Walter Muschg: Gotthelf. Die Geheimnisse des Erzählers. München 1931. Unveränderter Nachdruck: München 1967

Werner Günther: Der ewige Gotthelf. Erlenbach–Zürich 1934 (2. Auflage u. d. T.: Jeremias Gotthelf. Wesen und Werk. Berlin 1954)

Karl Fehr: Jeremias Gotthelf. Zürich 1954. (Büchergilde Gutenberg)

Wichtiges zur Biographie:

Werner E. Aeberhardt: Jeremias Gotthelf und Alfred Hartmann. Gotthelfs Beziehungen zu Solothurn. In: Der kleine Bund 18(18) vom 21. 2. 1937 (dort der von Gotthelf zurückgewiesene Bericht über sein Pfarrhaus).

Gotthelf-Kalender für das Jahr 1954, hg. von Kurt Guggisberg und Werner Juker. Erlenbach–Zürich 1953

Gotthelf-Kalender für das Jahr 1955, hg. von Kurt Guggisberg und Werner Juker. Erlenbach–Zürich 1954

Kurt Guggisberg: Gotthelf im Urteil seines Sohnes. In: Der kleine Bund 16 (6) vom 10. 2. 1935 (dort der Brief des Sohns über seinen Vater, geschrieben an die Schwester Henriette)

Walter Hopf: Jeremias Gotthelf im Kreise seiner Amtsbrüder und als Pfarrer. Bern 1927

Rudolf Hunziker: Jeremias Gotthelf und Johann Jakob Reithard in ihren gegenseitigen Beziehungen. Zürich 1903

Gottlieb Joss: Briefe von Jeremias Gotthelf an Amtsrichter Burkhalter. Bern 1897 (darin: Burkhalters Lebenserinnerungen)

Carl und Käti Müller-Jost: Jeremias Gotthelfs Konstitution und Krankheit. Bern und München 1979

Walter Muschg (Hg.): Jeremias Gotthelfs Persönlichkeit. Erinnerungen von Zeitgenossen. Basel 1944

Pestalozzis «Langenthaler Rede» in: Heinrich Pestalozzi: Schriften 1805–1826 Zweiter Teil, Zürich 1949 (Zitate nach dieser Ausgabe)

Henriette Rüetschi-Bitzius: Jeremias Gotthelf. Berlin 1877 (den «Leiden und Freuden eines Schulmeisters» beigebunden)

Henriette Rüetschi-Bitzius: Frau Henriette Bitzius-Zeender, ein Lebensbild, von ihrer Tochter erzählt. Bern 1941 (Gute Schriften)

Ausgewählte Abhandlungen über einzelne Themen:

Winfried Bauer: Jeremias Gotthelf. Ein Vertreter der geistlichen Restauration der Biedermeierzeit. Stuttgart 1975

Eduard Buess: Jeremias Gotthelf, sein Gottes- und Menschenverständnis. Zürich 1948

Reinhild Buhne: Jeremias Gotthelf und das Problem der Armut. Bern 1968

Jean-Daniel Demagny: Les idées politiques de Jérémias Gotthelf et de Gottfried Keller et leur évolution. Paris 1954

Hans Ulrich Dürrenmatt: Die Kritik Jeremias Gotthelfs am zeitgenössischen bernischen Recht. Bern 1947

Ernst Gallati: Jeremias Gotthelfs Gesellschaftskritik. Bern 1970

Kurt Guggisberg: Jeremias Gotthelf. Christentum und Leben. Zürich 1939

Hanns Peter Holl: Gotthelf im Zeitgeflecht. Bauernleben, industrielle Revolution und Liberalismus in seinen Romanen. Tübingen 1985

Urs Küffer: Jeremias Gotthelf. Grundzüge seiner Pädagogik. Bern und Stuttgart 1982

Peter Mettenleiter: Destruktion der Heimatdichtung. Typologische Untersuchungen zu Gotthelf – Auerbach – Ganghofer. Tübingen 1974

Carl Müller: Jeremias Gotthelf und die Ärzte. Bern 1963

Gabriel Muret: Gotthelf in seinen Beziehungen zu Deutschland. München 1912

Theodor Salfinger: Gotthelf und die Romantik. Basel 1945

Eduard Strübin: Grundfragen des Volkslebens bei Jeremias Gotthelf. Basel 1959

Ausgewählte Titel zur Geschichte und Zeitgeschichte:

Eduard Bähler: Lebenserinnerungen. Bern 1912

Jean-François Bergier: Problèmes de l'histoire économique de la Suisse. Bern 1968

Emil Blösch: Eduard Blösch und dreißig Jahre bernischer Geschichte. Bern 1872

Johann Caspar Bluntschli: Die Kommunisten in der Schweiz nach den bei Weitling vorgefundenen Papieren. Zürich 1843/Hildesheim 1972

Edgar Bonjour: Vor 100 Jahren. Wiederherstellung der Volksherrschaft in Bern. Bern 1931

ders.: Die Gründung des schweizerischen Bundesstaates. Basel 1948

Rudolf Braun: Das ausgehende Ancien Régime in der Schweiz. Göttingen und Zürich 1984

Carl J. Burckhardt: Der Berner Schultheiß Charles Neuhaus 1796–1849. Ein Beitrag zur Schweizergeschichte der dreißiger und vierziger Jahre des 19. Jahrhunderts. Frauenfeld 1925

Carlo M. Cipolla: Wirtschaftsgeschichte und Weltbevölkerung. München 1972

ders. (Hg.): The Fontana Economic History of Europe. Bd. 3: The Industrial Revolution. London and Glasgow 1973

Emil Dürr: Das eidgenössische Schützenfest von 1844 in Basel in der Beurteilung Jeremias Gotthelfs, Jacob Burckhardts und Gottfried Kellers. In: Neue Schweizer Rundschau 5 (1937) H. 6

Richard Feller: Berns Verfassungskämpfe 1846. Bern 1948

Abraham Emanuel Fröhlich: Der junge Deutsch-Michel. Zürich 1843

Antje Gerlach: Deutsche Literatur im Schweizer Exil. Die politische Propaganda der Vereine deutscher Flüchtlinge und Handwerksgesellen in der Schweiz von 1833 bis 1845. Frankfurt a. M. 1975

Erich Gruner: Das Bernische Patriziat und die Regeneration. Bern 1943

Kurt Guggisberg: Philipp Emanuel von Fellenberg und sein Erziehungsstaat. Bern 1953

Beat Henzirohs: Die eidgenössischen Schützenfeste 1824–1849. (Diss.) Freiburg i. Ü. 1976

Fritz Huber-Renfer: Dr. Carl Friedrich Borberg aus Nidda (Oberhessen) 1800–1850. 1. Teil: Burgdorf 1946. 2. Teil: Archiv des histor. Vereins Bern 46 (1961)

Karl Polanyi: The Great Transformation. Politische und ökonomische Ursprünge von Gesellschaften und Wirtschaftssystemen. Frankfurt a. M. 1978

Bertrand Russell: Religion and Science. Oxford 1975

Wolfgang Schieder: Anfänge der deutschen Arbeiterbewegung. Die Auslandsvereine im Jahrzehnt nach der Julirevolution von 1830. Stuttgart 1963

Emil Spieß: Ignaz Paul Vital Troxler. Bern und München 1967

Klaus Urner: Die Deutschen in der Schweiz. Frauenfeld und Stuttgart 1976

Theodor Weiß: Jakob Stämpfli. Bern 1884

Register

Personen und Orte

Gotthelfs Werke

Bildnachweis

Archiv für schweizerische Kunstgeschichte (Diapositivsammlung Rahn), Basel 15, 105
Bundespostmuseum, Frankfurt 115
Burgerarchiv, Burgdorf 54
Burgerbibliothek, Bern 11 (links und rechts), 40 (unten), 45, 62 (oben), 80, 81, 97, 144, 153, 172
Deutsches Seminar der Universität, Bern 22
Eidg. Archiv für Denkmalpflege, Bern 74, 187
Gotthelf-Stube, Lützelflüh 28, 29, 47 (oben), 78, 79, 82, 86, 87, 171, 173, 183, 184, 185
Graphische Sammlung der Schweiz. Landesbibliothek, Bern 36/37, 67, 122/23, 138/39, 142 (unten), 169
Graphische Sammlung der Zentralbibliothek, Zürich 6, 23, 41, 72, 88, 100, 108/9, 121, 137, 140, 141
Heimatmuseum, Langnau i. E. 21
Historisches Museum, Bern 16
Kartensammlung der Zentralbibliothek, Zürich 24
Kunstmuseum, Bern 64, 73
Kunstmuseum, Winterthur 149
Liebig-Museum, Gießen 122/23
Musée cantonal des Beaux-Arts, Lausanne 175
Museum Allerheiligen, Schaffhausen 30
Praesens-Film AG, Zürich 130/31
Rittersaalverein, Burgdorf 68
Springer-Verlag, Heidelberg 96
Staatsarchiv des Kantons Aargau 59
Weitere Illustrationsvorlagen stammen aus einzelnen, im Literaturverzeichnis aufgeführten Bänden. – Die Titelvignetten zu den einzelnen Kapiteln wurden der sog. «Prachtausgabe» (1894/95) von Gotthelfs Werken entnommen.